本成果感谢以下课题支持和出版资助！

霍英东第十三届高等院校青年教师基金课题
"青少年关心他人的现状、影响因素与培养方略研究"（项目编号131101）

教育部人文社会科学课题"青少年关心他人品质的现状、
影响因素和培养方略研究"（项目批准号11YJC880029）

江苏高校协同创新—立德树人协同创新中心出版资助

融合视角下
儿童关心他人的研究

现状、问题与对策

侯晶晶 ◎ 著

人民出版社

目　　录

绪　　论

内尔·诺丁斯（Nel Noddings）、迈克尔·斯洛特（Michael Slote）、朱小蔓等学者①指出，"关心"（关怀）是当代道德教育的重要维度。联合国教科文组织北京会议总报告明确指出，使学生学会关心是全球 21 世纪教育的共同目标之一。我国《公民道德建设纲要》（2001 年）强调公民道德的重要内涵是"关心人"，我国《教育改革中长期规划纲要（2010—2020）》将关心他人、"团结互助"列为学生首要的良好品质。习近平总书记很重视少年儿童对于友善等社会主义核心价值观的学习实践，殷切期望"少年儿童要从小学习做人，扣好人生第一粒扣子"，强调相关教育要"在落细、落小、落实上下功夫"②。以下对关心、关心他人、青少年关心他人进行递进的研究综述。

本书的直接理论背景是关怀伦理学和关怀取向的道德教育。关怀伦理学基于对科尔伯格公正伦理学的反思，兴起于 20 世纪 80 年代的美国。其主要代表人物有卡罗尔·吉利根（Carol Gilligan）、内尔·诺丁斯、萨拉·拉迪克（Sara Ruddick）、简·马丁（Jane Martin）、弗吉尼亚·赫尔德（Virginia Held）、罗丝玛丽·佟（Rosemarie Tong）等。关怀伦理学研究主要形成了三

---

① Nel Noddings, *Starting at Home*: *Caring and Social Policy*, Berkeley, CA: University of California Press, 2002, p. 68; Michael Slote, *The Ethics of Care and Empathy*, New York, NY: Routledge, 2007, pp.10-15; 侯晶晶、朱小蔓:《诺丁斯以关怀为核心的道德教育理论及其启示》,《教育研究》2004 年第 3 期; 迈克尔·斯洛特:《关怀伦理对自由主义的挑战》,《社会科学》2014 年第 5 期。

② 习近平:《用社会主义核心价值观凝心聚力》,载《习近平总书记系列重要讲话读本》,学习出版社、人民出版社 2016 年版,第 190、192 页。

大论域。一是关怀伦理学的理论奠基。卡罗尔·吉利根在《不同的声音》一书中通过访谈探讨了成年女性的关心经验,总结出从关心自我到关心他人再到我他兼顾的关怀三阶段论。诺丁斯构建了既有女性气质又有普遍人性基础的关怀伦理的理论框架,贾格尔和曼宁在此领域亦有贡献。与康德的义务论伦理学强调遵从规范、听从"道德的律令"不同,关怀伦理学注重研究一方考虑情境因素对另一方的需要所做的回应①以及另一方对此回应的感受,注重研究双方的行为和反应是否有助于建立与维系关怀关系。二是关怀伦理学与学校教育。这方面的代表人物首推诺丁斯。研究者普遍认为,诺丁斯是关怀伦理学中非常重要、思想很具深度的学者,她编著的十余本著作大都关涉此领域。作为美国杜威研究会前主席和美国教育哲学研究会前主席,诺丁斯很重视伦理学和教育哲学作为实践哲学的实践性与实用价值,倡导通过推行关怀道德教育将道德学习者培养为具有广谱关怀能力的公民。三是关怀伦理学与公共领域及全球政治。该论域的主要著作包括诺丁斯所著的《始于家庭——关怀与社会政策》(2002 年)、萨拉·拉迪克所著的《母性思考——走向和平的政治学》(1985 年)、弗吉尼亚·赫尔德所著的《女性主义道德——转型中的文化、政治和社会》(1994 年),赫尔德在另一部著作②中曾探讨关心对于抑制暴力、保障世界和平和大众福祉的奠基作用。

　　现代意义上的关怀道德教育理论体系和实践方法最早由内尔·诺丁斯教授系统开拓,在日益壮大的跨国研究"共同体"中,其他众多研究者从不同角度对此亦多有贡献。关怀式道德教育的一个核心思想是:教育关怀应体现于教学、评价、管理等教育的每一个过程和方面。重视个体性、具体性和学生真实感受的关怀教育是一种道德的教育,只有道德的教育才可能是真正有效的道德教育,有助于培养学生的道德理想,促使其成为有责任感、有关怀意识和关怀能力的关怀者,增益其自身与他人的幸福。关怀道德教

---

① 笔者认为此处"所做的回应"包括作为和看似不作为两类。

② Virginia Held, *The Ethics of Care: Personal, Political, and Global*, New York, NY: Oxford University Press, 2007, pp.102-104.

育强调对学生生命的尊重、对学生体验和感受的重视、教师的榜样作用和道德教育的实践性特征,质疑唯认知主义的道德教育模式。关怀取向的道德教育已成为当前最重要的道德教育理论之一。

诺丁斯在《始于家庭:关怀与社会政策》中运用关怀现象学研究方法,基于关怀关系揭示了关怀①的结构特征和要素:(1)A 关心 B,此时,A 的意识特征是关注与动机移置;(2)A 作出与(1)相符的行为;而且(3)B 承认 A 关怀 B。② 并且她通过揭示相遇对自我生成的影响机制,阐明了关怀对自我、他我的重要意义:"自我生成于和他人与自我的一系列相遇之中,即 $At = \{(A_1,B),(A_2,C),(A_3,D),\cdots\cdots(A_4,e),(A_5,f)\cdots\cdots\}$。其中,A 代表对先于时间 t 的自我的种种描述,大写字母(B、C 等)代表他人,小写字母(e、f 等)表示事物、思想及其他除人以外的因素。"③关怀伦理学视角下的自我观与自由主义及社群主义的自我观有着本质差别。诺丁斯分析指出,自由主义过于强调个人的自主,误以为有着先于社会而存在的个人,它设定的人性起点是"所有人皆是成熟的理性人"。实际上,并不是每一个事件和相遇都可以事先筹划;社会上不成熟、不理性的大有人在。并非所有的人(所有的自我)都是做理性决策的机器。教育工作者、研究者面对的是活生生的自我、关系性的自我。每个人的道德成长历程都是具体的,人的需要是因时空、因情境、因个体而异的。很多时候,我们必须回到具体情境与人的真实需要,才能作为关怀者做出充分、适当的回应。

因此,"关怀"(关心)主要关涉伦理关系,是关系中的一方做出自己力所能及的努力,合理满足另一方(他人或他物)的需要并得到其回应的过程。关怀的关系性从一个侧面表明人际关系是主体间性的、相互依赖的,而非依赖—被依赖性的或独立—依赖性的。自由主义经济学只看到了人们在

---

① 在不同语境中,caring 可译为关怀或关心。

② [美]内尔·诺丁斯:《始于家庭:关怀与社会政策》,侯晶晶译,教育科学出版社 2006 年版,第 18 页。

③ Nel Noddings, *Starting at Home: Caring and Social Policy*, Berkeley, CA: University of California Press, 2002, p.68.

经济方面的相互依赖性,忽视了在道德领域同样存在的相互依赖性和主体间性。

关怀关系广泛存在于教育、医疗等很多领域。教育关怀的特质在于其过程还应该有利于被关怀者实现最佳发展可能性,包括其道德理想的成长。关怀伦理学的另一位学者简·马丁在其著作中曾提出"三 C"的观点①,探讨了关怀、关切、联结对于个体和社会发展的意义。简·马丁尤其关注学校教育中残疾人、黑人及其他边缘群体的境遇,认为"学校如果忽视这些人的观点,这种做法本身便是不道德的,而且是在鼓励不道德"②。

近年来,国内外学者从青少年德性养成、幸福论、教育爱、教师研究、思想政治教育、应对校园欺凌等视角拓展了关怀伦理的研究意义与应用价值③;探讨了对于留守儿童、受灾儿童、残疾儿童、贫困学生等弱势儿童的教育关怀④;延伸到家庭教育中父母对子女的关怀⑤。挪威学者伊娃·斯柯

---

① "三 C"是指关心、关切、联结,care、concern、connection 这三个单词的首字母都是 c。

② Jane Martin, *The Schoolhome: Rethinking Schools for Changing Families*, Cambridge, MA: Harvard University Press, 1992, pp.34, 76.

③ [美]内尔·诺丁斯:《幸福与教育》,龙宝新译,教育科学出版社 2009 年版;孙彩平:《在道德关系建构中生成德性》,《比较教育研究》2003 年第 9 期;刘次林:《幸福教育论》,人民教育出版社 2003 年版;高德胜:《论爱与教育爱》,《教育研究与实验》2009 年第 3 期;王啸:《论道德教育的幸福功能》,《当代教育科学》2010 年第 14 期;龙宝新:《教育如何成就学生的幸福》,《陕西师范大学学报(哲学社会科学版)》2008 年第 1 期;王嘉毅、颜晓程、闫红霞:《校园欺凌现象的校园伦理分析及建构》,《中国教育学刊》2017 年第 3 期;孙瑛辉:《人文关怀:思想政治教育发展的重要维度》,《东北师大学报(哲学社会科学版)》2015 年第 2 期;吴文莉、张澍军:《论道德关怀是思想政治教育的原点要素》,《东北师大学报(哲学社会科学版)》2014 年第 3 期;檀传宝:《诺丁斯与她的关怀教育理论》,《人民教育》2014 年第 2 期;高聪聪、李臣之:《关怀伦理视野下教师身份的重建》,《教育理论与实践》2015 年第 19 期;蒋明宏、胡佳新:《从情感关怀到生命自觉的教师自我升华——基于关怀理论的探析》,《教育理论与实践》2016 年第 1 期。

④ 马多秀、朱小蔓:《留守儿童心灵关怀研究:学校教育视角》,《中国教育学刊》2012 年第 7 期;彭兴蓬、雷江华:《教育关怀:融合教育教师的核心品质》,《教师教育研究》2015 年第 1 期;侯晶晶:《教育关怀:优质全纳教育的内核》,《华中师范大学学报(人文社会科学版)》2007 年第 4 期;彭兴蓬、邓猛:《论融合教育的关怀意蕴》,《中国特殊教育》2014 年第 7 期;侯晶晶:《地震灾区儿童的教育关怀》,《教育学术月刊》2008 年第 11 期;张颖:《对高校贫困生实施精神资助的思考》,《教育与职业》2014 年第 6 期。

⑤ 赵石屏:《试论家庭的教育关系——基于现代文化变迁的视角》,《教育研究》2012 年第 11 期;侯晶晶:《家庭的现代性挑战及其道德应对》,《深圳大学学报(人文社会科学版)》2011 年第 1 期。

（Eva Skoe）开发了基于关怀的道德访谈法，其中包括"与年迈母亲共同生活以便关心照顾之"对应"为享有更多隐私而独居"等两难问题，访谈内容较适合以成人作为研究对象。有学者从伦理性关怀的可能性以及关怀伦理对于中国学校道德教育的适用性等角度，提出了对关怀伦理的思考。①

　　教师作为关怀者的榜样作用、师生之间的关怀关系普遍被认为是学生学会关心的重要外部条件②。斯霞、李吉林等许多教育家和教育工作者③的业绩在这方面已成光辉典范。不过，也有一些研究揭示了一些普通教师的相关教育行为不尽如人意。例如，基于北京市石景山区四所中学教师关怀品质的现状调查显示：（1）教师没有能够很好地识别学生的需要。教师看重的是学生学业成绩的提高，而学生更期待的是教师的尊重和公正对待。（2）教师发出的关怀行为没有得到学生的有效认可与回应。在关怀的尊重、理解和爱三个层面上，学生对教师的评价均低于教师的自我评价。（3）教师的关怀效果不佳，学生很少感受到来自教师的关心，教师没有成为学生倾诉心里话的对象。④

　　相对于学生作为被关怀者视角的丰富文献而言，国内外关涉青少年学生作为关心者关心他人的理论与实证研究较少。而青少年关心他人无疑是一个重要的课题。联合国教科文组织北京会议总报告《学会关心：21 世纪的教育》以及内尔·诺丁斯的《学会关心》等文献在阐述关心的对象时，论述了关心生态、思想、自我、他人，等等。在关心的众多对象中，关心他人应该说是基本对象之一。关心他人对于道德学习者的品格健康发展具有重要

---

　　① 　石中英、余清臣：《关怀教育：超越与界限——诺丁斯关怀教育理论述评》，《教育研究与实验》2005 年第 4 期；余维武：《对关怀伦理模式的一些质疑》，《上海教育科研》2008 年第 7 期；邓莉：《诺丁斯关怀道德教育理论的考察与批判》，《全球教育展望》2015 年第 1 期。

　　② 　［美］内尔·诺丁斯：《始于家庭：关怀与社会政策》，侯晶晶译，教育科学出版社 2011 年版，第 270 页；侯晶晶、朱小蔓：《诺丁斯以关怀为核心的道德教育理论及其启示》，《教育研究》2004 年第 3 期；苏静、檀传宝：《学会关怀与被关怀——论信息时代未成年人关怀品质的培养》，《中国教育学刊》2006 年第 3 期。

　　③ 　鲁洁：《一种不同范式的研究——对情境教育的再思考》，《人民教育》2011 年第 18 期。

　　④ 　班建武、曾妮、蒋佳、丁魏：《教师关怀品质的现状调查——基于北京市石景山区四所中学的调查数据》，《教育学报》2012 年第 4 期。

意义。诺丁斯指出："小学高年级的孩子就应该开始参加关心幼儿的实践。"① 班华先生②指出："学会关心"是 21 世纪的教育哲学，也是实践性的教育模式……也是道德教育从"培养论"逐步转向"学习论"的过程；进行道德学习是对"学会关心"进行教育指导的主要方式之一。檀传宝教授等论证了关怀品质的培养是一个从关怀情感的唤醒到关怀认知和判断的形成再到关怀践行的过程。感恩意识和责任意识是关怀品质培养的重要内容；关怀敏感性是其情感条件；移情力、反应力和沟通力是其能力基础；道德勇气和意志是关怀品质养成的重要条件和保证。关怀型教师的榜样作用以及关怀型学校文化建设是关怀品质培养的外部影响源。③ 叶飞分析指出：学生从自我的封闭状态中解放出来，形成关心他者、关怀社会的道德伦理观念。但是，以关怀他者为基本价值取向的道德视角、道德教育的"他者"意识和"他性"思维应尽力避免利他主义、人类中心主义和特殊主义的理解误区，以普遍正义、人我共存的道德理念为基础，践履协商共识、宽容开放、关怀尊重等价值原则，促进学生的"他者"意识和关怀意识的提升。④ 程红艳从培养责任感等角度探讨了学生培养伦理关怀能力的问题。⑤ 在实证研究方面，邵琪采用问卷调查法，从社会关怀对象、社会关怀效果和社会关怀动机三个维度分析了当前中小学生"社会关怀品质"的现状，并根据调查结果从榜样、对话和实践三方面提出了培养学生社会关怀品质的建议。⑥ 李臣之、刘怡的研究显示，中学生的社区服务与社会实践存在目标异化的问题，偏离了综合实践活动课程的理想；研究者认为，社区服务与社会实践应以关心他人、关怀社会为核心价值追求；活动过程应体现并反映关怀关系，关注关

① ［美］内尔·诺丁斯：《学会关心》，于天龙译，教育科学出版社 2011 年版，第 116 页。
② 班华：《"学会关心"——一种重在道德学习的德育模式》，《教育研究》2003 年第 12 期。
③ 苏静、檀传宝：《学会关怀与被关怀——论信息时代未成年人关怀品质的培养》，《中国教育学刊》2006 年第 3 期。
④ 叶飞：《"他者"道德视角与道德教育的"他性"建构》，《江苏高教》2012 年第 2 期。
⑤ 程红艳：《道德教育应培养道德主体的关心能力》，《教育科学研究》2014 年第 8 期。
⑥ 邵琪：《中小学生社会关怀品质调查研究》，《当代教育科学》2011 年第 16 期。该文认为，"社会关怀品质就是个体所具有的关心人时表现出来的比较稳定的心理特征和倾向"。

价值的实现;活动环境应注重以关怀型师生关系为基础的关怀体系的建立。① 江苏省某小学做过"STS·四个关心"的研究,四个关心包括关心健康、关心环境、关心学习和关心他人②;江苏峭岐实验小学进行过班组串换制实验以促进学生间的交流关心;上海某小学进行过"爸爸妈妈,让我关心你、帮助你"的教育活动;山东青岛某小学③近年来也进行了学会关心的实验。

上述文献和教育实验对于研究儿童关心他人以及学会关心具有重要的借鉴价值。总体而言,关于儿童关心他人的研究目前间接研究远远多于直接研究。关怀伦理学、关怀德育论、教育爱的研究者都指出:被关心的体验有助于儿童成长为关心者,对青少年犯罪的一些研究则从反面印证了早年爱的剥夺是造成儿童缺乏爱心、暴力倾向明显的主要原因。④ 从这个意义上说,关于关怀儿童的研究可被视为促进青少年关心他人的间接研究。但是,如何从被关心者向关心者转变,这并非一个自发的过程。许多道德冷漠现象提示我们:接受关怀并不是给予关怀的充要条件。有学者撰文指出关心儿童未必能使儿童学会关心的问题⑤。因此,儿童作为关心者主动关心他人的学习、培养和直接研究,在当今已是非常迫切的课题。

"道德教育的根本使命是'成人'。回归生活的德育要回归于人自身,而生活则是建立在实践基础之上的人之特殊生命活动。德育所回归的人是在生活实践中与他人、他物发生相互关系和作用的人,不是静止、孤立的实体。……生活论德育不是将人之至善追求诉诸孤立的人性改造,而是奠基于现实生活的改变。道德教育的根本作为就是引导生活的建构,它所指向

---

① 李臣之、刘怡:《"关怀伦理"视阈中的社区服务与社会实践》,《课程·教材·教法》2011年第9期。

② 钱一舟:《关心他人的教育方法举隅》《做敬老爱老的好孩子》,载钱一舟主编:《面向21世纪"STS·四个关心"素质教育实践》,科学出版社1999年版,第71—74、151—154页。

③ 该校并非本研究进行访谈的学校。

④ 郝凤春:《青少年犯罪与教育缺失》,《内蒙古师范大学学报(教育科学版)》2011年第8期;赵汗青:《家庭教养方式研究的发展进程》,《商丘师范学院学报》2006年第6期。

⑤ 余维武:《对关怀伦理模式的一些质疑》,《上海教育科研》2008年第7期。

的是更有利于人之生成和发展的好生活。道德教育要帮助学习者学会关注、反思、改变生活。"①在生活德育日益走向深入的背景下，还需要"接着说"，以便进一步深入儿童在学校以及家庭的日常生活，运用多种研究方法探究儿童关心他人的现状，呈现其中的闪光点和可推广的成功案例，同时分析其中存在的问题。为此，研究者有必要"关注、反思"儿童的生活，包括其关心他人的生活事件，以便和儿童共同致力于建构有利于其道德成长的好生活。"生活是道德存在的根据，也是道德存在的基本形态，整体性、实践性、生成性是生活世界道德的主要特征。'回归生活世界'的道德教育要走进方方面面的生活、生活的方方面面；道德的学习应当是生活的、实践的，而不能简单归结为知识的、思想的。"②儿童生活的特点之一在于"日常性，即自然性、情感性、重复性"③，其道德生活作为生活的一部分也具有显著的日常性。而践行在儿童的道德生活中又是重要的因素。生活教育论的著名倡导者陶行知曾强调"行是知之始，知是行之成"；亦有学者认为狭义的"践履"是德性养成的第一环节④。笔者曾在另一本专著⑤中做过关怀德育论的理论研究和比较研究。这里，有必要基于生活教育论与生活德育论的原理，着重考察青少年的道德实践。儿童关心他人的研究便有必要走进其生活中方方面面的有关实践，包括关心不同类别的"他人"。对于本研究而言，"方方面面的生活"必然包括方方面面的道德学习者及其方方面面的关心对象。秉持教育应有的伦理精神，本研究将不仅考察健全儿童关心他人的生活实践，也会关照残疾儿童的相关道德实践及其道德成长需要的满足与实现状况。希望这一研究结果有助于"道德教育培养不断去生成新的道德世界，以及不断自我超越的生成性的人"⑥。

---

① 鲁洁：《道德教育的根本作为：引导生活的建构》，《教育研究》2010年第6期。
② 鲁洁：《生活·道德·道德教育》，《教育研究》2006年第10期。
③ 高德胜：《生活德育论》，人民出版社2005年版，第122—123页。
④ 汪凤炎：《德化的生活：生活德育模式的理论探索与应用研究》，人民出版社2005年版，第80、84页。
⑤ 参见侯晶晶：《关怀德育论》，人民教育出版社2005年版。
⑥ 鲁洁：《生活·道德·道德教育》，《教育研究》2006年第10期。

综上所析,学会关心是 21 世纪全球教育的重要目标;在关心的诸多对象中,关心他人有待实践者和研究者更多地加以重视;在关心他人中,儿童关心他人的实践与研究尚待加强,以促进儿童的道德成长和学校德育目标更好地实现。

这里简要界定本研究的关键词——儿童、关心、他人、融合。根据《儿童权利公约》的界定,"18 周岁以下人口均为儿童"。由于儿童时期在德行养成过程中的基础性地位以及研究所受主客观条件的限制,本研究以中学生尤其是小学生为例研究儿童关心他人的道德实践,用访谈法获知其"关心他人最难忘的一件事"等鲜活案例,在必要之处辅以量化研究,以便尽可能地呈现儿童关心他人现状的全貌。本书中的被访者都不是幼童,故而有时用"青少年"加以指代。

本成果主要研究儿童对四类他人的关心——父母、同学、邻居以及陌生人,他们是儿童在家庭、学校、社区、社会等类别主要生活场域中他人的代表。应该说,这四项子研究的成果有望基本概括儿童关心他人的总体现状。

"关心"的基本含义前文已述,这里略作补充界定。"关心"和"关怀"视不同语境,均可作为"caring"的译名,不过它们有着微妙的区别。笔者在拙著《关怀德育论》中曾予论述。"关",在象形字的最原始之义为"门闩",逐渐引申出"牵连、涉及"这一与关心、关怀有关的义项。"心"是名词,在不同语境下可以"心""力"对举,或"心""行"对举;可能出现"心有余而力不足""有心无行"等情形。关心有时仅是出于好奇或只表示心理学上的注意,未必有益于被"关心"者。"关心自己的个人利益问题",这种关心是非价值性的。在这层意义上,关心即关注。此时,其"价值性强度"①较弱。"关怀"一词被《现代汉语词典》解释为"等于关心",然而"关怀"的高"价值性强度"和努力性正符合诺丁斯对伦理性的关怀(ethical care)的阐述。关怀的高境界和非自然性可在"情怀"一词中得以窥见。孔子曾说"少者怀

---

① ［德］马科思·舍勒:《情感现象学》,陈仁华译,台湾远流出版事业公司 1991 年版,第4页。

之",我们熟知的常用术语有"人文关怀""终极关怀",可见汉语中的"怀"动作性、学术性、价值指示性很强。在《辞海》中,我们可以看到"怀"的义项除了"胸前"和"心意"之外皆为动词(怀抱、怀藏—想念—归向—包围、围绕)。《现代汉语大词典》将"怀"确定为动词。这正符合诺丁斯的"care/caring"强调行为的特点。"少者怀之"由于和孔子"成人"、教人爱人等教育理念的相关性而内含有目的性、价值性和理性,这要求关怀者考虑被关怀者的感受和关怀的效果。"终极关怀"一词道出了关怀的终极性,即关怀的广度、超越性、非选择性。① 鉴于诺丁斯将"caring"的论述重点放在伦理性(需要意志努力)而非自然性上,即"ethical caring"基于并高于自然性的"natural caring",并强调"caring"的行动性,而非隐而未发的意向性;因此,我们有理由认为,纯粹就学理而言,对理性、情感、行为和意志包含性最强的"关怀"一词是"caring"最合适的汉语对应词,可作为其汉语主译名。当然,考虑到汉语的某些搭配习惯,有时必须用"关心"一词替换。例如,汉语在习惯上不说儿童"关怀"他人,而说儿童"关心"他人。"关心"更适合与"儿童"搭配,实际上存在一个学理依据:儿童作为未成年人,总体而言,其能力的局限性比成人更加突出,因此观察可知,儿童"心有余而力不足""有心无行"的可能性总体上也更大。一方面,"语言使世界在起来";另一方面,语言在很大程度上确实反映现实生活。

　　本成果的主体研究框架基本对应儿童生活空间中的主要场域——家庭、学校、社区和社会。在这些场域中,儿童关心主要的对象是父母、同学、邻居和陌生人。据此,本书第一章至第三章分别对儿童关心父母、同学、邻居和陌生人的道德实践进行质化研究,接续着质化研究揭示的一些主要问题以及其他具有结构性意义的相关问题,进行儿童关心他人的影响因素研究以及对策研究,其中穿插进行相关的理论探讨。此外,邻里、社区是家庭的延伸和社会的组成部分。儿童有时也会对邻居做出关心行为。随着城镇化进程走向深入,社会流动性越来越强,高层住宅小区中的绝大部分邻居实

---

① 　侯晶晶:《关怀德育论》,人民教育出版社 2005 年版,第 62—65 页。

际上是熟悉的陌生人。因此,把儿童关心邻居的研究和其关心陌生人的研究置于同一章。细究起来,前三章研究的"儿童"均为健全儿童,其研究成果并不能简单地迁移至残障儿童,而后者的道德成长亦是我们应该关注的。因此,第四章主要从融合教育的视角对于儿童的一个亚群体即残疾儿童关心他人进行前提性的量化研究与思辨研究。本成果努力使研究对象的覆盖面较广,尽可能地观照和促进更多类型儿童在多个生活场域的道德成长。

　　冯建军分析了道德教育与生命教育隔离的弊病,探讨了二者融合的路径①。李伟言认为,"关怀个体生命的成长是教育学的根本职责。个体生命成长的完整性需要教育学者超越碎片化的研究,树立生命的整全观念"②。基于生活德育的立场,借鉴生命教育的部分研究成果,本书没有采用隔离、单一的普通学校教育视角,而努力将融合、整全的视角体现于每个子研究。本书关于儿童关心父母的一章论及了道德学习与道德教育的融合、家庭教育对学校教育的补充。关于儿童关心同学的一章综合进行了关怀病理学研究和有助于儿童学会关心的教育实验的正面案例分析,并且论述了道德学习与其他方面学习相互融通的复合学习观。关于儿童关心陌生人一章论述了陌生人之间基于知情信任的交往融合,以及法律和道德力量融通共同促进儿童在公交车等高频共在的微观公共领域里关心陌生人的问题。本书最后一章从融合教育的视角研究残疾儿童通过更充分、更有质量地享有受教育权从而扩大与外界交往、更好地学会关心他人的论题。

---

　　① 冯建军:《走向道德的生命教育》,《教育研究》2014 年第 6 期。
　　② 李伟言:《生命整全及其教育路径探寻》,《山西大学学报(哲学社会科学版)》2017 年第 4 期。

第一章　儿童关心父母之研究

　　父母是儿童生命的创造者和首要监护人,也是其生活中的重要他人。一般而言,儿童自出生开始就与父母产生双向的关系联结,在发生时序上早于学校及社会中的关系。就儿童学会关心而言,从多个方面来说,父母都是重要的关系人:父母作为家庭教育实施者对于孩子起到正向或负向的引导作用;尤其在有着独生子女的核心家庭中,父母是儿童在家庭内实践关心行为的主要甚至仅有的对象。儿童对于父母的关心也可能具有一些特点。例如,总体而言,儿童对父母的关心早于对其他人的关心。多年的共同生活使得儿童对父母的被关心需要有着较深入的了解,亲情有可能促使儿童将对父母的关心动机较充分地转化为关心行为。父母在反馈关心效果时往往不需有什么保留,可以比较充分;他们也具有法定的权利与义务以及相应的权威来指引儿童的成长。在这种关心关系中的实践与受教情况又可能影响儿童对其他类别他人的关心实践。因此,笔者首先考察儿童对父母的关心。

第一节　研究背景、研究主题的提出与研究方法

　　由重教到重学,是现代德育的一大转变①。关心他人是道德学习的一个重要方面。下面阐述笔者对基于关怀式道德教育的道德学习的理解,从

---

　　①　刘次林:《现代德育的三大转变》,《湖南科技大学学报(社会科学版)》2015年第4期。

一个侧面说明为何要研究儿童关心父母等他人。

一、问题提出的一重背景——关心取向的道德学习

如果想应对现实生活中道德教育背景的复杂性，专门的学校道德教育无论在师生关系、学习内容还是教学方式方面，就必须充分关注每一个儿童的真实兴趣、其最佳发展可能性及其具有生长性的道德品质。在一些基础学校里，学科教育中往往是知识灌输、思维训练和标准化教学有余，道德教育与学习的法定时间却被挤占挪用，且缺乏浸润式道德教育的意识与实践。此类学校的道德教育与学习长期处于低效甚至有名无实的状态。针对这些问题，一方面，我们要改革道德教育；另一方面，道德人格成长的另一种驱动力——学生"学"的维度——应得到更多的重视。

强调道德学习至少有如下背景和原因。第一，需要对师生关系进行再定位，即从传统的上位—下位式师生关系转向平等、对话的关怀式师生关系。在前一种关系的指导下，教育工作者对于学生的道德成长似乎是当然的人师。其实，无论师、生，都应该是终身的道德学习者，以便不断保持和提高自己的道德品质，在日益变化的道德环境中不断地葆有和更新道德自我。第二，需要对道德教育的有效机制进行再认识，应区分知识学习和道德学习两种不同机制、不同特点的学习。笔者认为，相对而言，知识学习有如下特点。首先，无论是无意义学习还是有意义学习，根据艾宾浩斯曲线原理，通过运用记忆术和有针对性地进行变式练习，都相对具有一劳永逸性。其次，知识学习一般具有抽象性，许多类型的知识学习只需在书斋里"坐而论道"，在大脑中加以整理和操练就能习得。最后，知识经验具有可传授性。在知识学习方面，一位名师运用讲授法就可望指导出一批批高徒，在短时间内使得大量学生的相关知识水平得到整体的提升。而道德学习具有情感性、实践性、反复性、内在性、自悟性。只有启发学生的道德学习意识，他们才能有道德成长的慧眼和灵性，去体悟其实可能无时无处不在的道德学习资源，才能在教学关系不存在和独处时，也能用"内在的眼"去爱护、化育自己的道德自我，丰富自己的道德情感，有意识地利用许多唾手可得的道德实

践情境,内化学校道德教育目标,发展自己的品格。第三,回应一对道德教育中的基本矛盾,即专门的道德教育在课堂上时空的有限性和日趋复杂多元的生活世界的要求之间的矛盾。无论是哪个层级的学校教育,专门的德育课的授课时数至多占总课时数的5%。学校的层级越高,知性教育在教育时间上对德性教育的挤压越重;而学生随着年龄和阅历的增长,接触到的关涉道德的现象愈加丰富与多元。只有借助道德学习的生活化、开放性、终身化,才能看到解决这一难题的充分希望。

(一)道德学习的一个可能路径——关怀式道德教育引导下的道德学习

道德学习如果没有道德教育的适当引导,就会面临放任自流的状态。那么,怎样的道德教育能为道德学习提供较强大的推动力呢? 一个可能的回答是关怀式道德教育。关怀之所以能促进学生的道德学习,原因在于其结构根基、哲学特性和特定的时代精神。其结构根基在绪论中已有阐述,这里不予重复。就其哲学特性而言,关怀道德教育理论具有倡扬实践性、强调教师的榜样作用、尊重学生生命的异质性、重视学生的体验和感受等时代精神以及关系性、情理交融性、具体性等哲学特点。[1] 这里,侧重对关怀道德理论进行结构分析。首先,自然关怀动机在人脑的边缘系统及其引发的移情本能中具有生理基础,因此,每个人都有自然关怀的天性,每个学生都有道德的先天性向和可能性。依托关怀式(道德)教育的积极支持,道德学习者边缘系统的共情本能可发展为自觉自主的良好道德人格。其次,自然关怀是发出需要诉诸努力的伦理关怀的基础。伦理关怀的直接动机在于消除本能恐惧的自然关怀行为引发的被关怀的记忆。本能恐惧是利柯提出的概念,意指对僭越可能带来伤害的感知。关怀道德理论认为,早期的本能恐惧既有可能演变为伦理恐惧,也有可能促发伦理关怀。本能恐惧转变为伦理恐惧必有一个原因:威胁性的父母或其他权威因为孩子的错误、违规或仅仅

---

[1] 有关关怀道德教育理论的哲学特点分析和历史分析,参见侯晶晶、朱小蔓:《诺丁斯关怀道德教育理论及其对我国教育的启示》,《教育研究》2004年第3期。

是因为孩子的不幸而对其施加惩罚。本能恐惧向伦理关怀转变的一个典型例子是："幼儿依偎在父母的怀抱里，其本能恐惧就会消失。由此，他们联想到玩具娃娃或是宠物和自己一样也会感到恐惧，于是将其抱在怀里给以安慰。这时，孩子就表现出个体最早的伦理关切：保护所爱的他人或他物，减轻其痛苦。它基于这个意识：疾病等自然恶威胁我们每一个人，因此我们必须相互关爱地联合起来，彼此给予帮助和安慰。因此，对于我们所爱的人，我们会关怀他们。"①再次，伦理关怀的动机还在于个人的道德理想，那些需要做出较大努力的关怀行为尤其离不开道德理想的发动和支撑作用。而学生道德理想的孕育和发展又有赖于（教育）生活中被关怀的体验和记忆。正如马克思所言："良心是由人的知识和全部生活方式来决定的。"②最后，关怀行为具有首尾相继的某种连续性，主要不是一次性的行为；于是，前面关怀行为中被关怀者的积极回应会对关怀关系起到维持和促进的作用，成为导致后继关怀行为的动机的一部分。

关怀道德教育理论所持的关怀动机说不同于体谅模式的观点。麦克菲尔认为：以关心和体谅为核心的道德行为，是一种自我强化。"为别人而活，是回报性的和有动力的，而且在真正意义上可以说是为自己而活。"他论证道："满足别人的需要会有回报，认识这一点，就无须进行伦理道德的学习。"道德教育的目的首先在于把个体从"那些打着个性幌子的破坏性和自我破坏性的冲动"中解救出来，从"在不幸与不健康的社会中养成的自我中心、自恋、自私和暴戾及其他特征"中解救出来。③ 笔者认为，麦克菲尔从喜欢被关怀的调查结果中直接推出喜欢关怀的人性假设在逻辑上是不充分的，应该以记忆、体验、体悟、内化为中介来说明这两种道德情感之间的关系。如若不然，关怀便成了完全自然性的品质，那么，道德教育便是多余的，社会中客观存在的一些不道德现象便不能得到解释了。麦克菲尔却颇为天真地以为，只要认识到满足别人的需要会有回报，就无须进行伦理道德的学

---

① Nel Noddings, *Women and Evil*, Berkeley: University of California Press, 1989, pp.10-11.
② 《马克思恩格斯全集》第6卷，人民出版社1961年版，第152页。
③ 黄向阳：《德育原理》，华东师范大学出版社2000年版，第238—254页。

习。这种观点过于倚重回报，没有看到互惠的不对等性，伦理关怀往往是需要努力和付出的。"认识到，就无须进行道德学习"的观点，本质上是道德认知主义的。此外，体谅模式的二歧式观点——"为别人活"和"为自己活"在作为关系性美德的关怀之中也荡然无存。

关怀的首要环节是接受对方，而不是将自己投射到对方身上，以己度人的可能结果便是过多地操纵和控制。所谓接受，不是把他人作为一堆客观的数据来分析和"接受"，那只是一种伪"同感"。鉴于两个主体之间的平等性，关怀者和被关怀者之间是布贝尔所说的"我—你"关系，而不是分析者（主体）和被分析者（客体）之间的"我—它"关系或人与物的关系。客观分析法对于关怀的不适切性在于：关怀者只能通过感受一系列具体的、独特的情境来形成有关被关怀者的整体图景。情境和被关怀者的具体性使得仅仅诉诸概念和逻辑的思维方法以及普遍概括法会妨碍关怀所必需的具体性和独特性。所以，关怀性同感是和对方一同观察、感受。这样，关怀者在关怀的过程中就成了二位一体的人（duality）。沉思默想不能达到接受状态，接受状态的前提是搁置不同的意见、去除不当控制的努力。总之，接受不是强加于人，而是与之交流，共同努力①。

关怀的第二个环节是动机移置——关怀者的动机能量流向被关怀者，但未必致力于满足后者既有的目的。换言之，如果被关怀者的目的不正确，关怀者不应盲目地关怀，而应给予理性的关怀，帮助他调整到正确的目的上来。处在关怀状态时，关怀者有可能因为他人及自己而受到伤害，即关怀者的受损性潜在地增加了。但是，其力量和希望同时得到了提升，因为被关怀者作为二位一体的关怀者的一部分，他的力量与希望的增长便是对关怀者的易损性的弥补。尽管如此，诺丁斯并不赞同极端的动机移置，其典型的例子是许多父母"为孩子活着"。显然，在这种情形下，父母和孩子都有失去自我的危险。所以，动机移置的具体适切性是动态的，与被关怀者的回应水

---

① Nel Noddings, *Caring: A Feminine Approach to Ethics and Moral Education*, California: University of California Press, 1986, pp.30-31.

平等互为条件。

关怀者发出的关怀行为完成于被关怀者的接受。诺丁斯于 2002 年就此提出了新公式:(一)A 关心 B;(二)A 发出与(一)相符的行为;(三)B 承认 A 关怀 B。① 此即关怀道德教育的相互性。联合国教科文组织提出的学会学习、学会共处、学会做事等普遍性教育目标,从道德学习的视角来看,首先便包括学生学习与老师、同学、父母、陌生人等友好共处,学会相互关怀(关心),而关怀又是做事的多元品质与能力。被关怀者应通过积极回应来承担自己对关怀关系的责任。现在许多教师、父母给予教育关怀时感到身心俱疲,一个重要原因是有些儿童不能与承载着教育责任的成人共同致力于推动儿童的发展,无法让这些成人看到自己一段时间的教育关怀促成了学生的些微成长。善于接受道德教育关怀并在道德成长中体现出这种接受,这是学生道德学习的一种基本实践方式。

关怀的圈层说为学生的道德学习提供了具体的图式。关怀者和被关怀者们构成远近不同的同心圆,其共有的圆心是关怀者"我"。在最靠近这个圆心的内圈,我们因爱而关怀,如对父母、教师和友人。越对内圈,越容易做到充分的动机移置。这有点类似于大气层,以地球为圆心,越靠近地球的大气层密度越高,越远离地球的大气层密度越稀薄。在较外圈层,被关怀者是与"我"有个人联系的人或物,如同学、需要帮助的路人、学校环境、动植物、某种文化现象或思想等。随着"我"的世界越来越复杂、越来越扩展,关怀的自然性逐渐淡去、努力性益愈突出。关怀圈层所谓的"以我为圆心",是就与外界相遇、交往的自然过程而言,不是从"我"出发,也不是以"我"的利益画线。关怀道德教育凭借关系圈层对未来、未知、偶然和他者的开放性以及关怀关系的具体性和丰富性,赋予学生的道德学习以品种丰富、数量充足的实践和体悟的机会。它不突出利益关系,而是希望加强道德主体人人皆是道德教育者和道德学习者的富于责任感的身份意识。在相遇者存在合理

① Nel Noddings, *Starting at Home: Caring and Social Policy*, Berkeley: University of California Press, 2002, p.19.

的需要而道德主体又力所能及的情况下，随时随地准备实践关怀、相互进行关怀的教育和学习、提升关怀意识和能力。关怀德行不是圣人式的道德，也不是"毫不为己、专门利人"的道德，它是兼具他向性和我向性的道德，包括合理关心自己和合理关心他人。杀鸡取卵式的"关怀"是短视和不负责任的。

（二）关怀式道德教、学的价值与融通之充分可能性

关怀这一视角对于反思道德教、学中存在的关怀病理现象，清理对关怀的误识具有借鉴价值。尊重每个学生的生命，就应尊重并合理引导生命的个性、差异性，就应懂得：即便每个人都实现了最好的自我，差异仍然难免。有些教师在全班数十位学生中几乎总是夸奖极少数的学优生，号召其他同学向他们学习。这种一元化的认可无形中贬抑了大多数学生的现状及其努力，这是榜样道德教育法的误用。一种真正有效的榜样是以教师本人的关怀行为去感染、熏陶学生，在教育生活中给予学生足够的时间和机会去实践关心，并鼓励学生把所受的关怀教育放在广阔的生活世界中去实践、体验和升华。因此，关怀道德教育内含着对道德学习的呼唤，关怀式的道德教育与关怀式的道德学习是一个不可截然分开的整体。教师的榜样是成人世界道德榜样作用的底线。成人的道德水准高下差异很大，但是身为教师，出于职业要求，应该具有适当的道德水准和较自觉的终身道德学习的意识。这样，才不至于使儿童感到道德课的要求与道德教育者的实际道德取向、道德发展状态之间存在明显的断裂，才可避免儿童对道德教育难以认同的现象。

关怀式道德教育特别关注被关怀者角色的主动性，而学生的关怀主动性及关怀能力的培养无一不需要时间、情境、师生互动的榜样作为支撑。在极度高竞争的考试压力下，连小学都不乏关怀型教师为环境所限无法如愿为学生"减负"的案例。当高比例的身心亚健康向人们亮出"红牌"时，关怀式的道德学习同样需要解决实际上仍在片面追求升学率的教育实践中的时空生存权问题。而片面追求升学率的教育事实使得倡导教育的关怀性和道德学习显得格外迫切。关怀道德教育充分肯定学生的道德主体性和道德成长的可能性，因此，可以与道德学习形成牢固的、实质性的对接。关怀道德

教育不仅仅围绕预定的德目组织教学,它时刻关注来自道德生活和道德学习中的一手问题,通过师生间的平等对话和及时交流,可以分享学生道德学习的体悟、解决道德学习中的困惑,为道德学习不断提供动力和指导。根据接受美学的理论,得到关注会增强人们行为的自觉性和完善性。因此,在学生的自我意识中,作为知识学习者的身份应该不再是压倒性甚至压迫性的一面。关怀道德教育强调道德应该浸润在教育各方面和全过程,因而时刻提醒学生注意其作为道德学习者的一面。关怀式道德教育激发起学生对于道德自我的注意,学生才能在独处时唤起足够的道德自省力,承担起道德自我教育的责任,将学校的道德教育与生活世界中的道德学习流畅地衔接和接续起来。这样,以德目为核心、以量化考核为动力、忽视道德学习的单向度道德教育难以避免地培养出"两面人"的问题,才有望得到解决。

关怀与道德学习结合的可能性首先在于关怀与教育的关系。没有贴着教育标签的关怀仍然是教育,而融入关怀的教育则是意蕴更丰富的教育、更体现教育性的教育。换言之,关怀式道德教育不仅限于课堂或学校教育,它涵盖了儿童在学校内外道德生活中的全部关怀道德教育资源,包括显性的和隐性的道德教育。在这里,重要的不是这种教育发生在何处,而重在学生是否体悟到了这是一种关怀以及关怀的有效性如何,关怀者的关怀意识、能力与关怀动机是否相符,关怀者引导道德学习者的教育艺术的高下。学校教育的目标是培养全面发展的人。学校虽然是自觉培养人的专业机构,但它并不是学生道德成长的唯一影响源。因此,笔者认为,学校教育的自觉性至少应该体现在两个方面:一是自觉地尽力发掘学校内部的正向教育因素,这包括自觉地引进校外的正向教育因素来充实学校教育;二是自觉地打通学校与外界社会的形式屏障,因为它们在实效上是作为一个整体对学生产生影响的。学校不应画地为牢,像猴子抓虱子一样,以为上午抓上半身的、下午抓下半身的,就可以将虱子除尽。引导的前提是理解。这就需要学校关怀道德教育随时关注学生的实际道德生活以及其中的多重影响,而不是关起门来按图索"骥"地由教师自说自话。"骥",其实并不是找到的,而是生成的。道德主体和道德品质亦然。

其次,关怀与道德学习结合的可能性在于关怀与道德学习的关系。关怀的具体性、情感—理性交融性、关系性等特点与道德内化所倚赖的个人性、感受性和内发性是高度契合的。笔者认为,教育关怀应该在两个层次上进行建构,一是普遍性的层面,一是具体性的层面。确保每个儿童都能上学,这是普遍性的教育关怀;关注每个儿童的实质学校生活境遇及其幸福感,这才是具体性的教育关怀。不以具体性为最终指向和目标的教育存在流于形式的危险。具体性的关怀意识使得关怀双方的关系可能成为真正的人与人的关系,而不是群体代言人之间的关系,更不是两个身份符号之间的关系。被关怀者以一个具体的、活生生的有情感、有尊严的平等的人呈现在关怀者面前。在这种关系中流露出来的教育关怀是情感、理性、教育智慧的交融,它超越了盲目的热情和冷冰冰的理性,这种关怀者眼中既有事又有人,解决问题始终是为关心人服务的。这样的关怀式道德学习无论指向什么具体内容,几乎都与关怀品质有直接或间接的关联,有助于满足道德品质成长所必需的个人性、感受性和内发性。

最后,关怀的氛围总体上有益于学生生成安全感、价值感和关怀冲动。被关怀的体验为关怀实践提供部分的动机,参与孕育道德学习者的关怀意识和关怀能力。这一点在关怀动机的讨论中已涉及,此处不再展开讨论。

(三) 关怀式道德学习的机制

第一,生活世界中的道德学习。避免培养"两面人",就需要培养学生统整的人格,其重要表现便是道德行为中的非选择性关怀,即关怀对象的普遍性。关怀式道德学习者应尽可能地善待身边的一人一事、一草一木。鉴于关怀实践机会的丰富性及对象的开放性,关心各类他人甚至"洒扫应对"皆可成为"关怀实习"的情境。

第二,课堂交往中的道德学习。关怀取向的道德学习者应善于感受和回应教师、父母对自己的关怀,对于其中不合情理或自己不能适应的成分应学会有益于维护关怀关系的自我表达,而不是任性地逆反、对抗甚至决裂,一味对抗只会使师生关系、亲子关系越来越去关怀性。

第三,阅读中的道德学习,即文本叙事道德学习。文本叙事学习法所涉及的文本以似主体的身份对人诉说。其优点在于无限的开放性,以及与儿童的兴趣、当下阅读及日常生活结合的可能性;它所用的教育资源远远超过了既定的有限的教材,它以人类的全部历史文化作为其潜在的教育资源。叙事法是学生学会道德学习不可或缺的方法。文本叙事学习法的优势还在于学习者能够借鉴别人在道德困境或人生逆境中处理道德问题的经验。生活中的具体境遇或道德难题在我们周遭的生活圈中未必总能找到可以咨询的叙事主体,而通过阅读、与各种文本中人物的对话,我们可以学会避免如井底之蛙一般地看待人生。我们的人生不再是时空中一个孤立的点,我们找到了与时空不同但类型相似的事件之间的联系,于是找到了自己在社会历史中的位置。逆境或者顺境的当事人能够从书中的"同伴"那里获得经验、智慧和勇气,从而理解:一切都只是过程。掩卷之后,阅读者可能强烈地感到:时间是一去不复返的,不管顺境、逆境,都有起点、过程、转折点和终点,每条路都有转弯处。重要的是:无论在何种处境中,都要把在自己掌握中的那些事做好;外在的事情,视其值得与否,或者可以通过水滴石穿的方法去逐渐改变,或者索性采取高高挂起的态度,减少它对自己的负面影响。正如一位思想家所言:"没有你的同意,谁也别想侮辱你或者奉承你。"有时候,一本书中的叙事会让一两句话熠熠生辉,这一两句话就可能一生照耀着你。这些话语的意义部分在于其自身,部分得益于它所在的文本系统。整个叙事作为背景赋予某些话语特别的意味,换个语境,换个叙述者,这些意味就会淡薄很多。例如,在读有关钱锺书的人生叙事之后,阅读者可能铭记他在最困难的时候写给友人那短短的一句话,"且复忍须臾"。这句话放在当事人当时的处境中,就凸显出令人震撼的力量。一些传记的道德教育力量远远大于"一些小文章发的小感慨",其原因大概就在于传主不同寻常的经历。

第四,交往和反思中的道德学习。首先,可以利用圈层叙事来促进道德学习。圈层叙事的参与者是相识者,叙事主体是道德学习者生活圈层中的人。如同纳斯鲍姆(M.Nussbaum)所言:"让学生叙事,可使其对自己的道德观负责，而且可以鼓励其去探索道德生活的无穷丰富性和复杂性。"①笔者认为，圈层叙事至少能在四重意义上促进道德学习。海德格尔说，语言使世界在起来。道德学习者所叙之事无论是直接还是间接的道德经验，一定是经过选择的。叙事前的选择是对某些道德品质的一重加强。在叙事过程中，叙事者既是言说者，又是倾听者，他/她在倾听道德自我的诉说。通过赋予道德自我以投票权、选择权和言说权，这种述说对道德学习进行了第二重加强。在讲述过程中，叙事者一般能就所叙之事体悟出新的意义，有时候，他/她也通过听众的讨论和阐述获得新的意义。这是叙事的第三重促进作用。圈层叙事往往同样能激发听众的道德学习热情、丰富他们的道德学习经验，此为圈层叙事的第四重意义。为了实现道德学习者关系的加深和道德自我间的互助，可以鼓励多叙述者叙事和多视角叙事。每个言说者的道德主体性都会融进故事里。

其次，自我叙事（例如写日记）作为道德学习的一种方式，能为我们提供自我反思的自由空间。通过仅对本人所做的自我叙事，我们能将所感、所悟、所思倾吐无遗。在日记写作过程中，经验和体验的"我"与当下回忆、反思的"我"融合。许多事件发生时，未见得允许我们去细细咀摸咀嚼其中的意味，但是，我们每天或每周可留出一段反思的时间，有意识、较从容地回忆和反思过去一段时间里自我所经历的具有道德意义的事件。这种反思作为深度梳理，可使我们所经之事入脑、走心。其最基本的作用就像教育心理学所说的印痕回忆说一样，可以多提供一次复习有意义的（包括有道德意味的）生活事件的机会，使我们较充分地感悟出其中的意义，化经历为经验与体验，提升我们的道德人格。

综上所析，儿童的道德成长同时需要有效的道德教育和有效的道德学习，而儿童道德学习的一项不可或缺的内容便是关心他人。关怀式的道德教育注重实践、尊重学生的生命与感受、强调师生关系以及教师以身作则的

---

① Nel Noddings (ed.), *Stories Lives Tell : Narrative and Dialogue in Education* , New York : Teachers College Press , 1991 , p.187.

道德意义,是一种能够切实推动道德学习的道德教育。基于此,儿童通过家庭和学校等场域内外与他人的交往关系、文本叙事、圈层叙事、自我叙事以及关心他人的道德实践进行道德学习,可望完成不断获得道德成长的内在的、根本的环节。

关怀取向的道德学习具有具体性、情境性的特点,加之教育发展的地区差异、学校差异,我们无法也不必就此规定某种固定的道德学习模式。我们不可能以逻辑的方式预设几条道德规范来规定每一个道德学习者的行为。重要的是,道德教育者应该认识到自己同时也是道德学习者,不过总体上是比学生更成熟的道德学习者。师生双方在一体化的道德教—学中都应该追求更多的身体力行、尊重、宽容、平等与对话。

关怀取向的道德学习与其他道德学习范畴及道德教育之间具有和谐而互补的关系。因为关怀品质具有开放性、渗透性、基础性和生成性的特点,很多其他品质可从关怀型人际关系中比较自然地流淌出来。因此,关怀(关心)可能宜于作为道德学习的核心,与道德学习的其他方法、机制形成流溢、渗透、相互催化的关系,共同推动有效的道德学习,促进道德人格的成长。鉴于青少年关心父母、同学在其全部道德学习中具有日常性、基础性、开放性、生成性等特点,本章和下章研究儿童对这两类他人的关心。

二、研究主题的提出

基于关怀伦理学的理论,容易考虑到将成功的关心案例作为研究主题。研究此类主题有望基本把握儿童关心父母的类型与水平。其中可能有些案例不乏代表性和可推广性。笔者认为,也应该重视儿童关心父母受阻碍的案例或不成功的经验,从中发现一些结构性因素,并就存在的问题提出对策,以期提高儿童关心父母的道德水平及实效性。因此,笔者将未果的关心纳入了研究图谱。"未果的关心"是指未能将关心意愿付诸相应行动的情形或效果不佳的关心行为。根据关怀伦理学对关怀的完整界定,未果的关心尚不能算是已完成的关心行为。导致关心未果的原因,在亲对子的关怀努力中和在子对亲的关怀努力中可能不尽相同。对儿童关心父母未果案例的分析，可能揭示出其特殊性，对于儿童学会更好地关心父母及其他人产生促进作用。本章对儿童成功地关心父母、未果地关心父母的访谈案例进行描述，然后进行分析并针对部分主要问题提出应对建议。

三、研究方法

（一）研究对象

道德教育和道德学习研究往往格外重视对小学生的研究。一个主要原因在于：青少年和成人的道德胚胎都形成于童年时期，尤其是童年早期和中期。因此，本章的质性研究以小学生为研究对象，综合考虑其学段、性别、学业发展水平的差异，对其进行分层抽样。课题组成员 X 女士恰好调任东部 A 省 D 市 Z 小学①校长，该小学的教学及德育等方面的情况在该市处于中等水平，具有较强的代表性。从这所小学的中、高年段抽取发展水平各异、年龄为 9—11 周岁的学生 19 人作为访谈对象，其中男生 9 人、女生 10 人，四年级 10 人、五年级 9 人。

（二）研究工具与研究程序

本研究采用了半结构化的叙事访谈法。本研究以关怀现象学研究揭示的关怀的动机—行为—效果三阶段论作为基本框架，拟定了零假设的访谈提纲，通过询问被访者近半年关心父母的最难忘的经历，获取鲜活、真实、有代表性的案例，来研究儿童对父母的有效关心与未果关心。

访谈的落实方式略有特别之处。当时笔者正在国外访学，基于预访谈、文献研究等前期研究，拟定访谈提纲并修改完善，在 X 校长热心的帮助配合下，通过文本、邮件、电话对每位访谈员进行培训。访谈员均为该校教师，但均不是被访者的任课老师，以使被访者能够畅所欲言。笔者对访谈时间作了如下安排：访谈不占用学生放学以后的时间，不给家长接孩子造成困难，而是请访谈员在工作时间内见缝插针地访谈儿童。访谈问题覆盖了儿

---

① 根据质化研究的伦理要求，访谈对象及其所在学校均匿名。在此衷心感谢每一位参与访谈的师生。

童关心父母的成功与未果两类情况，访谈均主要围绕其"近半年内最难忘"的一件事展开，以便获得鲜活典型的案例，并以"半年内"的时间限制尽可能保证被访者对其所述事件有清晰的记忆和情感体验。访谈者对每位被访者都作出了在将来的研究中匿名使用信息等保密承诺，访谈得到了每位被访者及其家长的同意。

由于笔者不在现场，有一些访谈中生成的话题未能如愿追问。因为预见到可能有此缺憾，笔者在充分考虑到被访者年龄及其表达能力的前提下，将访谈提纲设计得尽量细致、全面，在和访谈员们交流时也作了交代。访谈员征得被访者同意，使用 MP3 录音笔和手机对访谈进行了清晰的录音，每周一至二次用 QQ 和邮件发给笔者，供笔者对访谈内容进行编码分析，如有必要则及时修正访谈提纲。访谈提纲中向访谈员说明了：如果孩子不与父母生活在一起，访谈提纲便以其他监护人或长辈替代"父母"进行提问。下面先对被访者所述案例进行分类描述，然后对主要问题进行分析与对策研究。

第二节　儿童关心父母的案例描述与分析

一、"我能关心帮助爸爸妈妈了"——对成功案例的研究

在儿童有成效地关心父母的案例中，占比最多的类型是关心身体不适的父母，其次为协助父母做家务，再次为帮助有不时之需的长辈；占比最少的是对父母提出提高个人思想修养的建议这一类的高层级关心。小学生对于父母的关心主要体现在生活上的协助和情感上的支持，偶见思想认知、策略支持、道德反哺方面的关心尝试。

（一）"我帮妈妈买来退烧药"——关心身体不适的父母

被访者所述关心父母的案例往往关涉身体不适的父母。平时都是父母照料孩子，而当父母身体不适时，四五年级的小学生往往能主动关心父母，

较为有效地回应父母在健康低潮期的被关心需要。一大半被访者谈及了自己关心身体不适的父母并取得很好的效果。例如,五年级男生 AZ 在妈妈感冒、咳嗽时关心她,分担家务。事后,爸爸妈妈对他说:"你长大了,能关心帮助爸爸妈妈了。爸爸妈妈很开心,很满意!"四年级男生 XAZ 关心妈妈的案例是:"妈妈在公交车上被一位乘客的高跟鞋踩伤了脚,我在家里接到妈妈的电话,就去公交车站接妈妈,扶着妈妈回了家。"

有时候,高年级小学生为了照料病中的父母,能够完成带有一些挑战性的工作。由于城市中车辆拥挤、保障孩子出入安全等原因,小学高年级学生出门一般由家人陪同,包括上下学一般由成人接送,无特殊情况很少独自出行。五年级男生 MXE 有一次发现妈妈发烧,而家里的小妹妹又需要妈妈照料,身体不适的妈妈又不能带着小妹妹外出买药。在这种非常规的情形下,MXE 独自去家门口的药店买药,"来回大概 30 分钟给妈妈买来了药"。这对于一个十岁孩子而言,是一个稍带冒险色彩的关心父母的事件。同年级的男生 WRH 也有过类似的经历,只是他完成这个关心行为的过程更复杂一些。"妈妈感冒头痛,当时家里没有其他人。我出去买药时很害怕,回来给妈妈倒水,让妈妈吃了药。那天是星期五,大多药店都关门了,最后在利群买到了药。妈妈吃了药几个小时后,就好多了。"这两个案例的案主都是男生。其部分原因可能是小学男生较之女生走出去探索外部世界的准备性更高。与此形成对比的是四年级 9 岁女生 KNS 的案例,该案例将在未果的关心部分呈现。

五年级女生 HKO 关心妈妈的案例是:有一次"我发现妈妈咳嗽,就主动给妈妈倒水喝,弄水果给妈妈吃"。五年级女生 RTL 关心妈妈的案例是:"妈妈怀着妹妹时发烧头晕,我把妈妈扶到床上休息。"另有其他几位受访者谈过类似的案例。

(二)"我一个人擦了家里的墙裙子"——分担家务

小学生在生活中关心父母或其他长辈的另一类较常见案例是在后者较忙时、具有被关心需要时,协助完成家务。四年级男生 XT 帮助妈妈的案例是:"我和妈妈两人一起在家打扫卫生。妈妈突然接到单位的通知,她今天不能休息了,得去帮助一个同事顶岗。我就一个人完成了其他的打扫卫生工作,包括拖地、擦灰、擦墙裙子。我感觉效果还可以,妈妈很高兴。我觉得美中不足的是拖把好像洗得不太干净。"做家务当然并不应该只是父母的责任,孩子也应该适度做力所能及的家务。不过,由于学业负担等原因,我国大多数孩子几乎不做家务或极少做家务。本书其他地方引用的数据可作印证,此处不再重复引用。被访者 XT 在此案例中却从一开始就参与了此家务活动,而且在妈妈临时有事离开后,完成了本次原本预计和妈妈共同完成的家务劳动。

五年级女生 DK 也谈到协助父母做家务:"平时晚上洗碗是爸爸的工作,那天爸爸加班,我就主动把爸爸洗碗的活儿承担起来。"四年级女孩 DER 也曾协助妈妈干家务活。四年级男生 HH 亦提及协助父母做家务:HH 的妈妈有一次在拖地时感到头晕。"我让妈妈休息一下,给妈妈倒水喝。妈妈稍稍休息后,准备继续拖地。我主动说'让我来吧!你再休息休息!'"五年级男生 TL 述及这样一件关心帮助长辈的案例:"我去奶奶家时,帮助奶奶搬东西,搬了好几趟。"

（三）"我以火箭般的速度冲到楼下把伞给了奶奶"——回应长辈的不时之需

五年级男生 MZC 不与父母一起生活,平日由爷爷奶奶照顾他生活。MZC 关心奶奶的案例是:一天下雨了,奶奶出门忘带伞了,"我以火箭般的速度冲到了楼下,把伞给了奶奶,使奶奶没有淋雨"。MZC 对奶奶的关心之切溢于言表。奶奶对其关心效果的评价是说 MZC"很长眼"。

（四）"妈妈,我们这一家子人要和平相处"——思想修养与智慧的关心

五年级女生 DK 曾给遇到职场挑战的爸爸支着儿。DK 的爸爸那段时间在写论文,压力比较大,"经常熬夜看书,但是写论文的进度很慢"。DK 热心地开动脑筋,帮爸爸出主意:"如果你先在网上找到需要什么资料,再更有针对性地看那些资料,也许能快一点地写出论文。爸爸觉得我说得有道理。"

四年级女生 AYZ 帮爸爸妈妈调停关系纠纷，作为家庭成员尝试帮助解决家庭矛盾，劝告父母提高个人修养。"爸爸妈妈经常吵架"，AYZ "劝爸爸妈妈不要老吵架"。刚开始的时候，爸爸妈妈对她说："关你什么事？！赶紧写你的作业去吧！"妈妈很生气，还动手打了她。AYZ 说："你们经常吵架，太影响我学习了。这么多年，你们经常吵架，真是太不应该了！妈妈，我们这一家子人要和平相处。"后来，爸爸妈妈接受了她的建议，吵得少了。AYZ 给父母提出的建议实际上关涉提升个人修养和建构"情感文明"①。在这个孩子付出挨打、挨骂的代价之后，她关心爸爸妈妈的努力终于收到了一定的成效。有些好效果是来之不易的，其中包含着孩子对于建构和谐家庭氛围的决心。四年级女生 AYZ 帮助父母调停关系纠纷，作为家庭成员尝试帮助解决家庭矛盾。经过"这么多年"多次劝说，爸爸妈妈逐渐接受了 AYZ 的建议，虽然仍然吵，但不那么"经常吵架"了。这名女生在多次的关心努力受到父母否定甚至打击的情况下，能够多年坚持自己认为正确的事情，直到获得对方一定程度的接受，这是难能可贵的。这种坚持的强大动力之一在于：父母的婚姻冲突影响孩子的健康成长以及孩子对于调节父母关系的主观能动性。池丽萍等研究者指出：父母间的冲突即婚姻冲突，主要指夫妻之间由于意见不一致而引起的言语或身体的攻击与争执，它可由冲突发生的频率、强度、内容、风格（公开的/隐蔽的）及冲突是否得到解决等特性来描述。许多研究表明，经常发生的公开婚姻冲突与儿童的多种问题行为（如攻击性、不服从、反社会行为、抑郁、退缩及自我概念发展障碍等）有关。社会学习理论（the theory of social learning）、间接作用观点（the ideas of conflict as family system disruption）、认知—背景理论（the cognitive-contextual framework）和情感安全假设（the emotional security hypothesis）四类理论从不同角度印证了婚姻冲突与儿童问题行为之间的关系和作用机制。② 其实，这个女生在关心

---

① 王平、朱小蔓：《建设情感文明：当代学校教育的必然担当》，《教育研究》2015 年第 12 期。

② 池丽萍、王耘：《婚姻冲突与儿童问题行为关系研究的理论进展》，《心理科学进展》2002 年第 4 期。

父母的同时，就一部分客观效果而言也是在关心自己。这也可能增强孩子为父母纠偏的动机。

另有一位四年级女生 HIZ 也试图在改善家庭关系方面关心帮助父母，不过其努力几乎全然无效，详见"未果的关心"部分。上述三位关心者都是女孩，她们尝试在较有挑战性的事情上关心父母。可能由于小学阶段女生的发展略微领先于男生，她们思考问题和处理问题的能力总体上似乎比男生成熟一些。当父母言行失当时，有些女孩敢于表达自己的想法，努力帮助父母提高，即使这可能遭到父母的呵斥。

二、"爸爸妈妈基本上没有采纳我的建议"——对未果案例的研究

四年级女生 HIZ 试图在提高个人修养、优化家庭关系方面帮助父母，不过截至访谈时，她的关心努力尚未见成效。HIZ 的父母经常和她奶奶发生冲突，"他们经常在电话里大声地像吵架一样和我奶奶说话"，HIZ 提醒过爸爸妈妈多次"不要对奶奶这么较真，奶奶的身体还有病"。HIZ 帮助父母的效果不佳："爸爸妈妈基本上没有采纳我的建议。有时，爸爸妈妈去奶奶那里，我想跟着一起去，防止他们发生冲突，但是爸爸妈妈不带我去。"HIZ 认为应该尊重曾经为了子女含辛茹苦的年迈长辈。确实，不管父母和祖父母有什么样的冲突，都可以通过商谈平和地解决，避免无谓的争吵。这符合儒家道德文化传统，也是现代文明公民应有的道德素养。罗伯特·科尔也认为儿童的品德未必不如一些成人。儿童在避免伤害他人方面的道德敏感性未必低于成人。孟子认为人具有善端："仁，人心也"；"学问之道无他，求其放心而已矣"。① 较之有些亟待"求其放心"的成人，很多儿童怀有纯洁的赤子之心，有时能对父母的言行起到监督、评价作用。但是，在很多家庭中，年幼的子女实际上并没有被赋予和成人平等的人格，儿童的合理建议往往被置若罔闻，不被父母接受，未能发挥道德反哺作用。我国有相当多

---

① 《孟子·告子章句上》。

的父母持有这种观念：大人的事小孩子不要插嘴，而小孩子的事情大人可以一管到底，甚至代为决策；缺乏亲子之间的平等意识和商谈、对话的习惯，缺乏在真理面前人人平等的观念。如果孩子表达的观点或提出的建议有道理，父母应该虚心接受。

四年级女生 KNS 对爸爸的未果关心案例如下。"爸爸有一次割伤了手，让我去买创可贴。我犹豫了一会儿，心想：我出去帮爸爸买创可贴，万一遇到坏人怎么办？所以，还是没有出去。"由此观之，对于陌生人的恐惧心理可能妨碍一些青少年如其所愿地关心他人，不仅涉及关心陌生人，有时也涉及关心家人；对于陌生人的过度恐惧有时会影响青少年社会性的发展及其充分融入社会。社会主要是由陌生人构成的，对于陌生人的恐惧，容易演变成对于社会的恐惧，会害怕走出去，认为家庭以外的地方都充满着风险，主要由陌生人组成的社会是一个充满风险的社会。这种判断可能使儿童尽量减少与社会的接触，将自己的活动半径主要局限在邻里之间，而贫乏的经历可能妨碍其成长。

四年级男生 XT 经历了另一种未果关心。"家里来了客人，我洗杯子的时候打碎了两个茶杯。我告诉妈妈，我不能再继续洗茶杯了。妈妈问为什么。我说：'等客人走了以后，你就知道了。'"客人走后，XT 告诉妈妈：自己本来是想帮妈妈做点家务，却打碎了两个茶杯。这个案例折射出很多儿童平时很少有时间参与家务，生活能力和动手能力还有待培养，以使他们通过帮助做家务来关心家人的愿望较好地落到实处、收到实效。如果在关心他人的过程中遇到小小的挫折，不该简单地退缩（"我不能再继续洗茶杯了"），而可以学着及时总结经验，争取超越自己，这样有利于儿童提升关心能力。同时，这个案例也折射出一个具有普遍性的现象：我国儿童基本上"十指不沾阳春水"，在连年"减负"成效不明显的教育生态中，主要作为知识的接受学习者存在，生活能力缺乏基本锻炼。父母（不得不）在生活上对孩子过度关心、大包大揽等现象较为常见，导致孩子的自我关心、关心他人的能力受限。这个问题将在本章的对策研究中详论。

小学生关心父母或爷爷奶奶的案例总体效果不错，较好地满足了对方的合理需要,得到了对方明确的认可。小学生关心父母的少数行为效果不能一言以蔽之。小学生 XZ 关心家人的案例是:"在母亲节那天,我给妈妈打了洗脚水,妈妈很惊讶,有点不适应。"XZ 是受到了公益广告的启发,"看到公益广告上播的是一个小朋友给奶奶打来洗脚水"。XZ 妈妈的反应说明,这种关心方式在生活中很少自发地发生,表达方式在有些父母看来可能不太自然,因为年富力强、腿脚灵便的中青年父母一般没有"让孩子帮忙打洗脚水"的真实需要。前国家督学诸平老师曾和笔者谈及她的看法:"其实,在生活中关心父母的方式可以是多种多样的。比如,我清楚地记得,多年前有一天晚饭我做了虾,读小学的儿子提醒我:'妈妈,你这两天有些过敏症状,最好不要吃虾。'一句及时的提醒,说明他很在意我的健康,让我感到很受关心。"

五年级男生 TL 在叙述对父母未果的关心案例时提到一件事,实际上,将关心帮助的关系倒转过来了。"学校让我们自己动手做木头机器人,我让爸爸给我做一个。爸爸找材料、削材料,很忙。我问爸爸:'我可以帮你吗?'爸爸说:'你这么小,你能做什么呀?!'我认为我应该能帮上忙,我就说服了爸爸,给他打下手。帮到一半,我觉得太难了,就放弃了。"本来是学校为了锻炼孩子们的动手能力而留给孩子的作业,在实际生活中却成了爸爸的作业;爸爸帮孩子后来变成了孩子帮爸爸。亲子互动作业没有什么不好,不过作业的复杂程度应该能让孩子真正参与。如有必要,在课堂上可给予适当指导。

第三节　儿童关心父母的动机、影响因素与问题分析

动机是指激起一个人去行动或者抑制此行动的一种意图、打算或心理上的冲动。动机是有意识的,它主要是由需要产生的。需要与动机是推动人希冀、追求、行动、发展的内驱力,是人的心理素质中最能动的本质力量[1]。关于

———————

① 肖文娥、王运敏:《论高校辅导员心理素质培养》,《教育研究》2000 年第 10 期。

儿童关心父母的动机生成,其直接源起多为孩子观察到父母需要关心的状况或父母主动诉说告知孩子。小学生们关心父母的深层次动机既有由亲子关怀关系促发的内生情感,也有书本、媒体等提供的榜样的牵引作用。关于关心父母的动机,四年级女生 XT 说:"父母养我们这么大很不容易,我们应该听话,感谢父母,关心父母。"儿童关心父母的该类动机凸显了孩子对父母的感恩与遵从。这在被访小学生中是较为多见的表达。关于关心动机,五年级男生 WRH 则是因为感受到了父母身体不适时的被关心需要,而感恩强化了此动机。他说:"爸爸妈妈养我这么大了,他们身体不舒服,需要我去关心。"这种表达也体现出知恩图报是儿童关心父母的一个主要动机,它有助于形成和谐稳定的关心型亲子关系。为妈妈打洗脚水的小学生 XZ 则是受到了公益广告的启发,"公益广告上播的是一个小朋友给奶奶打了洗脚水"。协助妈妈拖地的四年级男生 HH 提到了某电视台的公益广告对自己的影响:"刚开始,一个小男孩跟妈妈牵着手走,他长大后出去了,很少联系父母。有一天,他看到一个小女孩跟妈妈打着伞走在一起,就想到了给自己的妈妈打电话,问候妈妈。从这个公益广告中,我受到了感触,感到应该关心家人。"

以上儿童所述关心父母的动机有时直接来自对被关心需要的察知,有些受到了平日积累的亲子关心关系、被关怀体验、感恩心理以及媒体公益广告榜样作用的感染。后者通过激发儿童的观察学习机制而强化动机作用。关于关心父母动机的正向影响因素,访谈中没有儿童提及学校德育,也没有被访者提及有必要学会对家人负责、培养对他人的责任感。当然,无人提及不代表绝对不存在。有些暗示教育、隐性教育的作用未必容易令人感知,却可能同样实实在在地发挥作用。不过,没有一个受访者提及学校德育因素对于自己关心父母动机的生成作用,是否在某种程度上说明至少这尚不是他们感受很强烈的影响因素或主要影响因素呢?

责任感的相对不足使得有些孩子关心父母的过程一旦遇到小小挑战或困难便中途放弃,显得努力性尚且不够,多名儿童对父母的关心止步于伦理关怀门槛的边缘。一些儿童对父母的关心在一定程度上具有低努力性、相对高逃避性、以自然关心为主的特点。例如,被访者 XT 失手打碎了正在洗的两个茶杯,然后就放弃了做这项家务;另一位被访者 TL 根据学校布置的手工劳动要求"给爸爸打下手",感到困难便放弃了。高层级的道德行为往往伴有较高的意志努力。认识到上述特点,有助于明确学校德育和青少年道德学习需要继续努力之处。探明儿童关心父母过程中存在的问题,对此给予有针对性的指导,有助于提高儿童能胜任的较高层级的关心,帮助儿童较快地实现道德成长。关于学校德育对此可以采取的应对之策,笔者将在下一章与儿童关心同学的论题合并进行讨论。

结合未果的关心还可以看出,儿童关心父母的案例主要包括以下类型——在父母身体不适需要照料时予以关心,协助父母做家务,回应父母的其他不时之需,在思想上或人际修养方面关心父母。但是,当儿童试图在思想等较高层次上关心父母时,父母的回应往往是对孩子说"还不快去做作业!"或者要求其"听话!大人的事小孩子不要多嘴",抑或是某些呵斥。这折射出一些前现代的家庭教育理念是青少年有效关心父母的一种负面影响因素。针对此问题,本书从建构家庭民主与提升父母的道德智慧等视角进行对策研究,呼吁父母以重视情境性、反思性的道德智慧来践行家庭民主,尊重儿童的主体性、话语权以及人格尊严,帮助孩子在较高层次上也能如愿地发挥主观能动性来关心父母。这种家庭文化及家庭教育的转型升级亦是家庭应对现代性挑战的应为之举。现代性的视域有助于我们更深刻地理解这种转型升级对于儿童培养关心等道德品质以及对于社会现代化的重要意义。为了兼顾对现代性问题的分析,对策研究将重点观照访谈折射出的症状,但又不局限于此。下一节的对策分析总体上着眼于促进亲子关系的现代化及家庭道德教育功能的优化。

第四节　可能的对策分析
——家庭面临的现代性挑战及其道德应对

社会科学具有强调公共领域的研究传统,相对而言,私人领域对于人的发展及德性养成的作用没有得到充分的重视。关怀伦理学者内尔·诺丁斯指出:"自柏拉图以降,哲学界一直遵循的惯例是先描述一个理想国或最佳国家,然后考察家与家庭对于建构这种国家所能起到的支持作用。"随着此理路讨论的深入,许多学者日益发现偏于重视此领域具有不完备性,因而将思考的触角拓展至私人领域。诺丁斯在《始于家庭:关怀与社会政策》一书中便将立足点置于家庭研究以及源于私人领域的关怀关系,然后延伸考察社会关系以及社会政策。① 戴维·黑尔德曾指出,"正式民主制度的常规很像良好个人关系中的常规"——人人平等,分享话语权,公开讨论问题,摒弃暴力,重视对话和自治。② 吉登斯高度认同黑尔德的观点,指出"推进个人自主权和日常生活中的自尊,应视作与公共领域中的法律和其它自由同等重要的一项政治任务。在一定程度上,这是那些自由的条件"③。上述视域拓展符应了公共领域和私人领域客观存在的互动,符合人的成长历程,揭示了家庭和社会深刻的同构关系。缪建东教授等学者即论述过"我国在制定家庭教育法时需注意转变固有观念,家庭教育由私人领域到公共领域"④。

如何实现当代社会科学所希冀的私人领域的社会功能、社会责任,例如养育具有良好道德素养的孩子、建构良好的家风? 这关涉家庭面临的现代性挑战。我国社会正处于向现代社会的转型之中,道德失范等社会问题既折射在家庭之中,又可能被家庭教育强化。黑格尔曾论述过亲子教育承载着重要的家庭伦理功能。传统社会中的亲子教育主要满足于"保证孩子存活、促进其成长、培养能被外界接受或认可的孩子"⑤。"可被社会接受"关

---

① [美]内尔·诺丁斯:《始于家庭:关怀与社会政策》,侯晶晶译,教育科学出版社2006年版,第1页。

② [英]安东尼·吉登斯、克里斯多弗·皮尔森:《现代性——吉登斯访谈录》,尹宏毅译,新华出版社2001年版,第103页。

③ [英]安东尼·吉登斯、克里斯多弗·皮尔森:《现代性——吉登斯访谈录》,尹宏毅译,新华出版社2001年版,第113页。

④ 吕慧、缪建东:《改革开放以来我国家庭教育的法制化进程》,《南京师大学报(社会科学版)》2015年第2期。

⑤ [美]内尔·诺丁斯:《始于家庭:关怀与社会政策》,侯晶晶译,教育科学出版社2011年版,第60页。

涉的是个体对社会的顺应,而在加速变迁的现代社会中,家庭教育的未来性尤其突出。结合有关学科的学理指向,这种未来性、反思性在家庭教育的伦理层面至少可以具体化为关怀、民主和智慧三种路径。关怀是当代伦理学的一大新兴主题;民主作为现代德目的重要性已被杜威等学者充分揭示;智慧或明智在伦理学中则是一种高位阶的流体道德素养。对于这些路径的重视能够回应本章前述访谈折射出的一些结构性问题。

一、家庭中的关怀回应

成熟的现代社会是超越冷漠和单子式存在状态的公民社会。人与人相互关心,人们对社会正义常怀在意感。家庭教育为此应做的准备是帮助儿童对人、对事学会关心。学会关心的先决条件之一是具有被关心的体验,使得人与生俱来的本能恐惧不至于转化为伦理恐惧、敌意、冷漠,而可能升华为伦理关怀。为此,家庭中的成人要基于儿童的发展需要,做出适当的回应,给予他们有效的关怀。关怀伦理学依据努力程度的高低将关怀分为伦理关怀和自然关怀。家庭中的成人在两个层面上都必须注意关怀的限度和有效性。

艾里克森关于道德心理的发展研究揭示出儿童的需要包括自理、自主、自治,这些行为和能力直接影响其自信的生成和自我建构。因此,在自然关怀中,要警惕未经慎思而滥施关怀。生物学角度的考察表明:自然关怀生发于幼小者的需要,视需要情况,不同物种所获的亲代关怀或有或无。如果子代没有被关怀的需要即能存活、延续种群,亲代的关怀就不会发生。海龟之类先天较成熟的动物,在自行孵化后从来得不到母亲的呵护。雌海龟仅将卵产在海滩的坑内,随即返回大海。几乎所有的海龟亲子终生无缘邂逅。很多低等动物就是这样生而自立的。哺乳动物和鸟类由于子代先天早熟,一般具有护犊现象。人类是典型先天早熟的动物,刚性的被关怀需要时期很长,这才催生了人类双亲的关怀。但是,有效的双亲关怀包括某些经过慎思的"不作为"与延迟满足,通过提供支持性的环境间接、隐性地促进儿童发展。诸如家长帮孩子背书包、制止孩子分担力所能及的家务,这些现象便是需要警惕的过度关怀。滥施关怀会使需要的满足蜕变为餍足,反而会阻滞儿童成长,钝化其对关怀的敏感性,剥夺儿童自主关怀进而关怀他人、关心社会的机会。

在伦理关怀层面,需要成人更加明晰、整全地思考儿童的需要。为此须鉴别社会环境、主流教育语境所断言的儿童需要。儿童反映较为集中和强烈的一个问题是"爸爸妈妈老是让我学习!"现代社会的一个特点是患有"知识饥渴"的症状①,这已清晰地反映在唯认知主义的应试教育中。在这里,儿童对闲暇、适度游戏的普遍需要被去合法化,而它们对自我的统整是不可或缺的。美国学者克拉伦斯·金斯利提出的《教育基本原则》研究报告论及七项教育目的,其中就包括"有价值地利用闲暇"②。欧美很多国家的基础教育植根于亚里士多德、卢梭等人重视学习者天性的教育理念。亚里士多德倡导通过学习实践与习惯养成尽可能地充分实现人潜在的良好天性;卢梭在《爱弥儿》一书中亦描述了自然主义的教育。多元智能理论也说明了每个学习者在不同的学科领域可能具有状态不同的潜能。这是学习者们尽力学习之后各科成绩仍然会出现"两头小、中间大"的正态分布的一个重要原因。了解这些教育理念,有助于成人对孩子的学业成就持有恰当、现实、科学的期望值,减少以关怀孩子为名实施的过度控制。

让儿童感到苦恼、容易引发亲子冲突的又一原因是游戏的剥夺。"游戏是儿童的一种内在需要"③。过于激烈的知识竞争超出了很多儿童的承受阈限,使他们出现退缩现象。他们通过问题表征无声地呼喊,却常常继续被家人误解。儿童在一些患有"知识饥渴症"的学校内已然承受着激烈的竞争、超强的脑力付出,家庭不应成为福柯所言的严加规训的另一场所。有些初中生放学后不直接回家,而是和同学绕很远的路漫游,直到为了满足饮

①　[英]齐格蒙特·鲍曼:《流动的现代性》,欧阳景根译,上海三联书店2002年版,第83页。

②　Kliebard, H., *The Struggle for the American Curriculum*, New York: Routledge, 1995, p.98。七条教育目标中还有一条直接关涉私人领域——有价值的家庭关系。

③　刘慧:《关注小学儿童的需要:教育学的视角》,《湖南师范大学教育科学学报》2013年第5期。

食和安全感的需要才不得不回家。他们的感受是"放了学在外面待一会儿,是我一天中最开心的时刻。在学校、在家里,都不自由"(初一男生所言)。还有些儿童在学校和在家表现出较大的行为落差,被贴上"两面人"标签,其实未必是道德虚伪的表现,而是不同层级的自我在不同场域满足自身需要。在私人领域中,让孩子的多重角色都有舒展的机会,有益于儿童在道德心理上获得自我的整合。从更长远发展的角度看,儿童还有成长为合格现代公民的需要。家庭中的关怀与民主、赋权不无交叉。

二、家庭中的民主建构

"民主"一词具有多维度的含义,它不仅指涉一种政体,还可以是一种生活方式。杜威在《民主主义与教育》(*Democracy and Education*)一书中所论的"democracy"主要是指生活方式,重点阐述了作为生活方式的民主对现代社会具有不可替代的塑形作用。本节运用的即是这一层含义上的"民主"概念。自"五四"以来,建设民主的现代社会就是我国的一种政治取向。鉴于我国学校的层级制惯性非常强大,家庭是更便于推行民主生活方式的微观社会机构。

家庭中的民主建构要求父母至少在四个维度上尊重孩子。第一,尊重孩子的主体性。有些父母动辄说:"孩子是我生养的,我想打就打! 谁管得着?!"这是典型的前现代亲子关系模式,与现代的社会生活、儿童的发展需要之间存在严重的紧张。孩子不是父母的附属品,而是和父母享有相同无涉年龄基本权利的公民。把垂直型家庭等级关系改造为趋于扁平化的学习型家庭组织,才更有利于发挥所有家庭成员的首创精神和发展主体性。

第二,尊重孩子的差异性。父母应智慧地看待差异、鼓励孩子悦纳自己,自信、勤勉地创造优质自我。每一个人都是独特的个体,差异是普遍存在的。辩证地看,差异分为优势差异和弱势差异。多元智能学说表明:任何人都不可能只有优势差异,没有弱势差异。虽然每个人的起点不同,但起始的"被给定身份"并不能线性地预言努力主动获得的"获致身份",而且人格尊严是平等的。因此,面对弱势差异不必自卑,两代人都要学会平和地接受自己和他人，不为弱势差异所累，避免进一步羁绊自身发展。父母切忌简单地以他人之强对比自己孩子之弱，向孩子施压，使得孩子对于强于自己的同伴、"别人家的孩子"产生忌妒、怨恨心理，自暴自弃，以"不屑努力"作为失败的理由，从而避免将失败归因于能力。孩子一旦陷入这种自卑型自我防御模式，则难以发展。面对优势差异时，切忌自傲，方可不与他人疏离。自负中含有自卑的成分以及向自卑转换的可能。许多高考优胜者进入名牌大学后，有很长一段时间不能适应"泯然众人"的新身份，便是优越感向自卑感转化的实例。父母应警惕过度地赏识、赞扬优势较多的孩子，以便帮助其葆有平常心和自我超越的意识。

第三，尊重孩子的合理选择。有些父母有意或无意地把孩子当作实现自己未竟理想的工具、光耀门楣的载体，也让孩子熏染了"面子至上"的从众选择标尺。武断地替代做出短期选择，代价尚小；如果涉及择校、择业等长期人生项目，往往后果严重。存在主义者认为：存在先于本质，人通过不断的选择对自己负责、建构自我。父母可以呈现自身阅历中与孩子选择相关的信息，协助孩子审慎地做出知情选择。这样，孩子得到的不只是一个现成的答案，而是学会减少依附，较为独立、负责地筹划人生、建构自我。

第四，尊重疑似犯错孩子的人格。认知心理学和波普的证伪论科学哲学都肯定了试误、证伪对于认知发展的重要作用。儿童犯错误时，父母应慎用批评。对于众所周知的"批评与自我批评"，许多父母强化"批评"而虚化"自我批评"。他们将孩子的优点归功于自己；将孩子的缺点、不足归因于孩子自身，让孩子独立负责。成人不应像白纸黑点测试中大多数被试那样，只见黑点，却忽视此外的整张白纸。实际上，"黑点"并非孩子与生俱来的恶，而是各种教育失当的产物，教育的主体包括家庭、学校、社会、孩子自身。父母作为孩子的第一任老师，首先要客观公正地反思自身，如果问题的根源在于家庭教育的不当，就应坦率承认、做自我批评，并和孩子共同分析问题、解决问题，以身教帮助孩子学会负责。有时，问题表征出现在孩子身上，但病根至少有一部分在别处。2016 年 3 月 14 日，网易图片新闻发布了一条消息：有位监护人因为孩子未完成课外作业、撒谎，屡教不改，愤怒、绝望之下用跳绳棒等物将孩子打成一级轻伤,被判坐牢半年①。这样的殴打无视孩子的人格尊严,也完全无法作用于儿童个体之外的某些成因。相反,很容易失却亲子之间的信任,伤害孩子的心灵,让其在迷惘之时甚至可能蒙受委屈时,倍感孤独恐惧,拉开孩子与父母的情感距离。简单地否定孩子,易造成其负面的镜像自我。孩子出现问题和困惑,父母宜将事和人区分开来,和孩子共同致力于问题的解决。

三、家庭中的智慧生成

关怀和民主营造和谐的家庭氛围,有益于孕育两代人的道德智慧。而智慧的生成之道还不止于此。智慧作为高位阶的道德素养,不同于知识或机巧;智慧具有实践性、情境性、反思性、前瞻性的特点。冯契认为,智慧是德性的能力。张汝伦认为,智慧是一种正确行动并使事物朝正确的方向变化发展的实践能力,能根据事情的特殊性做出正确的决断与反应。② 对智慧的内涵认识不清,容易导致家庭教育出现病理现象。

许多父母将智慧混同于知识、文凭,过度崇拜知识,会使自己丧失家庭教育的自信。实际上,知识是分特殊领域的,而智慧具有流动性、整体性和很强的可迁移性。有知识没文化、有文凭缺智慧的个体比比皆是。慎思、节制、诚实、慈爱、坚定,都是重要的生活智慧。无论学校教育经历多寡,每位父母都可以变生活阅历为人生的反思、智慧的财富,形成与日常生活有关的那种明智,追求对事情的准确判断、坚持人生正确的价值取向,以此引导孩子共创幸福,同时有效地关心他人、助益他人的幸福。

忽视智慧的伦理性容易混淆大智慧与小聪明。有些父母面对各种售票处的身高量尺教孩子屈膝逃票,还教唆孩子学习牟取不义之利的机巧之道。这不仅是生理上的屈膝,更是一种道德和人格上的屈膝。浸染在这样的家庭教育中,孩子会不耻于以良知为代价,换取不应属于自己的利益,甚至以

---

① 纪珂:《南京虐童案被告人李征琴出狱 母子抱头痛哭》,2016 年 3 月 14 日,见 http://news.163.com/photoview/00AP0001/113022.html#fr=email&p=BI1EH2EO00AP0001。

② 张汝伦:《重思智慧》,《杭州师范大学学报(社会科学版)》2010 年第 3 期。

此为荣、以此为智。及其成年，很可能为了一己私利，做出不赡养老人、蒙骗消费者等行径，在私人领域、公共领域成为道德的侏儒；遑论生成关心他人的责任感。

如果父母知行（言行）分裂，就会违背智慧的实践性，即稳定、长期的经验性。许多家长感到"孩子和父母拧着来"。实际上，成人作为一个个体，也并非单质的，而是多维度、具有异质性的人。虽然过早达到绝对的同一性意味着人格的僵化，但是，任何阶段上都应该追求一定程度的言行一致，避免过度分裂。如果父母屡屡在言行上自己和自己"拧着来"，孩子在父母的多元榜样中，往往选择最省力的榜样来仿效。"孩子不听话"的深层次原因有时恰恰在于成人自身的低端自我远远背离其理想自我。

智慧具有情境性的特点，而最大的情境莫过于时代语境。父母在教育孩子的过程中应考虑德目的时代变迁，审视前现代"经典"文本中包含的德目。例如，《一千零一夜》中充斥着以牙还牙的暴力色彩，故事往往以暴力、诡计等手段获得金钱、美色，将此作为成功、幸福的指针。如果讲述者不加改编，它们对于孩子的负面道德影响甚至超过一些劣质的电视节目。因为后者往往是已被批判的；而前者披着"经典"的外衣。对于形成于前现代的经典故事，要站在现代的角度再诠释，培养孩子的批判思维能力，避免在潜移默化中受到暴力、贪婪等亚文化的侵蚀，使仁爱、恻隐的良知蒙尘。

家庭教育中智慧的反思性、前瞻性同样可以生成于道德叙事之中。以生活史的连续视野加以考察，任何行为都不是孤立的，而是有着前因、后果。在事情发生之前，就应以内隐的价值观教育引发儿童的道德思考。蒙台梭利等人的研究表明，幼儿期是德目学习的一个敏感期。此时，父母为其讲授的故事中所含的德目容易被"有吸收力的心灵"内化。因此，在亲子故事时间里，可对德目进行拓展讨论。许多文化中都有类似《铁斧子的故事》，试图传递的核心德目是诚实。故事中的权威"仙人"往往会把金斧子、银斧子一起送给铁斧子的主人，以奖赏他说真话，当即实现令人喜出望外的德福一致。而在现代社会转型期，可能出现劣币驱逐良币的德福错位现象。父母可以问孩子："如果你是丢了铁斧子的打柴人，不诚实，就能得到金斧子；如果诚实,没有奖赏,只能得到真正属于自己的铁斧子。你要不要诚实呢?"进而将康德所言的"完全义务"概念以孩子能理解的方式播种在其心田。父母亦可启发孩子思考:如果你关心他人却得不到外界的肯定和奖赏,你还要不要关心他人? 为什么? 再如,形成于男性中心主义文化范式下的《灰姑娘》,其圆满结局在于灰姑娘嫁得好。父母可以启发孩子思考:如果灰姑娘没有嫁给王子,以及那些没有嫁给王子的女孩子,她们可能幸福吗? 怎样才能幸福? 除了婚姻,是否还有一些因素与人们的幸福直接相关? 这是孩子们将要亲历的真实生活问题。适当的道德启蒙、价值观的日常生成,是智慧生成的重要途径。蒙台梭利多次指出:作为万灵之长的人,其儿童时期不仅具有生物胚胎,更具有"精神胚胎",正是精神胚胎使得人类与动物有了本质的区别。[①] 父母必须努力解读儿童生命力潜能中蕴藏的奥秘,将孩子培养成道德的自主思考者、合格的潜在道德立法者以及负责任、有效能的道德行动者。

关怀、民主、智慧三维度在实践中是密切联系、相互交织的。本节将其分而述之,以便在分析的基础上更好地综合,更好地回应现代性的挑战。正如童话《皮诺丘》描绘的那样,一个孩子从蒙昧的人形"木偶"变成拥有精神力量的真正儿童,需要关怀、信任以及智慧的引导。面对公共领域中良莠不齐的影响因素,良好的家庭教育可以帮助儿童养成慧眼,培养道德判断力和现代公民品质。私人领域的道德养成具有不可替代的重要性,促进儿童道德养成的家庭教育有助于以关怀破解道德冷漠、以民主平等促和谐、以智慧的慎思避免盲从,帮助儿童学会更好地关心他人,而且有助于家庭及社会以较低成本加速实现成熟的现代性。

---

① [意]玛利亚·蒙台梭利:《有吸收力的心灵》,高潮、薛杰译,中国发展出版社 2007 年版,第 48 页。

第二章 儿童关心同学之研究

儿童达到学龄之后，大量时间是在学校尤其是在班级中度过的。初一女生 HXY 告诉笔者："班级是学生在学校的家。"在学校场域中，同学是儿童最常交往的对象，是其道德学习共同体的成员，也是儿童在学校中关心他人最常见的对象和可能性最大的关系人。因此，关心同学是儿童道德学习的一个重要方面。

本章的二级研究主题和前一章相似，亦包括成功的关心案例和未果的关心。研究方法和研究过程与前一章相同。这里均不赘述。关于关心同学的研究，A 省 D 市 Z 小学共 19 位儿童接受访谈，其中五年级 6 人，四年级 13 人;男生、女生人数基本相当。关于访谈问题，研究者请被访者提供同学关心自己以及自己关心同学的双向案例，以便尽可能充分掌握儿童关心同学的鲜活资料。

第一节 儿童关心同学案例的描述与分析

下面以关心的事由与动机唤起—关心的行动—关心的效果作为逻辑线索，对访谈获得的案例厘清内在结构，进行分类、描述与分析。

一、儿童关心同学的事由与动机研究

儿童关心同学的第一环节从外部看包括引发关心的事由，即被关心者

的需要,从内部看包括关心者动机的唤起。以下对此分别进行研究。

（一）儿童关心同学的事由

青少年关心同学的事由主要分为学业型与非学业型两大类。非学业型事由包括生活自理等自我关心能力不足引发的被关心需要,学校的某些硬件条件引起的儿童被关心需要,以及合作游戏的需要。学业型事由主要包括三个维度的需要:知识、技能方面的被关心需要,程序与方法方面的被关心需要,情感、态度、价值观方面的被关心需要。

1. 内因引起的非学业维度的关心事由

有些内因具有层级之别,例如生活自理方面的内因较之自我管理更为基础。首先,我们分析这种初级层次的内因。有些儿童偶然地或经常性地忘带马克笔、听写纸、水彩笔、跳绳、沙包等物品,因此需要向同学借东西。一些儿童生活自理等自我关心能力的不足,产生了青少年关心同学的一些事由。自我关心的基本能力不足引起了一些初级被关心需要。例如,四年级男同学 TR 与同学相互关心的案例大都关涉忘带文具之类的事由。类似的情况在其他被访者那里也很普遍。这说明这些四五年级的学生尚未养成很好的自我关心的能力与习惯。在这方面,美国加利福尼亚州阿尔伯尼(Albany)海景小学的做法值得借鉴。该小学从二年级上学期开始,明确地向学生和学生家长提出本学年着重培养自我关心(self care)的能力与习惯。我国的基础学校总体上相对重视学业能力的发展,而比较忽视自我关心尤其是生活能力以及自我管理方面的自我关心能力。有少数基础学校的老师也认识到,不应过于重视书本知识而相对忽视学生社会性的发展。例如,在TR 叙述的"未付诸实施的关心意愿"案例中,他发现有个同学忘了带文具,准备借给对方,但是老师阻止他这样做,认为这不利于同学培养自我管理的好习惯。另一个案例显示另一位老师同样意识到这个问题。一位四年级女生 ACY 自述关心同学的案例时说,她新转学来的同桌经常忘带文具,老师建议 ACY"这次不要借文具给同桌,否则她以后还会忘记",但是那个女同学还是坚持借了。之后,同桌依然经常忘带水彩笔之类的文具,这位女生就请老师允许自己与同桌合用一盒水彩笔,并得到了老师的同意。这个女生很高兴地说："我和同桌好得就像亲姐妹一样，我们经常这样相互关心。"乐于关心同学值得肯定，不过这种具体的做法长此以往对于培养同学的好习惯确实没有帮助。此类关心同学涉及处理当下与长远的关系问题，有的同学在两者之间很好地保持了平衡：当下把文具借给急需的同学，解其燃眉之急，同时提醒同学以后要注意带文具，并就事论事地说出忘带彩笔文具的弊端——忘带学具者自己不方便，被访者自己的同类文具也只有一份，两人合着用，只好都凑合，如果是美术课上合用水彩笔，两个同学就都不能把理想的颜色与画面充分地表现出来。

其次，分析自我管理能力不足引起的关心事由。例如，自习时不能保持安静，需要同学关心提醒。自我管理是一种深层次的自我关心能力，能使个体较好地回应自己的发展需要，运用自制力等能力更好地达成每个阶段的发展目标，更好地自我实现。它也是一种习得的能力，对于多数人而言这个习得是个较长的过程。

《中国青年报》曾载文称，我国与新加坡的初中生在没有教师监督时上自习课的情形很不相同。我国初中生比较喧闹，而新加坡初中生安静自律。我们少数成年同胞在国际机场以及餐馆等公共场所仍然表现得不够安静。虽然在安静/活跃方面的个性特征上存在个体差异，有些人天生就安静一些、容易自我管理一些，然而自我管理能力本质上还是后天习得的。

笔者曾在伦敦与加州伯克利等一些地方的社区图书馆进行观察，有些两三岁的幼儿在社区图书馆参加听故事活动时就已经很安静。偶有吵闹，父母稍加哄劝提醒，一般能有效制止。幼儿仍哭闹时，父母就抱歉地把幼儿抱离现场，尽量不打扰其他人，对幼儿实施"Time Out"（当事人暂停活动）策略，向幼儿传递这样的信息：如果表现很欠佳，是必须负一定责任的。笔者也曾在美国小学的阅读时间里进行观察，老师要求低年级小学生做到"Be quiet.Read silently or in a low voice"（安静。默读或小声读书）。对于做不到的同学，老师会做出发"嘘"声的口型，对那个同学进行提醒。若提醒无效，打扰他人者就必须坐到班级的"Time Out"专座上去，直到其安静下来。在这种训练之下,绝大多数同学到小学高年级便可学会主动地安静阅读。老师不会让部分已经学会安静自制的学生分心去管理后进同学,而是由老师直接给予最少量的管理与提醒,允许学生有继续学会自律的机会,尽量借助最少的他律逐渐达到自律。

最后,分析偶见儿童需要同伴进行合作式游戏的事由。儿童的这一关心事由富有童趣,也折射出"游戏是儿童生活的一种内在需要","游戏性是儿童生活的一种特性"。① 有位女生在暑假里发现一个同学在小区的草丛中想捉一只蚂蚱送给另一个同学,但是小小的蚂蚱在草丛里跳得又高又快,那个同学跑得满头是汗,还是没有抓到。于是,这个女同学就出手相助,两人前堵后追,终于捉到了蚂蚱。

2. 外因诱发的非学业型被关心需要

访谈还揭示出可能引起非学业型被关心需要的一种外因,这种妨碍学生自我关心的外因关涉当时学校硬件的某种不完备性。由于经费原因,学校操场当时尚未能铺设塑胶跑道②,同学们在做体育运动时,偶尔会在路面不平的操场上被石子"卡倒"③;另偶有学生放学时在楼梯上涌出教学楼,被同学绊倒,导致肢体擦破出血或扭伤,因而需要同学关心帮助;亦有少数学生运动时不慎受伤,例如在家跳皮筋时扭伤脚,导致行动能力受限,需要帮助。

3. 学业维度的关心事由

此类事由按发生频率的高低基本可分为知识技能,程序方法,情感—态度—价值观三个方面,下面逐一描述。

首先来看知识、技能方面关心同学的事由。关于知识学习,好几位被访者提及在数学解题方面关心帮助同桌或坐在周边的同学。在技能方面,四年级男生 MGR 曾帮助游泳班的同学学会独立游泳:

---

① 刘慧:《关注小学儿童的需要:教育学的视角》,《湖南师范大学教育科学学报》2013年第5期;高德胜:《生活德育论》,人民出版社2005年版,第123页。
② 该校的操场不久后铺设了塑胶跑道。
③ 当地方言,"卡"在此读一声,意为绊倒、摔倒。

那个同学跟我一起学的游泳，我们绝大多数同学已经能自己游了，但他一直离不开游泳板。教练也教了他，他自己也很想学会独立游泳，但他就是学不会。我就告诉他我是怎么游的，做样子给他看，让他像我这样游，但他还是没游起来。当时，我没搞清楚问题出在哪里。后来，我观察他，知道问题出在哪里了。他怕沉到水里去，不敢离开游泳板，手上腿上用的力量不够。我就告诉他是这个原因，让他把手上腿上的力量加大一倍，像我这样游，他试了几次，终于摆脱游泳板了。但是，他还是游得比较慢，他腿上的力量还不是太大，我又告诉他还要加大腿上的力量，就能越游越快了。

其次，学业维度的关心事由有时与程序和方法有关。例如，有儿童帮助同学制作航模。又如，四年级男生 MGR 曾在学习方法上给予同学关心帮助：

> 我在外面（校外）上英语课，课间有一个同学要背一个很长的单词 elephant，怎么也背不过。下节课老师就要听写。他愁眉苦脸的，有些着急了。我们隔一排座位，我就过去教他。elephant 这个词分两个部分，前面三个"单词"是一部分，发一个音，后面五个"单词"是一部分，发一个音。后面的难一些。你先把后面的"单词"背几次，背会了，再把前面的"单词"背几次，再合起来背，就能把 elephant 背过了。他按照我说的方法背了几次，果然就背过了。他特别高兴！看他高兴，我也特别高兴！

MGR 自己摸索了一套有效的学习方法，虽然他在讲解时把"字母"说成了"单词"，"音节"这一概念被他用具有个人特色的语言总结成"发一个音"的一个部分，三个音节被他理解成"两个部分"，但这种非术语化的符合儿童思维特色的学习方法用在同龄人身上亦收到了实效。这种分析问题、解决问题的经历积累多了，是能出智慧的，也应该能逐渐更精准。MGR 对同学的关心中包含着方法与智慧的传递。

最后,儿童关心同学的事由还关涉情感、态度、价值观。有些同学由于价值观的差异引起冲突,此时有些儿童介入了冲突的解决和伤害事件的调解,在价值观的分享、情感的抚慰中,体现出对同学的关心。下文适当之处将呈现一些相关案例。总之,在关心同学过程中,儿童扮演着不同的角色——小老师、小医生、小维和警察、合作的玩伴……

（二） 知晓同学被关心需要的两种基本方式:告知与察知

首先来说告知,包括直接告知与间接告知。前者是有受助需要者直接告知同学,请求同学关心帮助;间接告知的情况较少,例如,由教师安排学生去帮助有困难的孩子。较之告知,更多的则是察知。例如,青少年通过观察发现有同学向其他同伴求助未果或被拒绝,或者观察到处于困境的同学出现焦急的身体语言表征(例如"愁眉苦脸""哭泣""迟迟不能动笔""有些急躁了""跑来跑去也抓不到那个蚂蚱"),或者看到了有需要者陷入困境的场景("跑着跑着有人跌倒了""手工报做得不好")。

（三） 关心同学的动机

青少年关心同学未必一件事只有一种动机,可能具有主次不同的一簇动机。根据其叙述的主要动机,儿童对同学的关心主要分为互惠型的关心("我现在帮助他讲题目,以后我有不会的题目,他也会帮助我的")、利他为主的关心("帮助别人克服了困难,自己也很快乐""日行一善,是很快乐的")、回报性的关心("她帮助过我,所以我应该帮助她")、利己为主的关心(帮助另两位同学淡化冲突,以免自己因为类似的旧账而连带着被老师批评)。

就动机产生的具体机制而言,榜样作用和观察学习是被访者们提及较多的。例如,GRI 关心他人的动机是"受到大队长王平(化名)榜样作用的影响"。"在一次跑步比赛中,王平本来跑到了最前面,应该能得第一名的。但是,后面有同学跑着跑着摔倒了,哭了起来。王平听到哭声,发现有同学摔倒,就掉过头往回跑,来帮助那个同学,送他去了医务室。"大队长王平不惜放弃比赛,付出了小学生们看重的"第一名"的代价来帮助同学,这一行为给 GRI 留下了深刻印象。有难度或付出一定代价的关心行为强化了权威同学的榜样作用。

不过，有些代价本是可以避免的。有一次正在上课，大队长在帮助其他同学时立即做出了回应。当时，离大队长坐得不远的同学 A 向同桌 B 请教问题，同桌 B 也不会，大队长听到后就离开座位去辅导同学 A 这道题目，结果老师当众"批评他违反课堂纪律"。同学 A 在访谈中分享了此事。本来，这位大队长也可以等课后再辅导同学。不过，换个角度看，老师应该区分道德行为与僭越习俗。按照埃略特·图瑞尔（Elliot Turiel）和拉里·努奇（Larry Nucci）等学者的区分，帮助同学属道德行为；（为了助他）违反课堂"上课时不得擅自离位"的规则，则属于僭越习俗的行为。两者性质不同，不在同一层次上，这是应该明确的。道德行为与习俗行为的一个主要分水岭是看行为有无伤害他人。大队长只是轻轻地离位、轻声帮不远处的同学讲解几句，以便他能跟上老师的思路，应该不至于扰乱课堂秩序、影响正常课堂教学活动，不至于损害同学或教师的正当权益。因此，其行为应该认定为僭越习俗。助人者肯定也知晓这一课堂纪律，却"明知故犯"，估计他是因为急人之所急，想帮助坐在不远处的同学及时理清思路，有效地参与后面的课堂教学活动而不至于由于思路打不开而苦恼、陷入困顿。这位品学兼优的同学大概认为：这道题在自己看来很简单，自己下座位三言两语就能帮助不远处的同学理清思路，然后会快速回到自己的座位，不会妨碍班级教学。其助人的热忱和践行道德的主动性是值得肯定的。教师可以不批评这位乐于助人的同学，而是肯定其助人的良好动机，然后提醒他及时归位，等下了课再帮助同学。

四年级女生 XIZ 谈到父母关心他人的事情给自己很深的影响。"妈妈在爬山时告诉不认识的老人'您的鞋带散了'，看到老人家弯腰困难，就主动帮老奶奶把鞋带系好。爸爸周末去看望年迈的太奶奶，为太奶奶削水果、扶太奶奶出去散步。"有的同学谈到奶奶顾不得穿上冬衣，就赶去积雪的街头，帮助骑车滑倒摔伤的爷爷。值得注意的是，访谈中没有一个同学提及老师作为关心者的榜样作用。无人提及并不意味着此影响不存在，不过，这或许印证了一些学者的研究成果①：我国很多教师虽然辛辛苦苦地教学生学知识，但在关心学生方面总体上还可以做得更细致些、更全面些，更好地发挥关心者的榜样作用。

谈及关心他人的影响源，被访者们不仅谈到了学校和家庭生活中对家人与同学的直接观察，也谈到了经由电视、课本等媒介的间接观察学习。例如，一位四年级女生在访谈中提及孔繁森关心帮助西藏孤儿的事迹对自己的感染，说着说着，已上四年级的她流利地背诵起二年级上册学过的《孔繁森》一文。笔者查阅教材，发现这篇课文只要求复述，不要求背诵。但是，学完两年之后，她能够这么流利地背诵此文，足见这篇课文让她入脑走心了，对她影响很深。她还谈到看过扶助受灾地区陌生人的新闻报道。

关怀伦理学指出，认可是教师、父母表达教育关怀的重要方式之一，也是培养儿童道德理想、促进其在道德等方面获得成长的重要方式。访谈中问及儿童关心同学之后有没有受到谁的认可、赞赏。被访者表示，对其关心同学行为的绝大多数赞赏与表扬来自家人、当事同学和其他同学。追求真善美的行为在同学之间往往能够引起关注和赞赏。例如，大队长 WP 帮助其他同学的行为就给 GRI 留下了深刻的印象，还引起了 GRI 的仿效。另有好几位被访者说，回家把关心同学的事情告诉了妈妈，或者有同学在一同放学回家的路上把这件好事告诉了受访者的父母，受访者因关心同学之事受到了父母（大多为妈妈）的表扬。

在受访者看来，教师则很少赞赏学生之间的关心他人行为。有的同学说："是老师派我给同学去讲题的，老师当然不会再表扬我。"换言之，助人行为不是被访者自主决定的，而"为了行为自身之故而选择此行为"是亚里士多德界定"合乎德性的行为"的一条标准。② 不过，也有学生接受访谈时说："老师很忙，一般看不到我们主动关心同学的事情；看到了，也不会表

---

① 班建武、曾妮、蒋佳、丁魏：《教师关怀品质的现状调查——基于北京市石景山区四所中学的调查数据》，《教育学报》2012 年第 4 期。

② ［古希腊］亚里士多德：《尼各马可伦理学》，廖申白译，商务印书馆 2015 年版，第42 页。

扬。"有学者指出,教师对于利他的儿童应给予表扬,这是儿童克服了自私做出的行为,不应从理想主义的道德高标出发,认为儿童做好事是理所当然的,更不应该要求儿童"做了好事不留名"。德福一致、适当的肯定,会激发儿童的道德动机。① 有位硕士考生对儿时的回忆印证了这一观点。她说,她不认同"做了好事不留名"这一自幼耳熟能详的道德教育要求,"我小时候做了好事,就愿意让别人知道,我想得到老师的表扬、同学们的夸奖,这样我才更有动力去做更多的好事"。知悉学生关心同学的行为之后,教师如果不重视儿童的道德学习心理,便不会运用认可、夸奖等方法对此类关心行为进行适度的强化。19 名被访者只有一人说自己在关心同学后得到了老师的夸奖,那是因为该老师当时也得到了被访者的帮助。当时的助人情形是:被访者在校园里帮助了该老师和一名同学去抬积雪。其他被访者均未提及老师对关心同学现象表示过赞赏。对比教师对"文化课"考试得高分同学的常见表扬,不难发现,一些教师对待学生道德自我的努力与学术自我的努力的认可是存在差异的,折射出重视程度的不同。此问题将在本章对策部分详论。

尤其是年幼的儿童,其自我认知基本处于镜像自我阶段,他们对自我的认知在很大程度上依托于他人的评价。他们很珍视来自他人的认可与鼓励,连来自同学的一句赞赏之语"你真行!"在数月之后都记得很清楚,更何况来自教师等重要他人的表扬。认可法是关怀伦理强调的教育方法之一,教师宜适度公开表扬有利于学生道德自我发展的行为。儿童的道德发展经由外在观众的权威评价而发展出自我评价的内在观众。这样,儿童的自我就不仅是行为主体,也成为反思性的自我观察者;其内在评价机制会引导其道德行为。

关心同学动机产生的机制还包括青少年作为受助者、有相似经历者的体验与共情。此外,感到"日行一善,是很快乐的"的那位同学愿意将关心同学等道德行为日常化,从中折射出鲁洁先生指出的道德之"享用功能"。

----

① 胡金木:《合乎正义的道德教育:利他、利己抑或互惠?》,《教育学报》2015 年第 5 期。

二、儿童关心同学的行为研究

笔者首先对关心过程进行不同视角下的分类,然后就若干特别的案例进行专门的探讨。

关心同学的行动过程根据难度、风险等不同维度可作不同的分类,以下分别概述。从难度方面看,儿童对同学的关心以低难度关心为主,高难度关心事件相对较少。高难度关心需要青少年调动智慧,例如帮助探索提高游泳技能的方法,或者指导同学解决难题、做复杂的航模。关心者如果没有良好的思维品质或相应的技能、方法,很容易陷入未果的关心。关心的难度有时体现在时间跨度长、反复努力次数多,需要关心者知难而思、而进,不断努力,直到问题解决。还有些关心帮助同学过程的难度体现在需要付出较多体力。例如,有位男生由于打排球时扭伤右腿无法着地行走,两个比他瘦小的男同学看到了,自告奋勇从两边架着他,扶着他回到了四楼教室。到了四楼时,两位同学都累得大汗淋漓、气喘吁吁。

从时间和频率上看,有些儿童关心同学付出了较多时间,付出时间最多的一位同学连续几天关心在游戏中不慎腿部受伤无法独立行走的女生。总体来看,儿童关心同学属低频率事件。有位被访者说:"我们能关心同学的机会太少了!"被访者中关心同学频率最高者是四年级女生 ACY,被关心者有个特殊的身份——新来的转学者。当时,ACY 的同桌刚转来两个月,被关心的需要较多,频繁的关心互动使两位同桌迅速产生了友谊。ACY 说:"我们处得像亲姐妹一样。"ACY 给"同位儿"讲题目与校规,在她受其他同学欺负时帮助她伸张正义。新来的同学不敢向老师报告自己受欺负之事,ACY 给她出主意"写在联系册上",还出手帮她还击过一次,终于没有同学欺负这位新转学者了。对方真诚地感谢 ACY:"你可帮我出了气!"可见,老师给转学者安排了一位好同桌——热心助人、有正义感、有主见。

按风险分,青少年关心同学几乎是零风险或低风险的,偶见中、高风险型的关心。有时,存在想象或预计的风险与实际风险不一致的情况。例如,几个女生要去找打 EKI 的那位霸王同学说理,她们可能承担被后者报复的风险。EKI"请她们不要告诉老师，我不想她们为这个事以后挨那个同学打。但是，她们还是坚持去告诉了老师，并且叫那个同学以后不许打人了！那个同学没有把她们怎么样，也没有说什么。老师给了那个同学应有的惩罚"。

阻止欺负的关心有时确实要冒一点风险，关心者往往很有正义感，而且与受助者有较深的友谊，例如上例中 EKI 及其要好的女生们。再如，男生 GRI 在小区里有一次被一个大孩子抢了东西且拒不归还，GRI 说理无效之后跟那个大孩子扭打在一起，想要回自己的东西。这时，他一位要好的同学兼邻居刚好路过看见了，就通过隔离与劝解对方的方式来帮助 GRI。这是有一定风险的，可能当场挨拳头，也可能树敌，即具有身体上与人际关系上的双重风险。但是作为好朋友，他不介意，主动冒着风险进行干预与帮助。女生 ACY 在帮助新转学来的"同位儿"时，同样承受着身体风险与人际关系的风险。她曾主动阻止新同学被欺负，正告打人的同学"不应该欺负新同学"，自己的"背上却挨了几下子"。好在打人者面对警告和反抗，后来就收敛了；ACY 关心新转学来的"同位儿"收到了良好的效果。ACY"背上却挨了几下子"，潜在的助人风险化为现实的风险，原因之一可能在于实施的是个体对个体的关心帮助。这不同于前文所述 EKI 的案例，那是群体对个体的关心。四年级女生 EKI 被本班的霸王打了，"我最好的朋友过来安慰我，让我'不要让银豆豆掉下来！'然后，她叫来我所有的朋友，一起过来安慰我，并去告诉了老师"。发动集体的力量、诉诸公众正义感，有助于遏制欺凌者的嚣张气焰，实现班级正义，减少甚至杜绝校园欺凌现象。

三、儿童关心同学的效果研究

青少年关心同学的场域超出了学校范围。在社会教育机构里面，青少年相处的频率并不高，一般只有周末才一起学习一次，但这并没有妨碍他们之间热心互助。例如，四年级男生 MGR 的同学关系便已超出了校园，扩展到好几个校外兴趣班。MGR 多次帮助过兴趣班的同学。在英语辅导班中，他教同学怎么巧记"很长的单词 elephant"；在跆拳道即将考试时，他向并不熟悉的学长请教有些遗忘的姿势,得到了对方的帮助。无论在校内还是校外,儿童关心同学的最后一个环节都是效果检验,下面考察儿童关心同学的效果。

（一）效果良好的关心

"效果良好"的关心其实是一个可以细分的大类。效果的判断具有复杂性,标准并非是简单的和唯一的。关心的效果至少可分为当下效果与长远效果,理想的"效果良好"是当下效果与长远效果双佳。就现实而言,两种效果具有重合型、和谐型、冲突型等不同的情形。儿童关心同学,有少数只重当下的效果,未能在救急的"权宜之计"型关心与帮助同学培养好习惯之间保持平衡,只取得了良好的当下效果。例如,只给同学看数学应用题的列式与答案;又如,有些同学从朴素的善意出发,借文具给"经常忘带水彩笔"等文具的同学以解其燃眉之急,但是没像有些老师希望的那样,帮助对方培养严谨的好习惯,提高自我关心的能力,不再丢三落四。深思熟虑而有益于被关心者成长的"不作为",也可以是一种关心。对此,儿童限于阅历,一般对此了解得还不深刻。访谈资料显示,有些学生的父母也倾向于当下重于长远的关心。

有些儿童在关心帮助同学时追求良好的当下效果与长远效果的统一。五年级男生 MZS 便是这样做的。他的同学在家跳皮筋时严重地扭伤了腿,无法自己上下四层教学楼。MZS 帮助她好几天,直到她的腿伤基本痊愈、能自己上下楼。他不仅在当下帮助身体受伤的同学,还着眼长远,提醒那个女同学:"以后要注意安全,不要再受伤。如果伤得更重的话,也许以后就好不了了。"帮助同学解答难题,同样存在当下与长远的关系问题。有的同学会给其他同学讲思路,而不是简单地把列式和答案告诉对方。有个男同学访谈时说自己是这样给同学讲思路的。那道数学题是这样的:"两个班级共有 36 个篮球,每个班的篮球数量相同,问 8 个班级有多少个篮球?""我给同学讲解,应该用 36 除以 2 等于 18,这样求出了每个班级有多少个篮球。然后,再乘以 8,得出了 8 个班级共有多少个篮球。列式就是 $36 \div 2 \times 8 = \_\_$。"经过他清楚地讲解思路,"那个同学以后碰到类似的题型就都会做了"，换言之，这位同学实现了比较长久地关心同学的效果。

儿童关心同学的多数行为受到了受助者的认可，受助者大多当场表示了感谢。少数没有感谢主要是由于以下两种情况："当时遇到困难吓坏了，忘了感谢，事过境迁，又没机会了"；少数青少年认为"我帮助同学，同学帮助我，是应该的，不用谢来谢去的"，尤其平时关心帮助同学较多的青少年，在偶尔受助于他人时觉得理所当然，并没有什么特别的感谢之情，这可视为道德行为习惯化的情感反映。另有青少年对同学劝诫性的关心当时觉得面子上难以接受，经过事后反思，向其他同学表示"某某说得对"，间接地表示了对"关心"效果的认可与感谢。还有些青少年事后找机会以行动回报了关心者，间接地表达了感谢。

虽然从礼貌的角度说，接受了（尤其是有效的）关心之后应该表示感谢，但也不能简单地凭当时有无口头的感谢或认可来判断受助者对关心行为的反馈，还需要考虑延宕反馈或此前更长时间的道德关系与情境。关于受助者对关心效果的反馈，有关心同学者在受访时表示：关心别人是应该的，我知道他/她（受助者）在心里是感谢我的。

关心者虽然不要求对方的表扬，但客观而言，来自关心关系之外他人的表扬、鼓励作为关心者未做预期的附带效果，对于强化青少年的道德理想自我具有积极的意义，让他们体验到助他的快乐、积极自我及自我效能被肯定的成就感。关于第三方的认可，常见的是其他同学的肯定之语（例如，同学表示佩服，"你真厉害"），以及来自家人的表扬（"你真是个关心同学的好孩子"）。

被访者只提及了一个儿童在校的关心行为被老师表扬的案例："老师和同学两个人在抬雪，很吃力，我上学时看到了，就放下书包，帮助他们抬雪……老师表扬了我。"关于鲜有老师对关心同学行为的表扬，同学们是这样解释的。有位同学说："老师让我去给一位同学辅导一道不太难的题目，我讲解直到同学懂了为止。老师没有表扬我，因为是老师让我去做的，当然就不该受到老师的表扬。"其实，同样的奉命行事去帮助同学讲题，在执行关心行为的过程中仍是有差别的——有些同学因为认真，学习基础扎实，关心帮助同学的效果更好。另有被访者说，"（关心同学）这种事情老师一般不知道,也就不会表扬,老师很忙。"实际上,这里浅层次的原因是老师忙,深层次有时可能还另有原因。笔者曾指导的硕士研究生徐文文在另一所小学进行观察时,目睹了这样一幕。一位同学上课时身体不适、突然呕吐,她的同桌(一位学习优秀的同学)见状即起身朝教室后面走去,准备拿扫帚处理一下。老师立刻制止道:"让××去!"这位××是班上的一名学困生。××尴尬地起身,帮同学清理了地上的呕吐物。老师的这一举动对于学生们有很强的暗示性,似乎关心同学是一件等而下之的事情,就是身份低下的"差生"该干的活,而不值得烦劳学优生去做,哪怕这位学优生已经主动起身准备去帮助同桌,同时也为自己创造洁净的局部环境;似乎知识学习及其成果的重要性远远高于道德学习,道德学习对于儿童是可有可无的,甚至与知识学习是冲突的。这折射出一些教师偏颇的、窄化的学习观。下文将对此问题进行专门探讨。

儿童关心帮助同学,往往不仅有益于受助者,还使助人者也在某些方面受益。其中,关心者所受益之处往往不止于道德成长层面。助人及他人的认可能带来积极情绪,而外界的肯定对于青少年树立积极的镜中自我大有帮助。解决问题带来经历的丰富、思维的锻炼,对助人者亦有帮助。有的同学试图给其他同学讲解思路,但是讲到中途,发现自己也没有弄太懂,讲不下去了。于是,在帮助同学的过程中,意外地发现了自己的知识漏洞,之后自己补足,或在老师继续讲解时格外留心、及时补漏。"教学相长"的一层含义是教是一种高级的学。在教的过程中,必须通过语言把思路完整地外显出来,此时就会彰显出所有的思维过程。青少年扮演"小老师"时,有些模棱两可的思维以及错漏环节可能会显现无遗。对于熟悉的内容,通过这样的完整讲解,也能起到深刻的复习作用,而且与之相伴的助人成就感等积极情感会加深记忆。此外,关心同学有助于了解他人个性的多样性(有些人乐于合作完成航模,而有些人"喜欢独自完成手抄报");在班级里建构为他人、为自己的社会支持体系("同学有困难时你帮同学;将来你有困难了,同学们也会帮助你");帮助同学分析问题、解决问题,有助于儿童增长经验、智慧和交往能力。同学作为同龄人,他们遇到的问题有时具有同质性和发展的同步性。较之成人的困难，同龄人的困难让儿童们总体上更有可能帮得上，更可能在其关心能力范围内，有助于提升儿童助人的自信心和自我效能感，激发、支撑其道德理想。

例如，四年级男生 MGR 在指导一位同学摆脱游泳板独立游泳时最初遭遇了挫折，他教的游泳方法未能当场奏效。他积极寻找原因，"当时我还不知道问题出在什么地方"，后来通过进一步的观察思考，终于分析出了问题所在——"那个同学的腿部力量用得不够。我就让那个同学把腿上加一倍的力量，他就终于脱离了游泳板！他游得还是有点慢，但是，能独立游起来了！"MGR 急同学之所急，主动帮助对方，以优秀的思维品质与助他意识、助他能力，实实在在地促进了同学的某些进步。整个关心过程体现出这个四年级男生的细致、认真、坚持。关心者把同学遇到的困境主动当作自己的课题来思考，在帮助同学解决困难的过程中也锻炼了自己，自己会成长得更快。久而久之，关心者分析问题、寻找对策、解决问题的能力就会越来越成熟，其关心他人的自信心和能力也会越来越强大。

（二）未果的关心

青少年未果的关心又可细分为一些子类别。第一类是关心者意欲给予关心但被对方拒绝或谢绝，这种情形较少。例如，坚持主见的手工报绘画者谢绝了同学想帮助一起做小报的好意。第二类是关心者有关心之意却无关心之力，这种情况较多。心有余而力不足型又可分为半途放弃型和未能开始型。典型案例分别如下。"做到中间我傻眼了，我也不会！""不好意思，我只能帮你到这里了，下面我也做不出来了。"有被访者说，自己担心效果不好，因此未敢着手去帮助同学一起做航模，当时的情形是"材料只有一份，如果做得不好，不能拆了重做"。被访者对同学的未果关心的其他案例这里暂不多加描述。

此外，需要指出的是，关心同学对双方而言都不是多多益善，有时候看似"无作为"可能恰是一种深沉的关心，因为也要以促进同学的成长（例如，培养记住带齐学具的好习惯）作为衡量关心效果的标准之一。我们不用担心关心同学过多而导致未成年关心者受到剥削的情况。正如一位被访者所说的："关心同学的机会太少了!"非常乐于助人的被访者 MZS 说:"我特别想感受一下关心帮助别人是一种什么样的快乐。但是,老师都让其他同学去关心需要帮助的同学,我一直没有机会。后来,我有机会帮助同学了,我的关心让那个同学很快乐,我也很快乐。那确实不是一般的快乐,因为我帮到了同学。"MZS 体会到的是一种向善的快乐,对他而言,是一种高峰体验。实际上,"关心同学的机会太少",其背后另有原因,这不是小学儿童的思维和判断所能及的,下文将对此进行深层次的讨论。

第二节　儿童关心同学的阻滞因素分析

访谈表明儿童关心同学的正向影响因素和其关心父母的正向影响因素基本一致,在第一章已做论述,此处不予重复。本节专就儿童关心同学的负向影响因素进行研究,研究内容对于儿童关心父母亦有启发。本研究的被访者中不止一人表示,关心同学的机会太少了。这种现象背后是否存在某些结构性原因? 这些原因可以单纯地由青少年或其教师去应对吗? 本研究的对象是青少年,其理性思维能力尚在发展中,难以从微观制度伦理等视角对学会关心他人进行主动的反思,同时,难以克服被调研者迎合社会期待的普遍心态,就学会关心他人的比较隐性的、结构性的阻滞因素直接提供丰富资料。而探明这些阻滞因素,是尽可能破解负向影响因素,促进青少年学会关心的必要前提。

本节基于研究者对 C 省四所城乡中小学 547 名学生、129 位老师的问卷调查,结合观察、思辨研究以及对 137 名学生的封闭式访谈,针对上述前提性的问题进行系统研究。研究发现,青少年关心他人在动机生成、能量投注(关心行为)、效果反馈反思[①]三个环节面临身份、时间、空间、关系、风险、

---

　　① 参见[美]内尔·诺丁斯:《始于家庭——关怀与社会政策》,侯晶晶译,教育科学出版社 2006 年版,第 18 页。本研究经调研发现,我国青少年作为被关心者的反馈受道德文化因素制约有时可能失真,因此在关心他人的第三环节增加关心者的反思作为必要补充。

道德文化心理等方面的结构性阻滞。

一、儿童生成关心动机的阻滞因素

（一）儿童的"关心者"身份遭遇贬抑

在青少年的多维身份中，其"关心者"身份受到学校里单子式竞争者和家庭中单向度被关怀者身份的贬抑，对青少年生成关心他人的动机造成阻滞。

生成关心动机有赖于道德主体认为此事与己有关、自己有责任予以关注。生活世界中的人与事纷繁复杂。哪些人和事在情感上或价值观上对自己有意义，会进入自己的视野、引起自己的关注，这首先涉及我他关系中的"我"以及自我的身份认同。身份（identity）具有多面性、复杂性。"社会学意义上的身份认同多倾向于对其社会生活'边界'的划定，表征着对身份或角色的合法性的确证。"①哲学和伦理学将"身份"称为"身份认同"或"同一性"。查尔斯·泰勒从伦理学角度指出，身份认同为人们的生活指明方向，而"基本的道德方向感是能够自我回答的人类对话者的本质特征，具有本体论的意义"。身份认同是由我们看作普遍有效的承诺构成的。② 它为我们提供价值判断的框架与视界，借此阐释生活经验的意义、指引行动、生成相应的生活图景。

青少年的身份认同是青少年在文化语境尤其是教育情境中对于生活图景、个人经历、社会角色的界定、阐释、建构的动态过程。身份的建构具有主动和被动的双重特点。镜中自我、重要他人、强势评价等机制加重了青少年身份的被建构基调。虽然我国宏观教育政策文本强调青少年作为"关心者"这重身份，但是在学校和家庭的教育实践中，强势话语却往往不由分说地强加给青少年单向度的被关怀者和单子式竞争者的身份。

"竞争"在《现代汉语词典》中被界定为"为了自己方面的利益而跟人争

---

① 项蕴华：《身份建构研究综述》，《社会科学研究》2009年第5期。
② ［英］查尔斯·泰勒：《自我的根源：现代认同的形成》，韩健等译，译林出版社2001年版，第37、39页。

胜的行为"。以利益为目的争胜,已是对"竞争"的狭隘理解;有些学校、家庭把"争胜"进一步窄化为"最好""第一"之类极度等级化的概念,向青少年灌输"凡事力争第一""只有埋头学习,才能昂头做人""吃得苦中苦,方为人上人"的争胜目标。无论"埋头"还是"昂头",核心都是强调个人的利益;"人上人"的等级关系和"我与你"的关心关系存在内在紧张。青少年一旦形成对成功的饥渴、上瘾、依赖以及试图垄断成功的心态,就会拒斥平等交往和团结合作。研究者调查的547名中小学生,认为同学们之间"竞争非常激烈"的占37%,"比较激烈"占43%,"竞争很少"占18.5%,"几乎没有竞争"占1.5%。单子式竞争者已成为广大青少年的首要身份,遮蔽了关心者的身份。

实际上,"争胜"可以不指向"利益"或自身的利益,而指向发展——自身与群体的发展。后一类型的争胜较少滋生虚荣、嫉妒、攀比以及作弊等不诚信行为。发展式的竞争便于区分外在竞争和内在竞争。在当代社会,某些外在竞争确实难以规避,但锁定外在对手,既非必需,也不科学,因为人皆有差异性,其优势智能、最近发展区各有特点。外在竞争的结果仍以内在竞争、内在超越为条件。《韩非子·喻老》有言:"志之难也,不在胜人,在自胜。"自我并非完全同质的,有理想自我与非理想自我、主我与客我之别。人性的弱点具有普遍性。以自己为内在的对手、超越自我,才是更为适切和根本的发展之道。此外,竞争、争胜有必要和冗余之分。我国学校教育中人为的冗余竞争过多过滥,对各种学业水平的学生都有危害。它剥夺中等生及暂时落后者的幸福感以及个性化调适的可能性,使暂时领先的学生难以形成平常心和面对不同境况下身份变迁的耐挫力。过度关注"自身的利益",便难以生成对他人的责任感,难以养成"己欲立而立人,己欲达而达人"的胸襟。实际上,学会关心他人是自身全面发展的题中应有之义。重塑自我概念和我他关系,由相互戒备、等级化的竞争者关系转变为友善、平等的关心关系,需要学校等教育机构去除泛滥的排名、评奖,由知识技能的集市转变为青少年学会平等交往的场域;需要教师给予学生等距的关心,弱化争宠的倾向;也需要青少年自身培养对过度竞争的"排毒免疫"能力。

在家庭中，我国这一代青少年还多为独生子女，缺乏兄弟姐妹作为学会关心的同辈对象，同时作为家人关爱的分担者、共享者。在原初关心关系——亲子关系中，父母经常无意中把自己关心孩子的愿望置于孩子被关心的需要之前，错置了关心的原点，长期将孩子锁定于"被关心"的身份，从孩子基本的生活自理到独立学习习惯的培养，事无巨细，父母常加以冗余干涉。如前文分析的那样，生物学考察表明：海龟等许多先天早熟的生物是生而自立的。雌海龟只是将卵产在沙滩的坑内，在阳光照射下小海龟自然孵化，自行回到大海独立生活，终生与亲代难以邂逅。由生物界亲代关心之有无及长短可知，子代的被关心需要应该优先于亲代关心子代的愿望，应该作为亲子关心的原点。给予孩子自我照料、自我关心的机会，是自然关心的基本合理性所在。梅尔奥夫在经典著作《论关怀》中强调了成人关心青少年应符合其需要，包括青少年学会自立的需要。埃里克森的人格发展阶段说也印证了儿童学会自立对于建构积极人格是不可或缺的。但是，在知识学习的"正业"面前，有些成人比较忽视青少年学会自理自立的需要。"我能自己做的事，父母偏要管"已成为亲子冲突的五大首因之一。[①] 这严重地阻碍了孩子们形成自我关心的能力和关心他人的敏感性，使他们变得"一管就死、一放就乱、眼里没活、目中无人"。关心自我对于关心他人往往具有当下的间接作用和长远的基础作用。

（二）时间被剥夺

时间和空间是人存在的基本方式，也是行为发生的基本条件。关心他人的动机产生于相遇。不同于擦肩而过，相遇是对人产生意义的经历。从视到见，再到判断、体悟人与事的性质、状态及其与自己的关联，无一不需要时间。对于道德敏感性尚在养成初期的青少年而言，许多生活图景、他人境遇的意义并非一视即明、一见便知的，有待他们花更多的时间，以细致的态度和从容的心境，才能明察、体验，并在相关情境中产生关心他人的动机。

---

① 全国妇联儿童工作部编：《全国家庭教育调查报告》，社会科学文献出版社 2011 年版，第 46 页。

在校时间里,青少年本应进行整全的学习,然而实用知识技能学习至上的价值观给关心他人等道德学习贴上了低价值标签。在有些班级里,甚至连德育课时间都被兼教德育课的主课老师挤占挪用。有受访学生告诉笔者:"我们平时不上德育课,老师在考试前用半次课领着我们在书上画画重点,让我们回去自己背背。"这样的"德育"完全背离了养成教育的真谛,使"学会关心"等德育目标被剥夺了应有的学习时间,不利于使关心与生活产生联系,培养青少年的关心敏感性。

受到"万般皆下品、唯有读书高"、强调"学而优"文化等因素的影响,我国大陆青少年进行实用知识技能学习的时间畸形膨胀。德国《经济学人》周刊的统计数据显示,"一年级学童平均每个星期花在家庭作业上的时间,在美国是 1.8 小时,日本是 3.7 小时",在我国台湾地区"是 8 小时"。① 笔者对英国小学生家长的访谈表明,英国小学生的作业量亦约为每周 2.5 小时,额外备考私立初中的小升初学生仍有闲暇快乐地参加为社区挖池塘等公益活动。全国妇联儿童工作部通过专家对我国大陆城乡 5030 名中小学生的问卷调查表明,他们身处学校、补习班布置的重重作业的重压之下,每周用于完成作业的时间非常多。"家长让我没完没了地学习"(11.3%)已成为亲子冲突的五大首因之一。② 实用型知识技能的过度学习已然收获了反实用的效果,造成我国青少年近视率畸高、肺活量等核心健康指标下降,对青少年的身心造成了伤害。笔者的问卷调查表明:关于睡眠时间,5.8%的学生"非常缺乏",18.2%的学生"比较缺乏",58.4%的学生"基本充足",只有 17.5%的学生回答"很充足"。回答睡眠时间"很充足"者随年级上升呈显著递减趋势。中小学生的"闲暇""睡眠时间充足程度"与"生活幸福感"呈极其显著正相关,相关度分别为 $r=0.335$、$r=0.424$,p 值均为 0.000;"学业压力"与生活幸福感呈极其显著的负相关,$r=-0.366$;$p<0.001$。正如克拉伦斯·金斯利分析的那样,使青少年拥有闲暇并学会"有价值地利用

① 龙应台:《孩子,你慢慢来》,生活·读书·新知三联书店 2010 年版,第 140 页。
② 全国妇联儿童工作部编:《全国家庭教育调查报告》,社会科学文献出版社 2011 年版,第 11 页。

闲暇",才有可能实现完整的教育目的。① 这既是对青少年的切实关心,也能提供其关心他人的基本时间保障。青少年在自顾不暇时,自然会减少对他人的关注。在学校内外用于知识技能学习的时间过多,使青少年感到身心俱疲、自顾不暇,减少了他向性关心的可能。

(三) 关系前提被压抑

关心者是一种关系性的身份,没有"被关心者"就不存在所谓"关心者"。一般而言,被关心者表达被关心的需要是他人产生关心动机的前提。但是,被关心者被倭化的身份、对"偏异"的低宽容度、过分强调个人义务、弱化个人权利和环境支持的"自强"文化,非匿名化慈善甚至商业化的慈善模式、圣化苦难的倾向,这些因素挤压了潜在被关心者的表达渠道,也减少了青少年产生关心动机的可能性。

"天行健,君子以自强不息。""自强"是非常可贵的个人品质。但是辩证法指出,真理往前多迈一步就是谬误。不能过度强调或单向度地重视"自强"的个人责任而忽视个人的权利。相应的社会支持、权利赋予使"君子"以及普通人都能在更高的水平上、更必要的事情上、真正有挑战性的事情上"自强",使其"自强"产生更大的个体与社会价值。不当的"自强"要求,几乎每位中国青少年每天都在承受。我国《劳动法》第三十六条规定"劳动者每日工作时间不超过8小时";《国务院关于职工工作时间的规定》第三条规定"职工每日工作8小时、每周工作40小时"。比照成年职工的工作时间上限,我国几乎所有中小学生都处于长年过度劳作状态,权利被严重侵犯。但是,在"刻苦""自强"等德目下,这些反而成为彰显美德的条件。

人们通常把关心的对象限定为"老、弱、病、残"。"学会关心他人"的有些实验研究者也简单地强调"关心弱者",而非任何人都可能有的被关心需要。有研究者提出,青少年中"所谓弱者,狭义上说是指花费时间和精力比其他学生多得多,但对知识、技能的掌握未能达到要求的那部分学生,或对生活的认识及自理能力都较欠缺的学生。所谓关心弱者,广义地说,就是从

---

① H.Kliebard,*The Struggle for the American Curriculum*,New York:Routledge.1995,p.98.

只关心自己的圈子里跳出来，去关心一切比自己弱的人，即在学习、生活、能力等方面比自己差的人都属所关心的对象。……如果每个人都主动关心弱者，那么减少一个弱者，学校就减少一份困扰，家庭就减少一份忧愁，社会就多一份稳定。"①这种论述显示出"被关心者＝弱者、比自己差的人"，"弱者＝制造困扰、忧愁和不稳定的偏异者"的观念，折射出对被关心者污名化的认知和对弱者的歧视。国际教育界以及关怀伦理主张的以人为本的做法是区分事与人，平等地回应被关心需要，而不是对有需要者污名化、贴标签。例如，国际全纳教育界把"残疾学生"称为"有特殊需要的学生"，内蕴之义即残疾学生作为人并无异常，只是有些独特的需要应由环境给予积极应对，保障其潜能的实现。

在整齐划一、以规范为本、对偏异持有低宽容度的学校氛围中，学生们轻易不敢表达有"偏异"嫌疑的被关心需要，有事尽量自己扛，连紧急的需要都往往不敢表达，明知会带来立竿见影的糟糕后果，也挨过一时算一时，以免一旦"示弱"就被划入"弱者"的可耻行列。研究者访谈的六年级学生中，仍有人因为不敢在上课时表明如厕的急迫生理需要而弄脏衣服。出于同样的顾虑，学生对学习内容有不懂之处一般不愿请教同学或老师，以免"让人家觉得你事多"或"麻烦别人"。这种行为图式具有巨大的惯性，甚至有些大学生也未能经过反思改变此惯习。北京大学研究者发现，有些身处多重困境中的北京大学学生不申请减免学费、不向他人求助，对真实的困难还细加掩饰，因为"想与一般人是一样的"，"不想被当作特别需要照顾的人"②，但实在无力独自应对，最后因 60% 以上主科不及格沦为"试读生"。如果试读再不能达标，就会被学校除名。前述种种原因导致潜在的被关心者耻于或不敢表达被关心需要。被关心需要正是关心的起点，缺少明示的起点，就难有关心的必要与动机。

---

① 张晔均：《浅谈学会关心弱者》，见贾莉莉主编：《"学会关心"研究》，上海教育出版社2001 年版，第 42—43 页。

② 董德刚：《"我"的试读》，见陈向明主编：《在行动中学作质的研究》，教育科学出版社2009 年版，第 306 页。

二、儿童实施关心行为的阻滞因素

有些价值观和文化因素使青少年关心他人的动机向行动的转换受到阻滞,出现了关心行为窄化、缺乏智慧、有心无力、勇气不足等症候。

(一) 空间的区隔与低有机化

人际关心属于社会支持范畴。社会支持理论表明,离个体最近的个人和组织形成其核心社会交往网络,空间距离与交往频率、给予支持的可能性呈正相关。专门研究空间关系的拓扑心理学理论指出:在看似相同的物理空间中存在复杂多样的心理空间;人们通过谈话(等方式)"接近"另一个体实现社会位移,这是心理学上真正的位移;关系变化是心理环境和个体结构中最为重要的变化①。我国青少年关心他人在物理空间和心理空间上均面临严峻挑战。知识学习时间的膨胀决定了青少年在校和在家的被"圈养"状态。组织的低有机化、圈层区隔、优劣隔离进一步强化了青少年与他人的疏离。

在社会中、社区里,快节奏的现代生活,对陌生人的信任缺失,某种程度的诚信危机,公共活动场域的缺乏、商业化、空壳化,都使得人与人处于疏离状态。研究者对中小学生的调研显示,他们和邻居之间尤其和陌生人之间的双向关心比较少。下一章将具体论述此问题。

学校和班级中的人际板结状态也不利于创造青少年关心他人的实践机会。我国中小学生一般服从于整个学期的固定座位制,偶尔以组为单位在空间上循环变换组别,但组内结构并无调整。板结的小组和固定座位制使得学生只熟悉身边的那3至5名同学,只占整个班级人数的十分之一。长达六年的班组串换教育实验表明:每月一次的异质重组能打破小组僵化状态,使每位学生更好地学会交往、理解班级的全貌、学会对同学的普遍关心,提升整个班级的关心氛围。流体班级组织能强化班级作为公共领域的特

---

① [德]库尔特·勒温:《拓扑心理学原理》,竺培梁译,浙江教育出版社1999年版,第64、47、84页。

征,使得青少年不局限于封闭小圈子内的私人友谊,而学会关心次熟悉同学的福祉,关心"落后学生"的命运,关心班级乃至学校的公共生活氛围。这样,青少年不只作为个人,也是作为小公民关心单数和复数的他人,对青少年公民能力的养成很有意义。

组织结构的低有机化在学校里还表现为青少年身份的区隔。青少年的学业成绩往往被不加掩饰地身份化,成为青少年身份的压倒性维度。研究者对中小学生的问卷调查表明,其学习成绩与在校生活幸福感呈显著相关($r=0.210$,$p<0.05$)。在很多学校,学生根据学业成绩被分为好、中、差三等。"差生"一般被安置在后排就座,以空间区隔明确标示出身份等级,有些老师还与家长"合谋"干涉学业异质青少年之间已然罕见的自主交往,制造出制度化的身份区隔。这种优劣隔离的效力可以深入学生的意识结构,形成思想"殖民",促使青少年漠视成绩落后者,对其被关心需要视而不见。空间分布的区隔导致青少年的两极化,不利于潜在关心者对被关心者的接受,而接受是引发关心动机的重要前提。加之受限于自由支配时间,同学们之间不可能有多少超越地缘的自主交往,关心互助一般发生于地缘上的内圈。同质相近相亲的空间区隔增加了"好学生"对于学业困难者的不可及性,强化了"圈子"的封闭性,而学业上的帮助正是青少年之间的一种主要关心方式。很多同学在"同"一片天花板下"学"习几年,毕业时仍然只是相识的陌生人。尽管我国班级人数众多,但并没有像波沙特以人数预言交往频率的家庭互动法则①指出的那样,使得班级的互动和人数成正比,进而促进关心型的互动。

实际上,组织细胞之间关联度低、能量交流少,使得肌体缺乏活力,容易诱发"不是不人道,而是不知道;不是不理解,而是不了解"的人际冷漠现象。正如涂尔干指出的那样,合理对待异质性,便可由此产生分工和关心的

---

① 美国社会学家波沙特的家庭互动法则用家庭人口数计算家庭成员互动次数,公式为 $R=(N^2-N):2$。其中,R 为家庭成员的互动次数,N 为家庭人口数。在该公式中,家庭人口数与互动次数呈正相关。详见顾明远主编:《教育大辞典》第 6 卷,上海教育出版社 1992 年版,第 471 页。

必要与可能；人与人之间的关心、分工合作、相互依赖是整个组织有机团结的基础，具有正向的道德功能。"总而言之，分工不仅成为社会团结的主要源泉，同时也成了道德秩序的基础。"①这里，涂尔干所言的"社会团结"即相对于机械团结的"有机团结"。有机团结式的关心尊重个体差异性，有利于青少年超越差序格局、提升对公共福祉的敏感性与责任感，进而成长为公共领域的关心者。

（二）理念上的反赋能与窄化

在很多人的理念中，"被关心者＝弱者、低能者"，"弱者＝制造困扰、忧愁和不稳定的偏异者"，而未成年人自身又被视为"弱者"，只能关心比自己更弱的人或"强者"的薄弱方面，关心他人的实践机会受到很大局限。我国成人尤其是师长比较权威化，这加剧了青少年关心师长类成人的行为窄化，使之主要限于为偶尔生病的父母端水送药或帮老师做点杂事。以关心父母为例，研究者访谈的 137 位青少年有 90%陈述的"关心父母等家人的情景"关涉父母身体不适，即从权威变为"弱者"的情境。有的青少年更是明言"我的父母和亲戚没有什么大事（指生病等失能现象）。如果有，我也帮不上忙，我能做的就只是些家务"。这种关心行为窄化现象在青少年中相当普遍。那么，他们又做多少家务呢？ 在全国 5021 位城乡青少年被试中，从周一到周五帮忙做家务"约 1 小时"的占 25.4%，"2 小时及以上"的占 8.1%，"少于半小时"的占 47.1%，"没有"的占 19.5%。② 换言之，每周一到周五做家务"少于半小时"或"从来不做"的共占 66.6%。由此可见，消极理念极大地限制了青少年关心家人的行为。

实际上，父母在精神、心理、文化等多方面具有被关心的需要，孩子有可能进行一定的回应。在知识加速更新、教育渠道多元化的当代，亲子、师生需要共同成长。在使用电脑、上网查询信息等知识、技能方面，许多父母不

---

① ［法］埃米尔·涂尔干：《社会分工论》，渠东译，生活·读书·新知三联书店 2000 年版，第 359 页。

② 全国妇联儿童工作部编：《全国家庭教育调查报告》，社会科学文献出版社 2011 年版，第 64 页。

如孩子掌握得好。笔者访谈的小学生中,有极少数已能积极主动、较全面地关心父母。"爸爸心情不好,我提出一起去公园。爸爸的心情好转了。"有的孩子帮助父母做 PPT 或在网上查找资料。有时,青少年能帮助父母走出关系困境。"有一次爸爸妈妈吵架了,我给他们各写了一张纸条,指出各自的缺点并让他们相互道歉。爸爸妈妈看着纸条笑了,立刻相互道歉、和好了。"此类罕见案例基本来自父母受教育水平较高的家庭,平等的家庭关系、具有反思力的家庭教育帮助孩子超越了窄化的关心理念,增强了关心能力。

关于青少年关心老师,C 省受访学生所谈案例只是帮着收发作业、泡茶、临时管理班级之类;尚无青少年敢在老师讲课出错或管理失当时纠正老师。在教师的多重角色中,学生们一般不敢在教师作为知识权威的角色方面给予关心帮助。集体无意识以强大的力量塑造着学生"尊敬师长"的行为图式。哪怕是对温和型的教师,学生也不敢在老师关于确定性问题出错时帮助指出。他们自幼领教过一些老师的"三百杀威棒",加之"天地君师亲"极高位阶尊师文化的影响以及"为尊者讳""不要好为人师"等古训,使学生们学会了在作为权威的老师面前"安分守己"。青少年关心老师,容易窄化为关心作为非权威角色的老师,被关心对象具有职业脱域的特点。

（三）风险超过道德勇气的承受阈限

有时,青少年识别了同学的被关心需要,但由于缺乏相应的微观制度设计,实施积极关心行为的风险较大、道德勇气的门槛很高,于是青少年一般诉诸消极的关心表达。研究者在调研中发现,中小学生的被关心需要有一些源自个别老师或强势同学的伤害。"MXL 同学被老师骂哭了,下了课我安慰她说,老师也是为她好,我也被老师很严厉地当众批评过。她慢慢停止了哭泣。"在老师把学生骂哭这种情形中,由于学生处于低权威的关系身份,不便"明目张胆"地对被伤害的同学给予积极关心,只能通过把老师的伤害行为合理化、普遍化来安慰被伤害者,给予消极的关心。多年来,研究者只接触到一例青少年正面指出老师管理失当从而积极关心受伤害同学的案例。那是班组串换制实验学校里的一名串班生。她从主班串换到客班已

20天即将返回原班,欢送会接近尾声时,再不说出心里话,就不复有机会。这名即将离场的同学鼓足勇气"突然站起来"对老师说:"老师,如果您能像关心我们这样关心 XZY 同学,你会发现其实她有许多优点。"一言既出,此班的"本土"同学们纷纷附和。① "本土"同学们更多地目睹了老师伤害同学的案例,有很强烈的动机想要给予积极的关心,但是一直保持沉默。直到一个"局内—局外人"无须顾忌后果勇敢破冰,他们才敢亮明自己的立场,捍卫同学的尊严,参与建构班级的正义与关怀氛围。这说明这些同学并非没有关怀之心,而是低权威身份与具名关心要求很高的道德勇气,妨碍关心动机见诸行动。可以通过制度设计来降低积极关心的风险和所需道德勇气。例如,设置带锁的班级信箱,允许学生们具名或匿名、手写或打印来信,定期当众打开信箱讨论有价值的议题。这有利于青少年的关心能量顺畅地发散,与关心动机更加匹配,获得更多具有现实意义的关心实践机会,积少成多地逐渐建构民主的学校生活、优化关心的氛围。

（四）智慧不完备导致策略失当

以下结合危机情境中的关心来论证可能存在的智慧不完备性。危机虽然是生活中的小概率事件,但是危机一旦发生,就很有可能深刻影响生活质量甚至生命的存亡。智慧的重要性尤其体现在危机关心的情境中。对全国中小学生的调研表明,"感到危险"时,城乡的中小学生们有 14.7% 和 10.9% 会首先去找自己的"同学朋友"帮忙,排名仅次于"父亲"和"母亲"。② 多达10%的城乡中小学生在危机时刻会首先求助"同学朋友",这需要后者具有相应的关心能力和智慧,才不至于事与愿违,甚至对处于"关心"关系的双方造成伤害。中央电视台有一期《心理访谈》节目披露了一件令人唏嘘的真人真事。初中一年级的某留守女童与男生拉手之后自感不当,向要好的女同学倾诉表示悔意。这位女同学告诉她:和男同学牵手会怀

---

① 侯晶晶:《班级串换制实验提升道德教—学实效性的十项机制分析》,《教育研究与实验》2005 年第 3 期。

② 全国妇联儿童工作部编:《全国家庭教育调查报告》,社会科学文献出版社 2011 年版,第 42 页。

孕,并说以前有位同学就是这种情况,最后退学了。该留守女童听了这番话后非常紧张,悄悄去村卫生所检查,被庸医查出"已怀孕",做"人流手术"后引起并发症,女童不幸死亡。

危机关心至少有两种基本的智慧策略。其一,青少年应了解自己关心能力的阈限,有时单凭良好动机、一己之力直接关心,可能延误时机或造成伤人伤己的结果。有些人误以为付出的成本越高,关心的层次也越高。对于"挺身而出"的"身",往往理解为"只身"。实际上,青少年关心青少年,关心者既可以是单数,也可以是复数,也可以是青少年—成人跨年龄关心团队的一部分。面对危急复杂的情况,青少年不一定仅仅本人关心,而要学会审时度势,在必要时转介关心,善用强大成熟的社会支持体系。其二,预防式关心的代价远远小于事后关心。例如,多位青少年去水库边游戏,预防式的关心是事先讨论安全问题和注意事项。事后关心是有同学不幸落入深水区后,(不会游泳的)青少年直接施救。这种情境下进行事后直接关心,后果往往是多人不幸溺亡。青少年关心智慧的养成应该通过圈层叙事等方式得到学校教育更多的引导。

三、青少年对关心效果之反馈和反思的阻滞因素

(一)对感恩的错误认识导致反馈失真

关怀伦理学把效果的反馈作为独立的环节,提示动机与效果之别,强调关心者应重视被关心者的感受与反馈,杜绝关心者单方面宣称的关心。笔者在 C 省调研中发现,仅仅强调倾听被关心者的评价尚不完备,因为被关心者的评价可能心口不一、失真扭曲,具有虚假性,使被关心者外显评价的有效性、可靠性显著衰减。虚假反馈背后的机制是一个值得研究的问题。

笔者在 C 省某市六年级某班访谈时,多位同学提到自己给曾生病住院的同学 ZYM 写过信或打过电话。原来,该同学生病住院时,"老师说 ZYM 一定很想念同学们,老师让我们每个人都写信或打电话对 ZYM 表示关心"。每位谈及此事的被访者都表示自己关心该同学"效果很好"。笔者查阅却发现,ZYM 同学在问卷上明明白白对"同学/家长/老师关心你的适当

程度"三道题目全部选择了"关心过多",这说明被关心者虽然在外显反馈时感谢了众关心者,但是,内心真实的声音却是关心效果不佳,冗余关心造成了对她治病休养的干扰和心理负担。

ZYM 同学没有对"关心者们"当面做全面的反馈,但她毕竟在问卷中流露出了真实的感受。笔者发现,近十分之一的问卷被试将"同学/家长/老师关心你的适当程度"由"过多"或"不足"改为"适当"。有的被试在"过多"或"不足"上已打了半个勾,又刹住笔,改选"适当";有的已经选完"过多"或"不足",又用涂改液将其盖住,或用橡皮擦去,改选"适当"。对这三题,分别有 86.1%、91.3%、87.5% 的同学(最终)选择了"适当";只有 10% 的被试保留着"过多"或"不足"的选择。参照被试所选自身学习成绩状况符合正态分布等情况,被试主观上没有粉饰美化的倾向,是在认真如实地填写答卷。那么,为什么有近十分之一的青少年在问卷中仍不能坦率地表达自己的真实感受,而把所受关心由不适当改为"适当"? 问卷是在班级里由学生自主完成的,其间并无成人过问,问卷说明也已告知被试:"问卷是没有正确答案的,所有信息如用于研究都将匿名。请你如实回答即可。"在没有任何可见的外界控制、干扰或"自然后果"威胁的情况下,是什么已内化的力量使这么多被试不约而同地自我监督? 研究者问及有些更正者,得到的答复是相似的:"我应该感谢老师、家长,还有关心我的同学","不应该说关心你的人有什么不对的地方"。

由此看来,这些更正者是以应然的反馈、标准化的反馈代替了真实的反馈,这个标准化的反馈就是"感恩"。对全国城乡 3012 名家长的问卷调查显示,88.8% 的家长认为"教育孩子对师长心怀感恩"非常重要(55.4%)或比较重要(33.4%)。只有 11.2% 的家长认为"教育孩子对师长心怀感恩"重要性一般(7.2%)、不太重要(1.5%)、非常不重要(2.5%)。[1] "受人滴水之恩,当以涌泉相报"等众人皆知的古训,加之各种未经慎思的感恩教育,

---

[1] 全国妇联儿童工作部编:《全国家庭教育调查报告》,社会科学文献出版社 2011 年版,第 251 页。

赋予被关心者以形式化的"感恩"道德义务,也限定了合法反馈方式,取消了对不当关心进行如实反馈的话语权,使其无法理直气壮地反馈某些真实的体验、需要。这与真正关心的平等性、关系性是背道而驰的。当关心者是师长时,还有其他因素强化着青少年不当的感恩。"古代中国人在长期的封建专制和小农经济条件下形成的权威思维"[1]在当代仍以强大的惯性成为国人较普遍的文化心理,不利于青少年培养批判性思维。

"感恩"在东西方文化中都是美德,问题在于其位阶以及和其他美德的相生相克关系。对"感恩"的误识,使之与"愚忠""盲从"相辅相生,与"诚实"相反相克。此时,它的位阶就高得不适当了。当这样的感恩价值观被超我内化,自觉看管、防御自我和本我时,被关心者的负面反馈就被抑制在潜意识中。"感恩"演化成宰制青少年的力量,而且这种缄口令看似不涉及"诚实"问题。

一旦内化了被关怀者线性的、当下的感恩责任,青少年不仅自己作为被关心者会身体力行,也会这样要求被自己关心的对象。于是,从两个维度造成对真实反馈的封堵,对青少年作为关心者和被关心者都有负面效果。关心关系双方的互动性、双方对关心效果的责任以及反馈对提升关心能力的作用,决定了学会被关心是对关心者的一种间接关心。不当的感恩使很多孩子失去了反思性、批判性、建设性反馈的能力,这不利于促进同学、老师、父母的角色成长。在全国调研中,许多青少年都表示自己知道我国《未成年人保护法》关于儿童权利的基本规定。该法第五、十、二十一条规定:保护未成年人的首条原则即尊重未成年人人格尊严;父母或者其他监护人应当创造良好、和睦的家庭环境,禁止对未成年人实施家庭暴力;学校、幼儿园、托儿所的教职员工应当尊重未成年人的人格尊严,不得对未成年人实施体罚、变相体罚或者其他侮辱人格尊严的行为。但是,同一批被试中,多达35.5%的农村中小学生和24.3%的城镇中小学生认为"家长打孩子是为了孩子好"。[2] 当父

---

[1] 汪凤炎、郑红:《中国文化心理学》(第三版),暨南大学出版社2009年版,第470页。
[2] 全国妇联儿童工作部编:《全国家庭教育调查报告》,社会科学文献出版社2011年版,第69页。

母(或老师)的行为违背法律规定时,个体的权威本应低于法律的权威,但许多孩子还是选择维护师长的权威,这不能不说是对"感恩"的错误认识在起作用,因为师长是感恩的对象,而法律则无须被"感恩"。

青少年作为被关心者践行当下的盲从式感恩,实际上只是短视的、形式化的"感恩"。对未成年人的真正关心指向其发展,真实反馈的缺失不利于实现发展型关心目标。从当下看,青少年发展自身,实现优质自我,正是父母、教师关心之事;从长远来看,发展自身亦是在生成关心他人的能力基础。因此,青少年真实地反馈关心以更好地发展自身,从当下和未来来看,都是对关心者更为根本的回报。在与同学的关心关系中,青少年的真实反馈有助于青少年关心者真正地学会关心、学会反思,这也是真实的感恩。积极的"感恩"超越了韩信和漂母之间那种封闭式的知恩图报,而是关心的薪火相传、圈层拓展、发展自我、传递关心。

(二) 施恩—感恩关系对关心关系的侵蚀以及对关心者反思能力的解构

"恩"是个具有强烈上下位关系、情感色彩和道德意蕴的字眼,这些意味显见于"恩赐""恩典""恩主""开恩""恩仇"等词汇,以及明朝马中锡《中山狼传》中"夫人有恩而背之,不祥莫大焉"、清朝《朱子家训》中"滴水之恩,涌泉相报"等古训。就字形而言,"感恩"从语言哲学的角度看是个关系词汇。"感恩"这一道德义务范畴暗示着其原因词汇"受恩"及其关系词汇"施恩",使关心关系附着了不平等的印记。语言和文化具有交互建构的作用,语言是文化的一个子系统,反过来参与塑造其他的符号产品以及人们的思想观念。从研究者的访谈看,在许多青少年的观念中,"施恩—感恩"的关系已被嵌入关心—被关心关系,这种不平等的关系能超然于学业成绩等其他身份维度的位阶关系。小学生LMT自诉"学业成绩处于班级下等",其同学的访谈内容也印证了这一点,而且有一个同学说"到了四年级,我是第一个接受LMT的人"。就是这样一个主流身份被边缘化的儿童,在关于关心同学的案例中这样写道:"有一次我值日时,LM地扫得不好,我亲自帮他扫。"这里,他之所以用了"亲自",是因为他和同学的关系临时发生了变化:在这个事件中,他们的关系不是日常被标定的"差生"和"非差生",而是"关心者"和"被关心者"。此处无意使用的"亲自"一词,折射出施恩式关心者具有上位身份的某种集体无意识。

本真的关心关系内蕴着人与人尊严的平等,被关心者应拥有相当分量的话语权。即便其思维能力有限、其感受可能偏颇,仍能提供一些有价值的反馈信息。心理咨询强调"先跟后带",即先让对方表达他想表达的、去除压抑感,对方才能释放出心理空间去接受外界想传递给他的信息,才趋近交流的准备状态。罗尔斯在《正义论》中强调身份的"无知之幕",也包含着对平等的呼唤。平等和信任、对话是互为前提的。

"关心者=施恩者"的前见不利于青少年提高关心的反思力。反思体现于事中和事后两个时间维度。在实施关心行为的过程中,施恩的"施"是一个主动态很强的动词,那种不由分说的姿态会使青少年缺乏事中的反思。施恩的前见以关心动机替代关心的效果,不利于审慎的策略选择。在"关心"行为结束时,关心者的行为方式以及道德文化暗示着被关心者进行标准化反馈,不利于为关心者提高事后反思力提供参照,而关心者则容易运用惯性思维,倾向于断定关心具有很好的效果。即便偶有被关心者心口如一地说出建设性的反馈,也未必能促进关心者的反思、完善。关心者很可能感觉受到冒犯,认为对方"不知好歹",愤而对被关心者采取漠然的态度,中断关心关系。

鉴于"施恩—感恩"关系对关心关系的侵蚀,青少年关心者不能完全依赖被关心者的反馈。除了鼓励被关心者说真话之外,关心者还承担着更大的提高反思力和行为缜密度的责任。反思的对象既包括关心的动机、行为策略、效果,也包括施恩心态的前见。

学会关心,意味着有质量的关心、公民式的关心并非是不学而会的。学会关心与学会被关心是既相区别又相关联的一体两面。青少年学会关心,不只需要学习者自身的努力,而且需要社会、学校、家庭等多重主体协助其对抗、消融以上阻滞因素,拓展相互尊重、平等、信任的人际关系,鼓励青少年的异质交往,使青少年对他人的关心能拓宽视野、增加实践、提升智慧,使其更加自觉有效地关心他人。

第三节　促进儿童关心同学的对策思考

上文结合描述，已对一些问题的成因、后果、对策穿插着进行了论述。这里较系统地从四个方面进行对策研究。①

一、树立凸显道德的复合学习观

我国 21 世纪之初课程改革的亮点之一在于给予态度、情感、价值观应有的重视。课程改革之后，曾有研究表明："关于'目前思想道德观念形成影响最大的因素'，初中生的回答是：'社会风气'是第一位的；第二位是学校教育；第三位是同伴交往；第四位是家庭氛围。高中生的回答大同小异：第一位的是社会风气；第二位的是同伴交往；第三位的是学校教育；第四位的是家庭氛围。"②这种状况与新课程的价值期待之间的巨大落差会不会使课程改革停留在文本层面？为了避免这种结局，我们亟须重新审视学习观和教师观。

传统的学习观把学习分为广义和狭义两种。广义的学习包括一切"改造人类主观世界的活动"；狭义的学习是指"凭借经验产生的、按照教育目标要求的比较持久的能力或倾向的变化"。③ 这一学习观涵盖了认知、技能、过程、方法、价值观等各方面的学习，在构成要素方面不存在明显的缺陷。需要反思的是其对于各构成要素的优先性和整合性的认识。在这种学习观看来，知识学习比技能学习、品德学习要重要得多。这种偏颇的学习观

---

①　本小节改写自笔者的三篇论文：《论复合学习观与教师的道德引导使命》（《中国教育学刊》2006 年第 5 期）、《班组串换制实验提升道德教—学实效性的十项机制分析》（《教育研究与实验》2005 年第 3 期）、《论职业教育优质和谐发展的对策》（《教育与职业》2008 年第 3 期）。

②　杜时忠：《当前学校德育面临的十大矛盾》，《当代教育论坛》2004 年第 12 期上。

③　邵瑞珍：《教育心理学》，上海教育出版社 1999 年版，第 26、29 页。

阻碍了学生的全面发展,损害了青少年的身心健康。

偏重认知的学习观基于这样的人性假设:人是理性的动物,人是思想的主体。这种人性假设在笛卡尔时代有着明显的积极意义。但在现代,它导致了教育渐趋狭隘,使学校生活经验的意义多重性日益萎缩干枯,使学生道德学习的潜能日益钝化。从长远看,它不能为民族的复兴、社会的发展提供应有的强大动力。R.T.散丁(R.T.Sandin)等学者提出,教育质量最核心的一个问题——道德卓越的问题——常常被人们扔在灰暗的角落。①

为此,当务之急是树立凸显道德的复合学习观,引导儿童进行全面的学习,使之获得人生的丰富意义,而不只是成为"竞争性的市场经济中只顾占有财产的生物"。社会需要更多的公民成为"存在的守望者"②,他们能意识到人是在与集体、国家、世界、宇宙等的各种关系中存在的,意识到自己在这些关系中的责任。

欧内斯特·波伊尔(Ernest Boyer)等人指出,学校价值观教育的节节败退固然涉及校内外多方面的因素,但最主要的一个原因在于教师不能利用俯拾即是的教机来引导学生关注道德问题、培养德性。确实,教师是活的因素,再好的道德教与学的设想、再理想的理论框架,都有赖于广大教师在师生的我—你关系中用言行呈现给学生。如果教师忽视了学校生活的多重经验意义,不去珍爱和鼓励每个学生身上的德性闪光点,提升学生的道德需要层次,那么道德教育的低效性就不足为奇,也很难扭转。

二、教师应作为学生道德学习的首席引导者

无论是道德认知派还是重视情感的关怀伦理学,都认为每一位教师均肩负着促进价值观学习的责任。③ 笔者认为,教师不是一般意义上的道德

---

① R.T.Sandin, *The Rehabilitation of Virtues*, New York: Praeger, 1992, pp.18–19.

② [美]多尔迈·弗莱德:《主体性的黄昏》,万俊人等译,上海人民出版社1992年版,第13、44页。

③ [美]纳希·拉瑞:《道德领域中的教育》,刘春琼、解光夫译,黑龙江人民出版社2003年版,第206页。

引导者,相对于家长、同学等人,教师应该也可能成为学生道德学习的首席引导者。教师要胜任这一角色,必须懂得在具体的境遇中全面关怀学生的身心、德性和思想。教师应该是一种关怀性的职业。道德责任感与教师职业相结合的产物之一便是教育关怀。美国关怀道德教育的倡导者内尔·诺丁斯教授有过近三十年的基础教育工作经历,她感到教师作为关怀者引导学生道德人格成长的机会不胜枚举。学生的道德成长不是凭空发生的,它需要依托空间、时间、道德关系等基本条件。

(一) 教师作为首席道德引导者的责任与角色

下文从空间、时间、关系三个维度考量教师作为首席道德引导者的责任与角色。

1. 空间维度

本次课程改革极其强调德育与生活的密切联系。当前,我国学生的主要生活空间是学校,而班级又是学生道德生活的核心圈层。"现在的孩子根本就没有课余生活……回到家里就做作业,一直做到他们睡觉。2001 年震惊全国的金华小学生杀母案那个涉案学生原所在班级的班长谈到这样一种感受,每天他只能跟他的父母讲 3 句话:早上,'爸爸、妈妈,我走了';放学后,'我回来了';晚上,'我睡觉了'。他没有时间跟自己的父母去交流……因为他完全受学校课程和活动的制约。"①我国家庭道德教育的低效性在一些研究中显现出来:"初中生和高中生都将家庭影响放在四个选项的最末位。"②作为学生生活的主要场域,班级亟须成为双维意义上的学习共同体,即不仅是研究性的知识学习的共同体,更应该是道德学习的共同体。教师作为班级中的成人,其道德行为对学生的道德学习和道德人格发展具有不可替代的影响力。R.科尔斯(R.Coles)指出:"成长中的儿童是成人世界的见证者。他所见证的成人道德言行如果是和谐一致的,那就会对他的道德智能成长起到积极的引导作用。如若不然,不仅阻碍其道德人格

---

① 林一:《"减负"与推进素质教育的社会意义》,见袁振国主编:《中国教育政策评论 2001》,教育科学出版社 2001 年版,第 31—33 页。

② 杜时忠:《当前学校德育面临的十大矛盾》,《当代教育论坛》2004 年第 12 期上。

的发展,而且可能导致儿童的道德人格分裂。"①教师作为制度化的学习场域中的成人、法定文化(包括道德)的传播者、对促进儿童全面发展具有法定职责的专业人员以及学生的重要他人,对于学生道德学习的影响力处于核心的空间位置。

2. 时间维度

学生的绝大部分时间是在班级中度过的。长时间的相处对于道德影响的有效发生是很有益甚至不可或缺的条件,道德影响的连续性、恒常性和言行的相互参照性是与有效性直接相关的属性参数。通过一定时间的交往,教师可以了解学生,知晓学生的学习基础、情感需要、道德倾向、人格特征、家庭结构,以及基于此的具体的被关怀需要。"每一个学习者的确是一个非常具体的人。他有他自己的历史,这个历史是不能和任何别人的历史混淆的。他有他自己的个性,这种个性随着年龄的增长而越来越被一个由许多因素组成的复合体所决定。这个复合体是由生物的、生理的、地理的、社会的、经济的、文化的和职业的因素所组成的,而这些方面对于每一个人来说,都是各不相同的。"②针对学生不同的道德发展需要,给予相应的引导和关怀,就能使学生的心灵产生震撼、受到感动。一种教育行为,究竟是否体现了教育智慧,其评判标准归根结底在于被关怀者、被引导者的感受。

我们还应该看到,在三维的空间中,蕴含着丰富程度各不相同的时间褶皱,时间褶皱的丰富程度决定时间展开之后的真实面积。教师如果具有复合教育意识,具有察知教机的慧眼,善于履行自己作为道德学习引导者的责任,那么学生在校受教育的实际时间和有效性会显著增加,就像占同样空间的 CPU 在同等时间内的信息处理能力可相差数倍一样。事实上,无论是哪个层级的学校教育,专门的道德教育授课时数至多占总课时数的 5%。这种把专项德育与蕴含于学科的德育相割裂的学习观完全依赖专职德育教师,显然不能达成课程改革提出的价值观目标。

---

① R.Coles, *The Moral Intelligence of Children*, New York: Penguin Group, 1998, p.5, p.7.

② UNSCO 国际教育发展委员会编:《学会生存——教育世界的今天和明天》,华东师范大学比较教育研究所译,教育科学出版社 1996 年版,第 195—196 页。

3.关系维度

首先,与亲子关系相比,师生关系的自然性较弱,而教育性和易感性突出。因此,教师具有达成道德教育关怀有效性的便利身份。同样一件事,其行为主体是教师还是父母,很可能有着不同的道德意味,甚至属于不同的道德范畴。我国的青少年往往习惯于父母强大的无条件的爱,认为父母为他们做任何事都是理所应当的。于是,在亲子关系中,孩子不易受到道德感动。而同样的事情,由教师做出,因为期待阈限不同,儿童往往会受到道德震撼。换言之,儿童对于教师的关怀行为保持着较强的易感性。对这种道德易感性的唤醒,便是激起学生道德情感、促进其道德学习的一条途径。学生在家和在校的"两面人"现象,并不都说明儿童的虚伪,而是学生在不同的道德场域中下意识地表现出的道德自我的体认与道德敏感性阈限存在很大的差距。教育工作者可以借助这种差别性道德心理,并通过自己的关怀行动来促成学生的道德学习。

其次,师生关系与同学关系相比具有关怀性、无可选择性和上位性。教师对学生的关怀体现于平常的师生交往,更显见于意外发生时。与同学间交往关系的有选择性相比,师生关系是无可选择的,学生不可回避地要与教师发生联系,受其道德影响。较之相对平等的同学关系,师生关系中教师具有或强或弱的权威性,其表现之一便是师生关系对于同学关系具有导向作用。

最后,教师与社会上的一般成人相比,其道德教育影响具有职业敏感性和专业自觉性。卢梭曾探讨过学习者处于不同关系中所受"教育"的特点。他初步区分了受之于自然、受之于人和受之于事物的三种"教育",并认为:"只有受之于人的教育才是我们能够真正控制的;不过,我们的控制还只是一种假定。因为,谁能够对一个孩子周围所有人的言语和行为进行都管制到?"①正因为学习者在其他关系中所受的道德影响具有自发性和盲目性,我们应当格外珍视学校教育——其本质特点是具有明确的目的性和自觉

---

① [法]卢梭:《爱弥尔》,李士章译,内蒙古人民出版社2001年版,第4—5页。

性。所有教师都应该具有自觉的道德教育意识。唯有如此,教师对学生的道德影响力才具有社会上的偶发道德影响所不能比拟的正向性和渗透力。

（二）关怀型教师进行道德引导的机制

教师进行道德引导的一个有效路径是诉诸教育关怀。教育关怀是教育情境中的一种关系性品质,是教育关系中的一方做出力所能及的努力以合理满足另一方的需要并得到其回应的过程。教育关怀有利于实现被关怀者的最佳发展,包括以关怀等素养为核心的道德理想的成长。教育关怀不仅是教师对学生进行有效道德引导的前提之一,而且是学生体认这种道德影响的核心内容和道德学习的基本取向之一。

关怀型教师重视扩大道德教与学的视域,提高学生道德学习的敏感性;注重创设更多的道德实践情境,努力提高学校道德教与学资源的利用率;着力打破班级封闭的空间,把握道德教与学的时间连续性与非连续性之间的合理张力;注意利用不同教育关系中的不同道德学习阈限,强化道德学习者的主体性;注意发挥师生之间的道德监督与提醒作用,加强道德学习者的主体性和反思意识;重视道德叙事教学法的应用;注意体现教育公正伦理的差别原则,发掘微观制度伦理对学生道德成长的化育作用。

道德认知派学者 R.T.散丁近十几年的行动研究表明:德性与知性相互融合的师资培训明显有助于培养德性与学养双高的师资队伍。这些教师能够结合各自学科教学提升学生的道德思维品质、道德判断能力和道德实践的意向与责任心,帮助学生在公共领域和私人领域中乐于追寻丰满的人生意义。[1]

（三）教师作为道德引导者的保障机制

教师关怀学生道德人格成长的内在诉求,懂得促进学生道德学习的种种教育机制,是否一定会成为卓有成效的道德引导者呢? 未必。因为教师进行价值观引导还涉及多方面的保障机制。

1. 通过教育哲学的研习提升教育智慧与反思能力

笔者认为,从我国目前教师资格证书的考试科目来看,师资培训缺失一

---

[1]　R.T.Sandin, *The Rehabilitation of Virtues*, New York: Praeger: 1992, pp.18-19.

个重要的环节——教育哲学的研习。美国等国家的教师资格证书考试必考教育哲学，其教师培训经典教材都把教育哲学放在重要位置，而且将其与教育实践的启思紧密联系。教育哲学的学习要强调让受训者构思自己的实践教育哲学并将之作为师资培训的压轴部分。学习这种强调育人的计划性、反思性和智慧性的教育哲学，有助于培养教师对师生道德关系的自觉与敏感，有助于培养教师的教育智慧、道德反思、道德引领等能力。

2. 重视教师道德素养的在职提高

在职教师提高的前期途径是进行关怀伦理学所倡导的"关怀实习"。有经验的教师应该开明地传递自己的教育积累，悦纳新教师进入自己的课堂进行观察学习，以师徒制的方式引领新教师走进全纳性道德引导的艺术殿堂。教师在职提高的后期途径是做研究型教师。目前教育界所说的"研究型教师"主要是教学意义上的。实际上，行动研究不只关涉教学方法和策略，也指向道德引导。关怀型教师不仅要做一般意义上的研究者，也要做道德行动的研究者，在每一堂课上、在丰富多彩的校园生活中、在教育世界里，为每一个学生的道德生命成长担负起神圣的责任。

3. 构建全面合理的教师评价体系

关怀式道德引导工作的一个特点是其有别于自然关怀的伦理努力性。道德引导者付出的心血和努力需要得到相应的评价，以维持教师的高关怀动机，避免其陷入身心俱疲感中。支持性的评价一方面来自道德学习者获得成长的积极回馈，另一方面来自教育管理者和社会的理解与支持。如果后一方面的评价机制失当，就会使相当多的教师陷入片面追求升学率的旋涡而无力自拔，最终放弃促进学生全面发展的教育理想。因此，迫切需要通过深化教育改革，减轻过重的应试压力，为关怀型教师创造更好的教育环境。

综上所述，学校特别是班级应成为道德引导和道德学习的自觉场域，师生之间应形成有效的关怀性道德关系。它是学生道德学习和相遇圈层式德性拓展的最基本、最核心的生长点。家庭和社会亦有责任切实辅助未成年人的道德学习，要对教师的关怀行为予以支持，去除对于教育的种种过分急功近利的期待。我们亟须树立复合的学习观、教学观和教师角色观。道德之于教育的本然意义有赖于关怀型教师的道德行动予以直接彰显,学生的道德成长有赖于关怀型教师加以有效的持续引导和濡染。如果教师通过以知识学习课时挤占挪用道德学习课时等手段使中小学的德育实际处于被悬置状态,如果教师对于学生的道德实践视而不见、不加弘扬,那有可能导致一些学校里德育的"无能"、"无位"(没有地位、实际上不受重视)。只要每个教育工作者真正重视道德教育和学生的道德学习并积极作为,就有助于提高道德教与学的效果,有助于推动学生学会关心他人。

三、借助"班组串换制"促进青少年关心同学

除了教学观念的变化、教师功能的全面化,一些微型制度的改革能否有助于应对前述结构性的阻滞因素?在本研究获得的访谈资料中,只有健全小学生之间的相互关心案例。那么,普通小学中是否也存在特殊需要儿童呢?他们与健全同学之间的关心关系如何呢?对于这些问题,下文结合刘次林教授等学者指导完成的"班组串换制"这一促进融合教育的实验,进行较系统的思考,分析促进青少年关心同学的一些机制。

(一)"班组串换制"实验中青少年关心同学的案例举隅

案例一:串班生为客班的学困生吁请教师的关心[①]

某小学教师的《教学日志》分享了如下案例:

班际互访期间,我班开展了"说说心里话"的主题活动。活动中,同学们畅所欲言,气氛十分热烈。活动将近尾声时,串班过来的 JY 突然站了起来,对我说了一句:"老师,如果您能像关心我们一样关心 XZ 同学,会发现其实她有很多优点!"我听了心里咯噔一下,惊愕中不自觉地看看缩在角落里的 XZ。她成绩特别差,每次考试都不及格,甚至

---

① 此处三个案例引自江苏省江阴市峭岐实验小学主编:《"班组串换制"纪实》(内部资料),2004 年,第 27、15、20 页。

连个位数都有,我几乎忽视了她的存在。这时,教室里像炸开了锅,纷纷议论起来,原来在同学们心中 XZ 有很多优点,她劳动积极、爱画画、喜欢帮助人……一旁的我不禁陷入了深思:连学生都能够做到不以(知性)成绩来衡量一个人,而我呢?被成绩蒙蔽了双眼的我差点扼杀了一个幼小的心灵! 如果不是 JY 一语惊醒梦中人,也许 XZ 的小学生活将在灰暗中度过,毫无自信,毫无收获,毫无快乐……也正是班际互访打破了原来班级的墨守成规,使我转变了原来的评价观,使得我的教育工作少了些遗憾。

研究者简评:四年级小学生 XZ "每次考试都不及格,甚至连个位数都有"。这不是一般意义上的"成绩差",而应该说是一名学习困难生。在该教育实验中,XZ 不仅得到了同学们的接受与尊重,而且同学们明确地表示出这种接受与尊重,并以此唤醒了老师这位重要他人对 XZ 人格尊严的呵护。

案例二:学习障碍学生在串组中体验到同学的关心

该校另一教师分享了如下串组案例:

一位非常内向的学习障碍女生在前后两个串换小组中受到了不同的对待,她将前一组的同学称为"敌人",而对后一组却不舍离开。她将对第二组的眷恋写在小组日记里。在交流串组日记时,后一组同学才充分解读出了自己关心同学的行为竟有这样重要的意义,而前一组同学更是受到了深刻的教育,班上的其他同学也很受触动。

研究者简评:受到以学习成绩论"英雄"的等级化人际观念等因素的影响,同学之间一定程度的排斥是任何一所学校都难以完全避免的。这所普通的小学也不例外。但是,更多的交流使具有学习障碍的学生获得了更大的人际交往可能性,从而增加了被其他同学接受的机会,感受到集体的温暖。

案例三：言语障碍学生在班干部串换中突破自我、大胆开口

一位有言语障碍的同学在尝试担任班干部之初，仍无法在大庭广众之下说话，哪怕只是叫个"起立"。但是几天后，他超越了自己。此时，其他同学都不约而同地为他鼓掌。

研究者简评：以对人优先于对事的思路鼓励学生成长，激发其潜能，使得言语障碍儿童在自己的弱项上获得突破。这种社会性的成长带来的自信心和尊严感的提升，必将伴随着难忘的高峰体验。

上述三个案例中，弱势学生得到了同学的关心。在我国一般的班级中，以上三种案例发生的可能性并不高。它们均发生在一所名不见经传的农村小学——江苏省江阴市峭岐实验小学。该校进行了为期六年的"班组串换制"实验，通过改革教学组织形式，显著促进了同学们之间的关心。

（二）"班组串换制"实验概述

所谓"班组串换制"，是指——

在现行班级组织形式的基础上，在班级之间及班级小组之间按照一定时段的频率实行动态串换，并实行班组干部岗位的开放式轮换，目的是通过班级教学和管理的载体来增进和谐、平等的教育交往关系，提高教育的融合性，促进青少年学会交往、学会关心。其具体组织形式为串班、串组、班组干部串换。具体而言，串班包括：（1）年度分班。每学年开学前实验年级学生再一次"打散"，依据学生的特点和需要进行异质分班。（2）班际互访。根据学生个体的情感意愿和班级集体的可能，组织学生开展班际互访。每班每学期安排三次，每次出访六分之一的学生，时间为20天。组织班际互访有六个环节：第一，串换人选自荐并经过老师的审核；第二，调整好实验班各班教学进度；第三，指导学生制订计划，包括道德学习目标及具体措施；第四，开好迎送会；第五，鼓励学生每天写好日记，并与同学、老师多交流；第六，辅导学生总结班际互访的收获。（3）纵向串换。组织各类社团、兴趣小组，让学生按各自的兴趣和学习水平跨班、跨年级自愿组合。具体而言串组包括两种:一是组的长时串换,根据班级情况和学生需要,每间隔一段时间,按多种形式把学生串换成各个小组;二是组的临时串换,在教育教学活动中根据学科、内容的不同特点,组织即时小组。班组干部串换则包括:一是班队干部的串换,全班同学都可参与,抽签与自荐相结合;二是课代表的更换,主要面向串换后的非班队干部,以自愿报名为主;三是串换小组内部的角色转换,小组成员轮流担任正副小组长、记录员、监督员等;四是值日班长的轮换,在串组内部,每天轮流推选出一位同学,和班委一同管理全班当日的各项事务。①

实践证明,"班组串换制"的以上三种举措都能较有效地提升班级的融合性,促进同学们相互关心和帮助。

(三) 串班促进教育融合性的机制分析

串班促进教育融合性的机制主要包括从时间和空间维度上有助于增进学生的交往,提高同学彼此关心的敏感性,发挥串班生的特殊监督作用等。换言之,串班制有助于培育具有道德底蕴的学校教育生活土壤,从中绽放出融合教育朴实而美丽的花朵。

1. 空间与时间维度的分析

在学期中,学校尤其是班级已成为我国孩子的核心生活场域。"现在的孩子都是独生子女,每个孩子似乎就是一个'孤独的个体',回到家里就做作业,一直做到他们睡觉。"②我国基础学校的平均班额为美国同类班级人数的两三倍。根据波沙特的互动法则③,我国班级中的学生的交流概率

---

① 江苏省江阴市峭岐实验小学主编:《"班组串换制"纪实》(内部资料),2004 年,第7—8 页,第18—19 页。

② 袁振国主编:《中国教育政策评论2001》,教育科学出版社2001 年版,第31—33 页。

③ 美国社会学家波沙特的家庭互动法则,用家庭人口数计算家庭成员互动次数,公式为 $R=(N^2-N) \div 2$。其中,R 为家庭成员的互动次数,N 为家庭人口数。在该公式中,家庭人口数与互动次数呈正相关。详见顾明远主编:《教育大辞典》第6 卷,上海教育出版社1992 年版,第471 页。

也应相应增加大约两倍。但实质情况并不是这样。我国基础教育承受的巨大应试压力使班级成为高度封闭、层级化、角色化的空间。在教师心目中，班级里"好、中、差"的学生分等泾渭分明。"差生"甚至中等生都较受忽视。此种排序经常外显为班级里差生在后的座次。串换制实验者警惕把学龄儿童当作学习机器的倾向，而是注重学生的全面成长，在打破班级之间隔膜的同时，把用于培养融合关系的学习时间与渠道合法化，鼓励班级内部以及班级之间师生间、同学间的正向情感交往，对提升教育的融合性、促进学生学会关心同学具有不可低估的作用。

在知性学习任务过重、教育环境缺乏异质性、学生活动不足的情况下，封闭的、层级化的班级具有很多负面效应。实验者安排学生每学年在平行的邻班度过 20 天的学习生活，每学年开学前都把实验年级的学生再次打散分班，以使新环境对学生彼此融合产生促进作用。相对于在原班级的学习而言，串班是一种自觉的暂时"中断"。教育哲学家博尔诺夫指出，"儿童的成长应是连续性和非连续性的统一"①。镜中自我理论则显示，道德自我意识在很大程度上取决于环境的参照、给定作用。客班对新成员的了解刚开始，其形象的给定性较弱，正是新同学重塑自我、重新建立人际关系、克服缺点的好时机。如果一直在原班级熟稔的同学们面前，学生们也许还羞于变化得太唐突而让观察者难以接受。但是，在新的学习氛围中，为了给母班争光、为了提升自己，许多学生将这个串班周期作为新习惯的培养起点，有意或无意地展现出个人与母班的最佳形象，这是环境的时空变换容易促成儿童学会关心的一个内在动因。至于留在母班的学生，在每个串班单位时间内都有同学流出流进，也为他们带来学会融合的新资源、新动力以及新的交往伙伴。

2. 关系维度的分析

学校的融合教育资源具有潜在与现实之别，有效的教育资源一定与学生实际产生关联。班级串换可显著增加学生学会关心的教育资源。新环境

① 邹进：《现代德国文化教育学》，山西教育出版社 1992 年版，第 140 页。

中没有之前关系的积累，串班生不会把师生间的关心视作理所应当，于是，新环境中的师生关系、同学关系自然性较弱，教育性与易感性较突出。"自然的、直接的关系可能妨碍伦理关系的生成与发展。"①通过新的教育关系唤醒学生心灵的易感性，也是激起其情感体验与学会接纳的一种途径。为了增进融合关系的结成，每次串班时，实验班都举办"迎送会"与"交心会"活动，以期增加学生交流的深度，消除不快、解决困惑，使同学关系、师生关系更加顺畅和谐。学生有时在主班和客班出现"两面人"现象，并非由于虚伪，他们只是下意识地表现出在不同场域中，其道德敏感性阈限以及道德自我的体认是有差别的。教师正可以通过理解和借助这种差异心理，用自身的关怀行动促进学生学会关心。

教育研究表明，我国师生的情感疏离现象较为严重。"对山西省太原市杏花岭区的 2267 名 3—6 年级的小学生进行的调查显示：在师生的情感关系维度上存在困扰的学生比例达到 35.7%，而对师生的教学关系存在困扰的学生比例为 16.9%。可以明显地看出，小学生更多地关注与教师的情感交流，希望教师了解自己，得到教师的喜爱，并能对教师坦诚地诉说自己的心里话。"②有欠关爱、缺乏交流的师生关系动摇着学生学会关心的基础。可以说，关怀是教师职业的基本特点。进入教师职业，首先就应进入一种关怀关系。教师关心学生的首要环节是如其所是地接纳学生，实现和学生的视域融合，舍此就不可能有真正的"教育关怀"。关怀先于且重于做事和技能，是教师职业和其他职业的最大区别。教师对学生的接纳应该不怀功利目的，应该是一视同仁的。这种非排斥性对学生学会关心同学具有很好的榜样作用。接纳学生之后，教师还应该设身处地地为学生发展等合理需要着想，通过"动机性移置"，运用自身动机力量为学生服务。教师应与学生建立"我—你"关系，把学生当作充分的主体。"我—你"关系即人际关系融合之后的一种平等、和谐、温暖的关系样态。"教师关怀可以充分地体现在

---

① ［德］黑格尔：《精神现象学》（下），贺麟、王玖兴译，商务印书馆 1979 年版，第 8 页。
② 杨继平、高玲：《小学生学习心理与师生关系的现状调查研究》，《教育研究》2005 年第 1 期。

丰富的课堂生活中。例如,当学生回答问题时,教师回应的不仅是学生的话语,更是学生这个完整的人,这个道德发展的主体。"①教师对学生学会关心产生榜样作用的前提是学生感受到教师的关怀,认定这个教师不仅是权威性、制度性的重要他人,而且是得到学生真心认可的重要他人。在这种师生情感状态下,笔者前面分析的视域融合、非选择性的关心、"我—你"关系作为关心的关系样态,会比较容易引起学生的感悟,进而使其领悟,帮助他们奠定学会关心的基础。

3. 串班能强化儿童的道德主体性

学校教育倡导的价值观之一就是学会团结、关心他人。然而,真正的关心不可能是单纯地对规训的服从、践行,而是发自内心地发挥道德主体性的结果。串班能强化残健儿童的道德主体性,有利于他们从他律向自律迈进。每学期20天串换到平行的邻班学习,使学生获得了双重身份感:服从的和独立的,集体的和个体的。根据皮亚杰的道德发展理论,对权威的服从是他律的心理机制。在串班期间,学生暂时独立于原班级,其道德主体意识明显提高,具有集体与个体的辩证性。学生们开始普遍地明确意识到:自己的所作所为不仅是个体行为,也代表母班的整体形象,包括与人交往、适度融合的水平。进入客班的新异环境,能提高学生对接纳与被接纳的感受性,使其能够注意到更多的学会关心的资源。新环境带来的新经验和新体验,有助于强化学生的主体意识,促使其向道德自律水平迈进。

4. 串班生是道德教育与学习的特殊监督者

串班能为出访生赋权。作为一种特殊的关系人,串班生享有一些微妙的"特权",不时给客班教师提出有价值的建议,为促进客班师生更好地学会关心起到不可替代的作用。在长达20天的出访中,串班生能观察到客班的真实状况,这是蜻蜓点水式的外来观察者所看不到的。本班同学"身在此山中",有时对问题视而不见;有时虽发现了问题,却有意或无意地避而

---

① 侯晶晶、朱小蔓:《诺丁斯关怀道德教育理论及其对我国教育的启示》,《教育研究》2004年第3期。《新华文摘》2004年第14期第124—127页全文转载。

不言。来访同学毫无后顾之忧，一旦他们揭示某个教育问题，本班的许多同学往往会利用此契机，表达自己的思考，将"独白"外显出来。这是很可贵的真实交流。我去你班，你来我班，这绝不仅仅是物理意义上的"交往"，而是有助于突破交流的禁区，把一些排斥、歧视的现象撕开给人看，使一些大家长期缄默不语的问题显性化，因此冲击力很强。敢于说真话，亦是一项重要的道德学习内容。发起有关学会关心的讨论后，同学们往往惊喜地发现教师的谦和与宽容，发现说真话其实并不可怕。

前文所述串班生为客班的学困生吁请老师教育关怀的案例中，特别值得注意的是：那位串班生是在谈话近尾声时才提出问题的，问题一经提出，立刻得到客班众多同学热烈附议！而且，谈话还启发了老师的教育反思。国外研究表明："除了可以借助一些表现性指标之外，有教育经验的督学还可能通过参与学校生活，在课堂上、在与学生和老师的交往中、在观察和感受中，体会和鉴别学校的精神环境、道德氛围、师生关系，以及学校是否为学生过有尊严的、融合的生活提供积极的评价氛围。"[①]峭岐实验小学的串班生时常扮演着"小督学"的角色。

除同年级的横向串班之外，还有兴趣小组与社团组织形式的纵向串班。"如今，我们许多孩子与其他年龄段的人很隔膜。学校严格按年龄分班的做法使这种隔离状态更加严重。孩子们没有机会去了解其他年龄段的人们的问题。社会课中那些抽象的、索然无味的题目远不足以增进孩子对其他人的了解。"[②]这种情况非常不利于同学之间的纵向关心。而在形式丰富、活泼的纵向串换中，多个年龄段的儿童、身心条件各异的儿童能平等地互动交流，相互敞开生活世界。

（四）串组促进道德教—学的机制分析

1. 串组具有明确的道德指向性

每月重组一次的串组实验有着明确的道德指导性，不是牧羊式的形式

---

① 朱小蔓、其东：《面对挑战：学校道德教育的调整与革新》，《教育研究》2005 年第 3 期。

② N.Noddings, *The Challenge to Care in Schools*, New York: Teachers College Press, 1992, p.80.

化的"活动"教学,它能够拓宽学生交往的圈层,创造更多的道德实践的机会。例如,峭岐实验小学开展过"我们都是一家人"的自主式串换。在重新分组前,教师以家庭结构作类比启发学生——每个温馨的家庭中都有需要帮助和爱护的成员,并倡导同学们学会异质分组,以便相互关心。① 异质之间才有差异,才更需要沟通、理解、宽容、关心。每月一次的串组,使同学们能接触到更多的同龄人,搭建更宽广的交流平台,看到更多人际关系的可能性,提高同学们的道德交往能力,减少负向关系的生成及其影响,提高同学相互关心的概率。

2. 串组注重教学的道德性和人本性

在教学活动中根据学科、内容的不同特点组成即时小组,能提高学生的学习兴趣、提升教学的道德性。知识教学具有一定的挑战性,尤其是对于年幼的孩子来说,不顾学习者兴趣的知识灌输是缺乏道德性和教育性的,也往往是外在的学习,难以内化为学习者生命智慧的一部分。杜威强调,经验(包括亲历的教育经验)只有成为体验,才能产生教育意义。托马斯·格林(Thomas Green)也指出:不顾及学习者主体性和兴趣的灌输,如果算是学习的一部分,那也只能落在学习范畴的最边缘地带。② 其实,赫尔巴特早就强调过多方面的兴趣应该成为教学的心理基础。但是,在现代,有些"学习"竟然在某种程度上迫使学习者走上不归路。这是典型的异化了的学习,其主要原因在于无视学生的兴趣、需要和尊严。而峭岐实验小学通过研究性的、多元主题的临时串组,倡导更符合人性、尊重学生主体感受的多元学习样态,在习得核心内容与鼓励自选内容之间找到了一个较合理的张力结构。深蕴其中的尊重,转化为学生比较幸福的生存状态和被关怀的美好体验。这本身就是一种有效的道德教导,为学生学会关心的道德学习提供了潜隐但深刻的教育内容和实践动力。

---

① 江苏省江阴市峭岐实验小学主编:《"班组串换制"纪实》,(内部资料),2004年,第12页。

② N.Noddings,*Philosophy of Education*,Boulder:Westview Press,1998,p.53.

3. 串组重视道德叙事教—学法的应用

串组后，每组都写小组循环日记，这为进行道德叙事教—学提供了平台。同学们每天朝夕相处，有些道德事件是可观察的，但是还有些道德感悟是深蕴于心的，只有化为文字，才能与小组同学分享心灵世界深处的声音。这种叙事方式剥去了客套和肤浅之物，它叩问写作者的内心，促使他/她将最有价值的生命故事或道德困惑之类的深层反思从一般的生活事件里萃取出来，在写作者和阅读者的心湖中留下耐人寻味的圈圈涟漪。于是，孩子们的道德生活不再是一潭死水，而是往往充满着德性的敏感和活力。小组日记叙事不仅直接有助于关怀性道德实践内圈的构建，而且，"让学生叙事，可使他们对自己的道德观负责，并可以鼓励他们去探索道德生活的无穷丰富性和复杂性"①。写日记的叙事需要和高质量的沟通渴望引导着学生们的心灵，他们的眼睛不再只盯着分数，他们的所感、所悟、所思的圈层逐渐扩展和深化。通过日记写作，经验和体验的"我"与当下回忆和反思的"我"融合，使同学们能较充分地感悟出其中的意义，化经历为经验。同时，写作留下的文本还可以供日后再翻阅和反思。日记对于提高同学们道德敏感性和学会关心的作用显见于一些同学的案例中。

（五）班组干部串换促进道德教—学的机制分析

1. 班组干部串换体现出教育公正伦理的差异原则

班组干部串换制细腻地理解和体现着机会平等。为了防止实质不平等，峭岐实验小学在"机会向所有人开放"的实验过程中充分考虑到罗尔斯所提出的差异原则。"无论我们采取什么原则，都要考虑补偿的要求。它被看作是代表着我们的正义观念中的一个成分。（体现补偿的）差别原则并不要求社会去努力抹平障碍，但是，差别原则将合理分配教育方面的资源，以便改善最不利者的长远期望。"②为了尽可能落实教育公正，班组干部

---

① M.Nussbaum, *The Fragility of Goodness*, New York：Cambridge University Press, 1986, p.56.

② ［美］约翰·罗尔斯：《正义论》，何怀宏等译，中国社会科学出版社 1988 年版，第490 页。

的职位向所有愿意尝试者开放,因为如果进行能力选举,总有一些最需要制度关怀的"弱者"会被排除在外,其潜能将长期处于被压抑的沉睡状态。

班组干部串换实验尽力实现"一切为了孩子,为了一切孩子,为了孩子的一切"的教育理想,它相信孩子们的潜能"真的有一百"。峭岐实验小学要求教师不对任何一个儿童流露出具有负面道德意味的态度或做出不道德的行为,不对任何学生施加陈规的上限,而要鼓励其道德自我的充分生长,不在班级中制造"被压迫者",不让任何一个学生生活在心理阴影中;否则,学生的精神生命、道德生命乃至肉体生命会受到严峻的挑战,道德学习的主体性便无从谈起。班组干部串换制的"非选择性的关怀"有助于正向引导和调节同学关系,使得学生体验到什么是平等和尊重。在这种制度下,学生能有效地避免养成自负型、自卑型或自弃型的自我意识;他们会逐渐构建充满效能感的积极向上的自我意识,这对于学生的道德学习无疑具有相当的促进作用。

2. 班组干部串换发掘出微观制度伦理对道德学习的化育作用

班组干部串换是教育公平制度伦理的田野实践。制度伦理与私人伦理之间、公德与私德之间往往存在惊人的同构关系和相互渗透关系。杜威在提出"教育即生活"时,便非常重视教育生活的民主制度共建对培养新一代公民的不可或缺的作用。班组干部串换有助于抵消官本位意识对孩子们的熏染,有助于树立他们的人人平等、相互尊重的多元对话观,有助于培养他们全面参与班级的公共领域事务的意识与能力。这一层面的实验打破了人为"以分数论英雄"的班内等级制,"差生"对教师和"好同学兼班组干部"的反感情绪、抵抗行为随之慢慢冰释,"集团化"的同学之间关系紧张的局面也不复存在。每位同学都有权平等地参与班级事务,参与班组干部的轮岗,参与班级制度的管理(包括班级立约)。同时,班组干部串换还把"当干部"即"发号施令和管人"的角色定位置换为公共服务。通过全员参与班组干部角色的轮换,同学们不再被视为知识学习的机器,其多维度的存在得到了充满活力的表达机会。

班组干部串换是走向鲁洁教授所深情倡导的"人对人的理解"的一种

努力。它使发展的机会向全班的所有同学平等开放，而不是永远优先供给少数"尖子生"。理解和被理解都是有条件的。多角度地参与班级的公共生活能使每个同学的更多侧面得到理解，人性的立体性和多元智能都得到了表达的赋权。同学之间的道德交往也产生出更丰富的内容，彼此的关系不再构筑在数字化生存状态或者分数、名次这些身份代码之上，而转换为有血有肉的道德主体之间的平等交往。于是，每个同学都有更多的机会找到自信的支点，并培养起对集体、对同学的责任感，而不只是被动的归属感。同学们的多元才干、兴趣和被尊重的需要都得到了满足，其最佳的整体学习状态也就近乎自然而然地呈现出来。

班组干部串换为道德认可引导法提供了坚实的平台。对道德学习者的"认可具有相当的道德发展牵引力，它能向学生呈现其最佳的发展可能性，包括可能实现的最佳道德自我的愿景"[1]。而认可法本身的最佳实现机制即在于让学生充分表达现有的最佳自我，而不是制度性地低估学生的全面发展的现有水准。基于学生充分表达的认可是水到渠成的肯定，具有建设性、指导性和适切性。这样的认可才不至于牵强或脱离现实，因而缺乏教育性。班组干部串换带来的角色转换给许多参与实验的同学注入了力量。所以，教育关怀不一定总是需要教师亲力亲为的动机移置和能量灌注，很多时候可以借助制度伦理的参与性来实现教育关怀。

3. 班组干部串换能激发学生内在的道德学习动机

班组干部串换能够激发学生内在的道德学习动机，原因之一是消解了知性学习的分数与做班组干部之间高度正相关的关系，于是动摇了"在具有某种优胜标准的竞争中对成功的关注"这种"成就动机"[2]的制度中轴。这一层教育功效在所谓的"尖子生"身上体现得最为充分。在班组干部串换制实施之前，这些"尖子生"曾是班干部身份的垄断者。轮岗和串岗后身份的巨变使他们不得不认真反思以前学习的分数化和动机的外在性中存在

---

① N. Noddings, *Caring: A Feminine Approach to Ethics and Moral Education*, Berkeley: University of California Press, 1986, p.194.

② 邵瑞珍：《教育心理学》，上海教育出版社 1999 年版，第 290 页。

的问题。有位老班长在串换为"平民"之后,在日记中写下了"认真学习不是为了加星"的心得。以前的班组干部垄断者们逐渐培养起平常心和人人平等的意识,有机会看到同学们的多元智能其实互有长短。他们以更丰富的视角体验到其他同学的处境和心境,学会了更好地与其他同学相处,作为平等的一员融入班级这个学习共同体。

班组干部串换制激发学生内在的道德学习动机的另一原因在于淡化了学习的附属内驱力。所谓附属内驱力,是指"一个人为了赢得教师、父母的赞许或认可而表现出来的把工作做好的一种需要"①。在以前小部分人垄断班组干部的班级管理制度中,学生们往往隶属于固定的身份,班组干部与老师接触的机会多,教师的视野里总是只有少数特权学生,这势必造成或加重选择性关怀。现在,取消了固化的学生管理层,每个学生与教师保持着几乎等距的关系。在班级这个道德学习的共同体中真正倡扬平等、参与、共享,使我们看到几乎每个学生的潜能都是令人赞叹的,其不断构建的学习深度和丰富性往往超出了实验设计者们的想象与期待。

进行了六年的"班组串换制",被时间和实践证明为一种颇有成效的道德教—学实验。刘次林等学者指出:"班组串换德育模式对当时的德育理念和方式进行了反思,具备哲学、社会学、伦理学、心理学方面的理论支持,具有较强的生命力。"②它倡导道德教—学资源的最大化共享、教师对学生的非选择性关怀、学生对于班级事务管理的平等参与、全面发展机会的开放性原则。所有这些为学生们学会关心提供了更广阔的道德学习视域。正如狄尔泰指出的,对于精神构建最重要的环节就是理解、体验、表达,在理解更多他人的过程中,达到对自我的深入了解和自觉构建。道德学习参照系的拓展带来丰富的主体际性,能促使道德主体反思意识的螺旋上升,逐渐深入地理解内圈的师生关系、同学关系和外圈的各种道德关系。班组串换这一具有制度伦理意义的实验有利于学生道德学习敏锐性和自觉性的提升,有

① 邵瑞珍:《教育心理学》,上海教育出版社1999年版,第301页。
② 胡国良、刘次林:《"班组串换"德育模式的理论建构》,《教育探索》2002年第2期。

效地促进了学生以学会关心、学会交往等为核心的道德学习,有助于为其道德人格奠定良好的基础。因此,它得到了实验参与者们的积极评价。这一实验已经探索形成较清晰的程序和方法,笔者有理由相信,在江苏省峭岐镇一所师资、生源均处全国平均水平的学校里发生的一切,具有较强的可操作性和可推广性。

毋庸讳言,实验过程充满了探索和艰辛,凝聚了全校师生、家长、合作研究者的共同努力。实践表明:有些问题如果把握不当,可能会影响实验的效果。例如:(1)赋予串换以明确的教育目的,否则它可能沦为没有灵魂、徒具形式的活动。尤其在低年级实验中,要注意这一点。(2)班级串换中,性格内向、对新环境适应能力较弱的学生,宜放在中后期安排串班,以便他们从前面出访的同学身上通过观察学习,去除胆怯,增加参与感。(3)在班组干部串换中,特别要关注"好学生"的自我意识定位。总之,这一历时六年的教育实验切实有效地提升了这一普通小学里同学之间的关心意识、关心能力。

四、消解教育系统内的过度分层以及对"差生"的歧视

本研究的访谈揭示了小学里一些学困生受同学排斥的现象。关于未成年学生之间的排斥等欺凌问题,国内外不乏相关的研究。另据研究者的观察与其他场合的访谈,学业成绩差、身体有残障或刚转学来的学生容易受同学欺凌。转学生在一定时期之后会本土化;身体有残障但学业成绩好的学生一般也不太会受同学欺凌,因此,后两个因素都不如学业成绩差与被欺凌的正相关度大。而且,后两个因素在下文的适当之处还会论及。这里专论学业成绩差的学生受欺凌、伤害的问题。伤害是关怀的对立面,致思于解决此类伤害,可以从一个重要方面促进儿童之间的关心。已有研究一般直接从儿童的关系入手来阐述此问题的成因并思考对策,下文则从一个较宏大的背景来考察此问题。小学和初中阶段的学困生在中考时很可能进入职业高中的轨道。基础教育阶段学困生易受同学欺凌、伤害的现象实际上有一个重要的背景——社会过分分层以及教育系统内的过度层级化,后者在普

高与职高之间的落差上体现得较为突出。高等教育阶段亦存在职业教育未受充分重视的问题。李兴洲指出,目前我国高等职业教育虽在学校数量和招生规模方面有了较大的发展,但由于资金投入不足等原因,仍处在相对比较低的发展层次和水平上①。本部分致思于如何优质和谐地发展职业教育,以期在出口端减少基础教育阶段学困生对于未来及命运的无助感,减少部分学优生的不当优越感,从而降低基础教育阶段学困生在身体或心理上受其他同学伤害的可能性。

得益于全国职业教育工作会议精神和《国务院关于大力发展职业教育的决定》的强力推动,近年来我国职业教育取得了显著发展。在此基础上,党的十七大报告明确强调要"大力发展职业教育"。党的十八大报告强调,"基本普及高中阶段教育,加快发展现代职业教育,推动高等教育内涵式发展,积极发展继续教育,完善终身教育体系,建设学习型社会"。党的十九大报告要求:"普及高中阶段教育,努力让每个孩子都能享有公平而有质量的教育。完善职业教育和培训体系,深化产教融合、校企合作……健全学生资助制度,使绝大多数城乡新增劳动力接受高中阶段教育、更多接受高等教育。"这些都对职业教育提出了更加和谐、优质发展的新要求。

（一）促进职业教育更加和谐发展

职业教育需要实现更充分的和谐发展,即摒弃无谓的冲突、内耗、壁垒,达到力量和合、功能优化的状态。职业教育的和谐发展至少依托三方面的和谐:学习者内在精神状态的和谐、师生关系的和谐和校际关系的和谐。

1. 学习者内在精神状态的和谐

人,是构成教育活动的第一要素。学习者的全面可持续发展是职业教育的目标,而学习者内在精神状态的和谐是其充分发展的先决条件。内在动力是发展的首因,职校学生的发展亦如此。在角色转换时期,由于固有行为模式对现实的指导力减弱,在积极、稳定的新行为图式形成之

---

① 李兴洲:《我国高等职业教育投入探析》,《教育研究》2012 年第 2 期。

前,人的自我意识和精神状态容易失衡。囿于社会上残存的学术与职业的二元对立观以及重普校轻职校的偏见,相当一部分职校学生在转型初期比较排斥自己的身份,认为自己是失败者。这种失谐精神状态的实质是过度泛化的自我否定和自我放弃,它严重阻碍了学习动机的充分激发。厘清观念、去除错误认识,有益于学习者建构和谐的精神状态,成为学习的积极主体。

首先,要帮助学生树立正确的成功观和成才观,切勿将成功成才等同于考上名牌大学。截至 2016 年 3 月,我国"高等教育毛入学率为 40%",提前达到了《国家中长期教育改革和发展规划纲要(2010—2020 年)》提出的到2020 年高等教育毛入学率达到 40% 的目标。值得注意的是,同期我国"高中阶段毛入学率为 87%"①。职业教育占高中阶段教育的半壁江山,而职业学校的高中生考入非职业类高校的比例是很低的。若持考上本科院校这一单维度成功标准衡量成败,则一大半青少年是不"成功"的。职校学生不应忽略这样的事实:许多大学惊现过学生自杀和校园暴力事件,还有些大学生缺乏自律能力、陷入网瘾、不能胜任学业而退学。因此,成功不可能有一个一元化的、一劳永逸的标准,成功具有多向性、不同步性、异质性等特点。每个人都有长短强弱,学习者需要根据自身多元智能的具体情况,设立切实可行的目标。

其次,应树立现代职业观。脑体二分的传统职业观在现代社会日渐失去了存在的基础。社会主义市场经济是一种人人相互交换服务、交换劳动的经济体制,服务与被服务者之间的关系是平等的,各个行业的劳动者都同样享有社会的公平正义和发展成果。新型职业观已清晰地呈现在党的十七大报告中:经济发展方式要"重视第一、第二、第三产业协同发展,重视科技进步、劳动者素质提高,重视发展现代服务业,提高服务业比重和水平","统筹抓好高层次人才和高技能人才为重点的各类人才队伍建设","初次

---

① 袁贵仁:《我国高等教育毛入学率为 40%》,2016 年 3 月 10 日,见 http://news.cnr.cn/native/gd/20160310/t20160310_521580563.shtml。

分配和再分配都要处理好效率和公平的关系,提高劳动报酬在初次分配中的比重"①。党的十八大以来强调"三创",有助于解放人们的创造性,鼓励人们在自己的优势行业中创造性地劳动,有助于打破人们主观上的职业层级壁垒。党的十九大以来更是明确倡导充分尊重工匠精神。

最后,学生内在的精神和谐也需要一定的物质基础。从 2007 年秋季起,人年均 1000—1500 元的助学金覆盖 90% 以上的中职生。这笔款项主要用作学生的生活费津贴,使贫困学生的物质生活得到保障。不断健全的学生资助制度,有助于保障经济困难家庭、进城务工人员的子女平等地接受教育以及职业技能培训,提升就业创业能力。

2. 师生关系的和谐

师生关系的和谐,是职业教育和谐发展的另一基石。以人为本、相互尊重、教学相长,是师生共建和谐关系的首要条件。师生之间的和谐并非基于制度身份的表面尊重,而是基于目标一致、共同进取的积极交流互动。为了建设学会学习、主动钻研的校园氛围,职校教师应该率先垂范,不断在职成长,以身作则地带动学生提高学习兴趣,培养良好的学习习惯。例如,教育部的教师培训计划规定:"中等职业学校骨干教师培训由中央和省两级组织实施,其中中央财政安排 3.3 亿元,重点支持 3 万名教师参加国家级培训,各省组织 12 万名教师参加省级培训。"②此类教师培训计划为教师的在职成长、继续教育注入新的活力。教师的正面榜样作用是学生观察学习的最好范本,是师生关系的融合剂、学生成长的助推器。唯其如此,国内外许多学者才把教师的榜样作用视为教育关怀和有效教育的首要机制。③

笔者在一所高职院校调研时观察到,该校许多学生以"垃圾"自居,学风涣散,学生经常迟到早退,很多学生在言行上不尊重教师。笔者应邀成为

① 袁贵仁:《我国高等教育毛入学率为 40%》,2016 年 3 月 10 日,见 http://news.cnr.cn/native/gd/20160310/t20160310_521580563.shtml。
② 申琳、杨文生:《"十一五"中央财政将向职业教育投入 100 亿》,《人民日报》2007 年 10 月 25 日。
③ 侯晶晶、朱小蔓:《诺丁斯以关怀为核心的道德教育理论及其启示》,《教育研究》2004 年第 3 期。

该校学生们的一日之师,在面对该校全体学生的讲座中,以初中一年级辍学后在家自学十年、最终考上博士研究生并留校任教的自身个案,说明了残疾辍学的"给定身份"与高校教师的"获致身份"之差异,以教育学、社会学学理以及无可辩驳的事实阐明:每个青年都具有巨大的潜能,青年成长成才的社会环境正不断优化,只要珍惜机遇、发挥优势、充分努力,必能提升自己的社会价值和生命意义。人的生命过程是给定与建构的统一。许多学生在聆听和互动时流露出沉思的神情。任课教师们欣喜地发现,在讲座后的数月中,结合师生们共同的努力,全校学生几乎无一例外按时出操、认真上课,"仿佛一夜之间脱胎换骨"。这个案例使该校教师体验到师生心灵相谐、共同奋进的教育力量,并更加自觉地以自己的专业水平和人格魅力感染学生,寻求建立具有教育意义的和谐师生关系。

3. 校际关系的和谐

校际的和谐关系很大程度上取决于各类学校在教育系统中、社会资源分配中是否机会平等、各得其所,相互之间能否打破壁垒,实现力量和合。21世纪以来,我国下决心大力发展职业教育,提高了职校师生的社会认同度和幸福指数。目前,教育财政一方面关注学生的物质生活;另一方面也开始重视加强职校教师培训,财政倾斜将有益于打造并稳定高素质的师资队伍。此外,为了赋予中职生充分的发展空间,除了加大高职在高等学校中的比重,还需要适当改革高考的计分权重和录取标准,拓宽职业中学与普通高校的衔接通道,扩大普通高校对中职生的录取比例。在输出端,还可以根据用人单位的类型和创新水平,大致规定其雇用职校毕业生的比例。从劳动法规的高度禁止聘用中的身份歧视,保障职校毕业生拥有学以致用的舞台,成为推动新工业经济发展的生力军。

（二）促进职业教育更加优质发展

近年来,职业教育规模扩张显著,现在需要转向提升质量,以真正保障人民群众的文化权益。优质发展是以人为本的发展、科学的发展、可持续的发展。党的十七大系统阐述的科学发展观对提升职业教育质量不乏启示。"科学发展观的第一要义是发展,核心是以人为本,基本要求是全面协调可持续,根本方法是统筹兼顾。"面对千差万别的学习者,职业教育也要以人为本,实现全面协调可持续的优质发展。为此,需要注重理论与实践教学的均衡,当下发展与长远发展的均衡,统一课程与校本课程的均衡。

1. 注重理论与实践教学的均衡

提升教学水平需要理论与实践两手抓,以理论引领实践,以实践深化对理论的理解。虽然职业教育中实践学习和理论学习有主次之别,但是理论知识的学习和文化软实力也绝不可偏废,这样才能更好地举一反三,培养创新能力。因此,要以理论学习为实践的先导,充分利用业已成熟的间接经验,为实践学习提供较好的平台。

关于理论与实践的结合,可借鉴德国的二元化职教模式和订单式培养模式,更早地推进理论与实践的双螺旋共进,在低年级即安排一定比例的实践时间。书本知识学习和实践学习越早适当结合,就越有益于学生的角色认同和职场成熟,在高年级顶岗时去了就能干,很快完成从旁观到实干的转型,使更多学生脱颖而出,在毕业时达到或趋近中级工水平。目前,"我国的高级技师、中级工、初级工比例与德国相比,完全倒挂"①,这已成为制约我国经济又好又快发展的短板。

实践学习对于职业教育来说是更为重要的方面。职业教育要充分利用应试压力小的优势,根据学生的发展需要,更加灵活自主地安排教学时间和进度,除了讲授式、观察式、操作式课程,还要预留时间进行经验分享、答疑切磋,适时开展技能竞赛。以赛促学,可以创造"比、学、赶、超"的实践学习氛围,同时有助于教师发现实践教学中存在的不足或技术漏洞,进行过程性、诊断性、综合性评价,及时纠偏。

2. 注重当下发展与长远发展的均衡

职业教育终身发展的必要性在于技术不断改进,任何目前学习的知识技能都具有一定的生命周期。终身发展的前提是发展的可持续性,因此,职

---

① 尤建国:《探讨高职学生充分就业与和谐社会的构建》,《教育与职业》2007 年第9 期。

业教育一方面要重视学生当前的成长，另一方面要正视学生的差异，不搞兴趣消耗型、动机枯竭型的"发展"。学生各有自身的强项弱项和发展的节奏，一味强求他们整体同步"达标"，往往会使目前能力较弱的学生视学习为畏途，消磨掉自信心和上进心。教育应该从每一个学生的具体实然状况出发，大致制定并动态调整适当的应然目标，趋近每个学生的最佳发展可能性。这也符合维果斯基提出的发展性原则和最近发展区原理。

职业教育终身发展的机制包括培养职场自主学习能力、完善灵活开放的职业继续教育体系、创设技能型人才的研究生教育。职场自主学习能力是终身发展的基础，技能型人才需要具备从工作实践中敏锐地洞察问题、发现创新契机的能力。独学无友则陋。一线的工作团队可以相互激励、互教互学。但是，完全内源性的发展毕竟在时间、动力和视野上都有局限。因此，职业学校亟待完善灵活开放的非全日制职业继续教育体系，通过教学互动，开发出有职业现实针对性、普及前沿技能的课程，对已有工作经验的职校毕业生进行再培训。职业研究生教育的目标应该定位于培养高端创新型实践人才及其领军人物，以提升我国在全球经济中的核心竞争力。它在录取标准、培养方式、评价体系、校企合作的运作机制上，都应有别于普通研究生教育。

职业继续教育确实大有需求、大有市场，呼唤着灵活对口高质量的教育服务。我国政策规定，"一般企业按照职工工资总额的 1.5% 足额提取教育培训经费，从业人员技术要求高、培训任务重、经济效益较好的企业，可按2.5%提取"，主要用于企业职工特别是一线职工的教育和培训。[1] 我国的高端职业教育可以借鉴欧洲研究生教育的三级制，即设立文凭（diploma）、证书（certificate）、学位（degree）三个层级。三个层级要求的学分与年限不等，三者既相互独立，又可加学课程，与高一层级对接；实行宽进严出的原则，使学习与工作更加紧密结合，资源互补，鼓励在岗成才。

3. 注重统一课程与校本课程的均衡

职业学校的课程较普遍地存在超稳定性的问题。国家统一课程必须综

---

[1]　河北省教育厅主编：《高职高专教育评估手册》，机械工业出版社 2007 年版，第14页。

合考虑教师备课压力、地区差异等多种因素,因此较多呈现共性内容,更新周期难免较长。不过,国家课程开发可以与教育电视台及出版机构充分合作,录制相关的电视教学片或发行教学软件,弥补直接实践教学之不足。

为了因地制宜地促进当地特色经济发展,及时跟进前沿技术,职业学校应该在用好统一课程的基础上,积极利用校际合力,勇于推进文化创新,自主开发贴近实际、贴近生活、贴近群众的校本课程。若干具有相似专业的职业学校可以集中优秀教师,各展所长,集中财力,共同开发教材,内容既反映本领域的核心理论和最新实践成果,又符合学生的学习能力。布鲁纳的结构主义教育学理论正确地指出:只要教材编写者真正掌握精髓,懂得深入浅出,那么任何学习主题都能在不同学习层次上予以呈现和进行有效教学,并能在层次上螺旋式衔接上升。① 此外,职业道德建设对于构建关心型的社会具有不可替代的作用。新加坡特许科技学院院长李德威指出,新加坡的职业教育重视培养"关键能力",即正确的价值取向和解决问题的能力。党的十八大、十九大报告再次强调了职业道德和社会美德的重要性。我们应该把"敬业""友善"等社会主义核心价值观融入职业教育的全过程,促使职校学生以及大众明确树立以为服务人民为荣的观念,认识到人人共建和谐社会、社会和谐人人共享的重要意义。

总之,推动职业教育的和谐优质发展,有助于在出口端促进基础教育阶段"学优生""学困生"的教育机会与身份平等,减少"学困生"在小学、初中漫漫数载的学校生活中所受的显性、隐性伤害,减少一些校园悲剧的发生,不断优化青少年同学之间相互关心的学校氛围与社会氛围。

儿童不只是家庭中的孩子、学校里的学生,也是成长中的社会人。每个社会人都必然与社会上的陌生人有所接触,对于陌生人的关心是关心他人的一个重要方面。因此,下一章主要研究青少年对于社会上陌生人的关心。

---

① 单中惠主编:《外国教育思想史》,高等教育出版社 2006 年版,第 342 页。

第三章　儿童关心陌生人与邻居之研究

相对于传统的熟人社会而言,现代社会本质上是陌生人社会。在我国社会向陌生人社会转型的过程中,"老人跌倒扶不扶"成为国人熟知的"两难问题"。这里的"老人"具体而言并非指自家老人或其他熟悉的、有亲缘关系的老人,而是指陌生的老人。作为一种具有隐喻意义的文化符号,其所指主要是需要得到关心帮助的陌生人。当今社会中人们对于陌生人的态度通过多重教育渠道影响着儿童的观念与行为。

此质化研究的访谈对象为 15 名小学生,其中四年级 8 人、五年级 7 人,男生 7 人、女生 8 人。他们亦是前述 A 省 D 市 Z 小学的学生。此质化研究过程与本书儿童关心父母一章的研究过程相似;访谈视角主要包括儿童关心陌生人的成功案例分析和未果案例的描述和分析。

第一节　儿童关心陌生人的案例描述与分析

一小半被访儿童报告:近半年内,自己没有关心过陌生人,或者"想不起来有这样的案例了"。其他被访者报告了自己近期关心陌生人的案例,以下对此进行描述和分析。

一、"我在商场帮小弟弟找到了妈妈"——对成功案例的研究

青少年关心陌生人的对象多是比自己年幼的儿童或老年人,显示出

"尊老爱幼""助老扶幼"的特点。我国青少年关心陌生人在时间和空间上有一些特点：在时间上，由于工作日闲暇很少，我国青少年关心陌生人的行为大多发生在节假日，尤其是当青少年在父母陪同下外出享受闲暇时；在空间上，由于青少年生活的活动半径有限，有些帮助陌生人的事情就发生在邻里之间，关心帮助的是不相识的远邻，即不住相同或相邻楼栋的邻居。

两位被访者谈及自己关心陌生幼儿的案例。五年级女生 HKO 和爸爸去商场。"看到一个五六岁的小男孩东跑西跑，很慌张，像找不到什么东西了。我去问怎么了。他说'找不到妈妈了！……妈妈头发长，穿着蓝衣服。'我和爸爸帮助他找了大约半小时，好几次认错了人，都不好意思再打扰别人了。后来看到一个穿蓝色衣服的阿姨好像也在找什么，我问那个男孩'那是不是你妈妈？'小男孩说'是的！'就跑过去了。"访谈员问 HKO："和他说话时，你有没有感到紧张或不自在？" HKO 回答（笑）："不会！都是小孩子嘛，比较好沟通。"由此折射出，有些儿童面对成年陌生人会紧张或不自在。这或许与他们生活交往面狭窄以及相关导向的教育有关。当被问及关心帮助陌生人时有无犹豫，HKO 说："我没有犹豫，因为我以前也有这样找不到父母的经历。帮他找到妈妈，看到他们快乐，我也快乐！"关于解读本段开头被访者谈到的助人过程的时长，应知晓十岁左右的孩子未必能准确把握"大约半小时"是多长时间。在他们使用的语言中，"大约半小时"意味着较长的时间。

另一个关心幼儿的案例发生在游乐场。一个节假日，五年级女生 DK 和妈妈在游乐场玩。"我们注意到有个大约四岁的小女孩，一个人在游乐场里转圈子，好像是走丢了。我们就过去问情况，果然那个小女孩是走丢了，而且她不记得自己父母的电话号码，还没法通过电话联系其父母，告诉他们过来领孩子。我就和妈妈一起把这个小女孩送到游乐场的执勤处。但是执勤处没有人值班。我们就一直等到小女孩的爸爸妈妈也找到了执勤处，才放心地离开。" DK 这次关心的也是一个比自己年幼的陌生人，她在妈妈的帮助下完成关心陌生人的全过程。换言之，DK 是一个辅助关心者，同时她对于妈妈有条不紊地关心陌生的小女孩来说也是一个观察学习者。

幼儿外出一般有家人陪伴,当与家人意外走失时,幼儿包括安全需要在内的被关心需要便凸显出来。此时,如有其他儿童亦在同一现场,并发现了对方的被关心需要,由于对年幼者基本没有戒备心,而且帮助他的难度也不是很大,在自己没有急事需要处理时,便有可能对其给予关心。由于幼儿与家人走失是小概率事件,因此,此类关心陌生人的案例比关心帮助老人的案例略少些。按一般界定,60 岁及以上人口为老年人。60 岁刚过男性退休年龄,六十多岁的老人大多身体较好,能独立出行;有些高龄老人的反应能力、行动能力、负重能力、抵抗伤害的能力不同程度地受限,被关心帮助的需要较突出。被访者自述关心帮助老人的案例略多于关心幼儿。

五年级男生 MXE 所述案例恰是"扶起被撞倒的老人",他这么做时"心里犹豫过"。MXE 在路上看到一位大约 70 岁的老爷爷被车撞倒,就和其他人一起把他扶起来并送到附近的医院。"我心里有些犹豫:他会不会说是我把他撞倒的?"关心帮助陌生人之后,并没有发生被讹之事,MXE 感到"心里很欢喜"。四年级女生 XT"帮不认识的老奶奶拎过很重的菜"。四年级男生 XAZ 在路上看到一个老人被人骑车撞倒了,他就过去扶起了老人,并让他在一个安全的地方靠着休息。XAZ 不曾犹豫,他将此归因于妈妈教导过自己要关心有困难的人。

四年级女生 KNS 曾"给一个拎着很多东西上公交的老爷爷让座位。我觉得老爷爷拎着很多东西,如果扶公交栏杆会很不方便,所以就给老爷爷让座。车上很多年轻人大概因为上班比较累,没有给老爷爷让座"。从她的叙述中,能看出社会上陌生人之间有时颇为冷漠的现象。

五年级男生 XZ 有一次"和爸爸妈妈低碳出行,没有开车而是坐公交去海水浴场。在公交车上遇到一个老奶奶手里提着很多东西,我主动给那个奶奶让座。那个奶奶问我学校、班级、姓名,我告诉了她,同时说:'给老人让座是我应该做的。'"XZ 在帮助陌生人之前犹豫了一下,"车上的人很多,我有些害羞,但是我还是让座了"。之后,"爸爸妈妈用骄傲的眼神看着我,车上其他人微笑地看着我……我感觉很高兴"。有学者从"羞感"的角度研究过儿童害羞的现象,指出"羞感的一个特性是:引起羞感的事件是不能重复经历的。如果它一再出现,引起的将不是羞感"①。受访儿童 XZ 在公交车上为老人让座,当然是值得肯定的。另外值得注意的是,他在那次情境中的"害羞"折射出:他可能很少有在乘坐公交车时当众为老人让座的体验,如果之前经常有此体验,那么这次便不会感到"害羞"。如果很少让座,那有可能是由于他很少乘坐公交车;也可能是另一种情形,即他乘坐公交车的频率并不低,但当众为老人让座的频率不高。

五年级男生 TL 所述的关心老年陌生人的案例实际上是帮助了一位不太熟悉的邻居。"小区二楼住着一个大约八十岁的老奶奶,儿女在很远的地方工作,平时很少回来看她,她平时生活很困难。老奶奶有一次要搬一个重东西到废品回收站去卖,我主动帮助她把这个东西搬到目的地。路上有个水洼,我差点儿滑倒。老奶奶说:'现在吧,帮助别人的人是不太多了!经常帮助别人的人,几乎看不到了! 你真是个好孩子!'"

还有些儿童帮助过贫困的年轻人、不懂汉语的外国人以及颇为大意的职场工作人员。五年级女生 RTL"在早点摊看到几个烤面包的阿姨在聊天,装钱的盒子打开着。我提醒她们把钱盒子关好。我担心会有不正当的人把钱弄走"。四年级女生 HIZ 和妈妈一起外出时,给一个卖唱挣学费的年轻人捐了钱,对方谢了她。在路上碰到了慈善机构设的捐款箱,HIZ 有时也会投一些钱进去,"这样捐钱帮助陌生人"。五年级男生 AZ 在前一个暑假和妈妈去颐和园玩,中午很饿,准备去美餐一顿,"这时,看到两个外国人拿着颐和园地图在反复看。妈妈让我问问他们是否需要帮助。我犹豫了一会儿,因为那时候肚子很饿,但我还是去问那两个外国人是否需要帮助。他们用英语向我问路,我用英语回答他们'Go straight',但他们还是不太清楚该怎么走。我和妈妈就领着他们走到了颐和园门口"。这个男孩借助英语技能和引路的行动为来自国外的陌生人解决了问题。

四年级男生 HH 谈及帮助陌生人的案例,提到了表弟的邻居。他到表弟家去玩,表弟家晒的被子妨碍到四楼邻居窗户的采光,四楼邻居请他们把

---

① 江峰:《儿童的羞感与耻感教育》,《教育学报》2015 年第 4 期。

被子往上拉一拉,他帮助做了这件事情。邻居上来谢谢他们。四年级女生 DER 所述关心帮助陌生人的案例也涉及邻里关系。"邻居小妹妹摔倒受伤了,我和朋友一起帮助了那个小妹妹。"

二、"我在公交车上没给老奶奶让座"——对未果关心案例的研究

青少年对陌生人未果的关心是指青少年对陌生人具有一些关心意向,但没有付诸行动或中途放弃。此类案例折射出青少年对陌生人普遍具有较重的戒备心和隔膜感,认为与陌生人交往甚至连在公共场合和陌生人说话都是一件非常高风险的事情。另有一些案例折射出青少年自由支配时间不充裕、学习生活节奏快以及比较疲惫的生活状态。这也容易导致他们在关心陌生人的过程中心有余而力不足。另一类少数案例是当关心他人的意愿与儿童保持个人清洁之类的意愿发生冲突时,儿童选择放弃关心帮助他人。例如,五年级男生 TL 节日回到老家,"在路上看到一个老乡的车卡住了,我想帮他去推一把,但是车太脏,我就没有帮他"。这里重点描述、分析前两类案例。

五年级女生 HKO 对陌生人的未果关心案例如下:"有一次想帮助一个拄拐杖的老奶奶,但我在上学的路上,我有点不好意思,就没有去帮助她。"面对这位没有潜在交往风险的年迈老人,HKO 却"不好意思"与之交流、上前表示关心,这折射出这位少年对于陌生人的隔膜感以及与陌生人交往实践的稀缺。

有过让座经历的女生 KNS 在公交车上也并不总是给年迈者让座。她在述及未果关心案例时说:"我有一次没有给老人让座,因为那个老人手里没有提什么东西,而我背着一个很重的书包,也很累,所以就没有给老人让座。"当时疲惫的身心状况在此次未果的关心中产生了一定的影响作用。五年级男生 XZ 在公交车上本来想给一个老爷爷让座,但是没有这么做,因为"那个老爷爷看起来很凶"。这是放大了与陌生人交往的风险。试想,在公交车上,如果 XZ 给这位老爷爷让座,难道老爷爷会攻击他或者以其他方

式给他带来危险？应该都不会。XZ无意中放大了与这位陌生人交流、对其表示关心的风险。这与XZ所受的家庭教育有关,留待下文适当处加以论述。此外,有研究者基于调研指出,"近3成的中学生从不让座"[①]。换言之,该让座却不让座,是儿童在关心他人方面带有典型性和普遍性的一个问题。HIZ对陌生人的未果关心案例涉及贫困者。HIZ有时看到报道或者听成人提起:"有些陌生人假装可怜,假装没有钱,向别人要钱,其实不可信。"所以,HIZ有时觉得乞讨者像是装出来的,于是没有给钱。类似的信息有时被人们用来将自己的行为有意或无意地合理化,可使其免除内心可能存在的不安。

女生DK一次未果的关心陌生人则是由于爸爸在现场阻止。DK有一次跟爸爸在路上正走着,"看到路上一个叔叔好像很着急地在找什么东西。我想过去问问那个叔叔是不是丢了钱包什么的,看看自己能不能帮他找一找。这时,爸爸拉住我的手,阻止我过去和陌生人说话。事后爸爸告诉我,报纸上、电视上都报道过这样的事情——有人假装丢了钱包,然后讹诈提供帮助的人。爸爸还告诉我:'那个陌生人看上去就不像好人。不要轻易跟陌生人讲话,不能跟陌生人走。'"爸爸的教导强调了与陌生人接触的风险,对于帮助陌生人的风险要高度警惕与彻底预防。

三、"每个人都要提防陌生人"——家庭教育等被述及的影响因素分析

访谈资料显示,教导儿童在确保自身安全的情况下关心陌生人的家庭教育、学校教育比较稀缺,儿童在关心陌生人方面所受的正向影响较少。在被访者中,四年级男生XAZ是一个例外,他曾在路上扶起了被骑车人撞倒的老人。他说:"妈妈跟我说过:应该关心别人,不要看到别人需要帮助,说声'对不起'就跑了。"女生DK说,她关心陌生人的动力主要源于妈妈的教

---

① 赵志毅、尹黎:《城市中小学生公民责任意识的缺失及其对策——基于杭州部分学校的抽样调查》,《全球教育展望》2012年第5期。

导。妈妈不仅与 DK 一起在游乐场帮助过一位幼童找到走散的父母，而且妈妈告诉她："别人有困难，你要尽力地帮助他们。"同时，爸爸传授给 DK 一些与陌生人交往的安全知识。

另有些小学生关心陌生人的动机关涉榜样作用的机制以及道德行为的互惠性。小学女生 DER 言及关于自己关心帮助陌生人的动机时，提到有个陌生人关心过她。"春游时，爸爸给了我一些零用钱买纪念品，但是我把钱弄掉了，自己没有发觉。一个陌生人提醒了我，我及时把钱捡了起来。"另一位受访的小学生看到这样的榜样，并有所触动："我在旅游时，看到小弟弟扶起摔倒的陌生人。我想做一回那个小弟弟"，去关心帮助陌生人。四年级女生 AYZ 所述关心陌生人的案例是她关心不熟悉的邻居老人：妈妈告诉过我："'你帮助别人，别人也会帮助你。'我就帮助同学还有邻居老爷爷、老奶奶。"

访谈显示，青少年关于关心陌生人所受的家庭教育多为负向的影响。由于"那个老爷爷看起来很凶"而没有为其让座的五年级男生 XZ 在家中受到的对待陌生人的教育是这样的："爸爸妈妈告诉我，自己一个人在外面走的时候，不要跟陌生人说话。"XZ 认为，这样的教育提醒是有道理的，"因为社会上总有一些内心黑暗的人，想偷你的东西。每个人都要提防陌生人，这是应该的。但是，同时也要适当地关心陌生人"。XZ 谈到了"提防陌生人"以及"适当关心陌生人"两个方面，看上去比较全面。问题在于：虽然 XZ 知道"同时也要适当地关心陌生人"，但是这对 XZ 而言是一种被抑制的弱意识；在相关情境中真正起作用的是以下这种强意识——"每个人都要提防陌生人"。"每个人都要提防陌生人"说得比较绝对，甚至没有加上"看起来可疑的陌生人"之类的定语。"同时也要适当地关心陌生人"这种说法在这个案例中呈现出知行不一的状态。情感对于道德行为具有发动的作用，而安全感就是一种重要的情感。正如马斯洛指出的那样，安全是人的基本需要。助人涉及道德理想自我的实现，是自我实现的一个方面，属于高阶需要。安全的需要作为基础需要，如果没有得到满足，很可能抑制高阶需要的实现，于是遏制青少年关心陌生人的动机。

未帮助提着很多东西的老奶奶上公交车的四年级男生 XT 述及妈妈对他的教育:"陌生人都是坏的,尽量不要跟陌生人打交道。我觉得妈妈说的是对的。"他想去帮助提着重物的老奶奶上公交车,但是考虑到"自己的书包在公交车上,不放心,因此就没有去帮助老奶奶"。这里,起到干扰作用的仍然是对陌生人的戒备心理——担心公交车上的陌生人乱动或拿走自己的书包。实际上,如果 XT 当时的助人愿望很强,亦可背着书包过去协助。所以,如果对于陌生人的戒备感强而关心意愿弱,那么道德选择的天平很容易向放弃关心帮助陌生人的那一边倾斜。

五年级男生 TL 说:"奶奶告诉过我:'如果陌生人的外表看起来很坏,你就不要去帮助他了。'"与此相似,五年级女生 RTL 的妈妈对孩子教导道:"陌生人如果看着不像坏人,他/她有困难,你就可以帮助他/她。"RTL 认为"妈妈说得有道理"。但是,妈妈的言行是自相矛盾的。RTL 像妈妈言教的那样去做,想给一个截肢的乞讨者一点钱,因为那个陌生人看着并不像坏人,但她的善意却被妈妈制止。当成人关于某一类道德问题的言与行相悖时,假以时日,对于进行观察学习的青少年而言,成人行为的影响力比言语的影响力更大。此外,RTL 爸爸的言教和 RTL 妈妈的身教起到相互强化的作用。爸爸告诉 RTL:"看到老人摔倒,你不要去扶。老人会讹你的。"值得注意的是,少数陌生人以讹报德的案例已经化为家庭的教育素材。有些家长强调了被陌生人以讹报德的风险,选择不去关心类似情境中的陌生人,这就形成了对孩子道德成长的一种榜样。而且,有些家长还将此作为重要经验传递给孩子。

关于关心陌生人,女生 KNS 在家庭中也受到了负面的强化。"有一次我在路上帮助了一个向我问路的阿姨。回家后,我把这件事告诉了妈妈。妈妈说:'以后不要跟陌生人接近,尽量不要搭理陌生人。'"可以想见,KNS 当时可能觉得妈妈会夸奖她关心了陌生人,但是妈妈非但没有夸奖她,反而近乎禁止这种做法。这一次的教育给 KNS 留下了深刻印象,对于妈妈的这一教导,KNS 表示"妈妈说得有道理"。一旦孩子泛化和内化了陌生人是危险的、不可接近的、不道德的这些理念与判断,孩子在关心陌生人的行为方面就可能受到不加分辨的抑制，这有可能对陌生人之间的冷漠起到推波助澜的作用。

第二节 儿童关心邻居的案例描述与简析

将儿童关心邻居与关心陌生人置于同一章讨论的原因在绪论中已做简述。本研究中的"邻居"不是"全球化构造的、以现代传媒与运输技术为依托的全球邻居关系"①，而是指居家小区内与自己没有亲属、同学等其他关系的居民。

20 世纪末，我国即有学者开始关注社区德育资源的价值及其开发。②参与社区文化生活，对于儿童的道德成长具有学校、家庭不可替代的作用。多因素 Logistic 回归分析表明，"与同学和邻居的关系不好"是中小学生攻击行为的主要危险因素之一，其他主要危险因素有父母对孩子管教方式不良、居住地社会风气不好、学校风气不好、高神经质③。由此可见，通过关心行为等与邻居保持良好的关系，对于预防儿童做出攻击行为是有助益的。然而，目前城市中的小区规模越来越大，其中的居民楼动辄二三十层，不乏一些住户逾千人的小区；邻里之间的交往意识越来越淡漠，可以用于交往和建构友善邻里关系的时间亦非常有限。因此，不在本栋或相近楼栋的"邻居"往往面熟情不熟，甚至见了面都不知道是同一个小区的，因此远邻往往与陌生人无异。邻居中的大多数（主要是远邻）与陌生人具有很大的交集，这已被一些被访者主动述及的案例印证。不止一位被访者所述自己关心的陌生人实际上就是邻居。"邻居"和"陌生人"毕竟是两个概念，因此，此处

---

① 刘晗、石义彬：《全球化的文化后果与世界主义的可能——汤姆林森文化传播思想研究之四》，《东疆学刊》2013 年第 4 期。
② 刘守旗：《社区德育资源的价值及其开发》，《辽宁师范大学学报》1994 年第 3 期。
③ 王俊、余毅震：《攻击行为学生的人格特征及影响因素配对研究》，《中国学校卫生》2006 年第 3 期。

单独对儿童关心邻居进行访谈和研究。儿童对于极少数的近邻偶有关心之举，下面进行描述与简析。

青少年在邻里之间帮助的陌生人中，幼儿和老人亦占相当大的比重。被访者帮助幼儿的案例如下：有一个邻居小女孩跌倒有些"ka"（一声）伤了（方言，摔伤之意），KNS 把她扶起来，送回了家。小女孩的妈妈连声道谢。小女孩的妈妈曾送过 KNS 家一些土特产，两家关系很好。小学男生 XT 在学习上关心帮助过一个邻居小妹妹。那个小妹妹生病请假，落下了功课，她的妈妈请 XT 过去帮忙补习拼音。XT 印象中教了她大概两个小时，还帮小姑娘预习了功课。四年级男生 HH 帮助邻居也较有技术含量，他为邻居一个二年级的小男孩讲解弹吉他的乐理。

青少年帮助邻居老人的案例如下：五年级女生 HKO 曾在"快下雨之前，帮邻居老奶奶收了被子。那个邻居老奶奶给过我家她自己种的蔬菜"。四年级女生 AYZ 曾"给不识字的邻居老爷爷念报纸。还有一次，我在小区里玩健身器材时，看到张大爷摔倒了，我把他送回家，他儿子谢了我"。AYZ 还提及自己在邻里受助的经历："邻居老爷爷曾提醒我丢了钥匙。还有一次，邻居帮我们烧开水。"五年级男生 TL"帮助过一个腿脚不便的邻居爷爷下楼。我们刚搬到这个小区的时候，那个邻居爷爷的腿是好的，那时他主动来帮我们搬家的，后来和我爷爷奶奶成了朋友"。从这几个访谈看，接受关心帮助的邻居往往和被访者家庭的至少一个成员是朋友。TL 的爸爸经常给另一个贫困年迈的邻居送点好吃的，对 TL 应该也起到了榜样作用。

高健等"随机选取天津市南开区某社区 60 岁以上退休老人 203 名，采用费城老年中心信心量表（PGC）和自编交往频度评价量表，进行问卷调查。结果表明，与子女、亲朋、邻居交往频度高的退休老人其主观幸福感高于交往频度低者；与邻居交往频度这一变量的影响程度大于其他变量"[①]。

---

①　高健、步怀恩、于春泉、王泓武：《天津市某社区交往频度对退休老人主观幸福感影响的调查》，《中国老年学杂志》2009 年第 20 期。

以上是对城市老人进行的调研。对于农村老人的调研亦显示："收入满足基本生活的水平、健康状况、子女的生活照顾和关心、邻居的交流以及村集体的生活照顾等6个因素会对农村老人晚年生活总体感受产生显著的影响。"[1]由此可以谨慎地推断：儿童与邻居的交往有助于满足老人保持与外界联系的心理需要，减少其孤独感，因此是对老年邻居的一种有效关心。

还有些青少年在其他年龄段的邻居具有不时之需的情境中，单独或者与家人一起给予对方关心帮助。四年级女生HIZ帮助不熟悉的中年邻居搬重物，以前也有邻居这样帮助过她。五年级男生MXE和一位三十多岁的邻居叔叔"平时关系一般，有一次只有那个邻居一个人在看店，我和爸爸妈妈帮他下了一车货"。四年级女生AYZ则叙述道："有一次邻居办婚礼，我们推着车帮忙把鼓送过去了。"四年级女生DER曾帮邻居从自己居住的三层楼上把飞落在二楼过道房檐上的羽毛球挑下去。又如，四年级男生XAZ帮邻居照顾突然摔伤的小狗，间接地关心了邻居。"有一次，邻居家一只小泰迪犬从楼上掉在我家门口受了伤，地上有一点血。当时邻居家没人。我和奶奶给小狗简单包扎后，把它送到附近的宠物医院。兽医说小狗有一点点骨折，还有点外伤。晚上，那个邻居下班回来了，到我们家院子旁边来找小狗，我把小狗还给了他。"此外，个别儿童想帮助不太注意邻里卫生的邻居改善习惯。五年级男生XZ有一次把所住楼栋的楼梯以及每家每户门前的地都拖了一遍。邻居刚开始不知道是谁做的，打听到之后说："这个孩子真好，很关心别人！"XZ提及邻居曾帮他的爷爷提重物上楼。与XZ相似，五年级男生AZ曾帮助邻居清理垃圾，"还想告诉他人：'不要乱扔垃圾，不能只是方便自己，给别人添负担。'"

---

① 李放、沈苏燕、谢勇：《农村老人养老状况及其满意度的实证研究——基于南京市五县区的调查数据》，《开发研究》2010年第1期。

第三节 关于对策的讨论

青少年关心邻居的案例较之其关心父母和同学显示出数量较少、类型较单一的特点。从青少年关心陌生人、关心邻居案例的描述与分析中可以看出,青少年对陌生人较普遍地具有高风险感的前见,这对其和陌生人的交往——包括关心帮助陌生人——起到了抑制作用。儿童对于陌生人的拒斥、恐惧往往关涉家庭教育、社会氛围(有些媒体也在一定程度上参与建构了此种社会氛围)以及学校教育等影响因素。学校作为专门的教育机构,尤其应该进行较为积极有效的有关陌生人伦理的教育,以期发挥相应的制衡、引导作用。在学校接受了良好陌生人伦理教育的儿童可以将有些理念在家中向父母传播。今天的青少年就是未来的成年公民,其社会性和社会道德氛围建构功能将日益凸显。鉴于我国学校的陌生人伦理教育还较匮乏,下文将结合国际上比较成熟的相应的学校教育实践进行路径探讨。

此外,在公交车上应该为"老、弱、病、残"乘客让座,这是我国学校里很有限的陌生人伦理教育的要点之一。其实效性之弱,可以从连续两届我国的摄影金奖作品《冷漠》以及《让座》中得到形象的印证。小学生拒绝给老人让座的一些网络新闻也曾引起较强烈的反响。有学者对中小学生进行的调研显示,多达 2/3 的小学生在公交车上拒绝为有困难的人让座[①]。下文也会以此为例来探讨如何通过道德与法治相互补充的方式,促进少年以及其他人群为有困难的陌生人让座。我国德育教材近年改为《道德与法治》,这也彰显出有必要借助道德与法治相互融通进一步提高公民道德教育的实效性。

---

① 赵志毅:《中小学当代主流价值观教育研究》,《南京师大学报(社会科学版)》2011 年第 4 期。

一、基础学校陌生人伦理教育的可行路径研究

促进青少年的社会性发展是学校教育应然的重要目标。随着社会流动性的增强，我国社会正由熟人社会向陌生人社会转型。本研究中的陌生人是指在物理空间上很近而在社会空间上很远的人；"是在物理范围内的异类，在社会范围之外的邻居"①。在此背景下，学会如何道德地对待陌生人成为学生社会性发展的重要课题，而我国此类研究尚相当匮乏，相关教育实践总体处于自发、低效的状态。

冷漠、怀疑、疏离并不必然地成为陌生人之间的主要关系样态。诺丁斯基于美国社会中陌生人守望相助的大量案例，运用关怀现象学研究方法将关心帮助陌生人归纳为一种"时常发生的自然关怀"②。针对关心陌生人的潜在善意如何转化为普遍的道德事实以及教育可以为优化陌生人伦理做出哪些有益的努力等问题，笔者在美国发达程度不同的加州与亚拉巴马州对公立基础学校的道德教育进行了一年的研究，发现这些学校的生活中包含着丰富的陌生人伦理教育元素，这种生活教育为良序陌生人社会提供了必要的精神支撑。③

（一）平等地尊重陌生人的异质性

对于那些容易"游走在边缘的陌生"学生，美国基础公立学校没有将生活史距离与心理距离、道德距离混为一谈，而是以无差别平等与补偿性的平等原则④对待他们。这构成了这些学校受众广泛、影响深远的陌生人伦理教育的重要方面。

---

① ［英］齐格蒙特·鲍曼：《后现代伦理学》，张成岗译，江苏人民出版社 2003 年版，第181 页。

② N.Noddings, *Starting at Home: Caring and Social Policy*, Berkeley: The University of California Press, 2002, p.29, p.177.

③ 本部分改写自拙文：《美国公立基础学校生活化的陌生人伦理教育》（《教育研究》2014 年第 12 期）。

④ J.Rawls, *A Theory of Justice*, Cambridge MA.: Harvard University Press, 1971, p.60.

1. 平等地尊重经济异质性

陌生人伦理研究专家奎迈·安东尼·阿皮亚分析指出,对陌生人责任感的一个基本表现方式是"分享公民资格"。[①] 根据马歇尔的"三维度公民权利观",受教育权是与公民资格相对应的公民的基本社会权利。带有补偿性地平等对待处境不利的陌生转学者的受教育权,有助于使其实现与自身潜质及努力更为匹配的获致身份。鉴于此,美国学校确保经济条件不佳的陌生转学者能够平等、均衡地获得教育资源。美国城市里的政府安置住宅区是贫困者聚居区,其中很多住户是尚未在迁入地扎根的城市"陌生人"。笔者在美国亚拉巴马州伯明翰地区观察政府安置住宅区周边的公立小学,发现这些学校的设施和环境丝毫不亚于加州优质学区的学校,同样拥有功能全面的校舍、标配的电脑室、图书室以及干净整洁的无障碍校园环境;学校墙壁上贴着校训,明示青少年应学会独立、自律、有责任感、尊重他人。

这种学校教育生活样态受益于基数补助教育财政支付模式的支持,该模式规定生均义务教育经费定额标准与学区财力之间的差距由州政府补足。美国教育财政已从简单的量化公平走向了质量取向的教育充足财政拨款体系。基于 SAT 成绩的对比研究显示,这有效地保障了来自低收入家庭的陌生转学者的受教育权。[②] 由此可见,对于青少年在家庭经济背景等方面的先天不平等,美国公立基础学校教育尽力避免人为造成马太效应。

为尽量无差别地平等对待经济条件不佳的陌生人,美国中小学阶段的学区学校把入学的经济门槛设得较低。美国加州等地的学区学校政策规定,自购住房或租赁住房周边直径大约四千米内的 K-12 公立学校均为备选学区学校。青少年具体入读哪所学校,取决于他们列出的意向学校优先

---

① K. A. Appiah, *Cosmopolitanism: Ethics in a World of Strangers*, New York: W. W. Norton & Company, 2010, p.59.

② Card, D., & Payne, A. A., "School Finance Reform, the Distribution of School Spending, and the Distribution of Student Test Scores", *Journal of Public Economics*, Vol.83, No.1 (Jan.2002), pp.49–83.

顺序以及学校尚存的入学名额。正式的租房合同与自购住房的证明对于入读好学区的公立基础学校具有同等效力;美国的低收入家庭还能享受教育券的资助。考虑到学生居住地的流动性,为了保证资源配置的公平性,学校每个学期进行一次学生居住地调查。这些措施在很大程度上减少了经济因素造成的教育资源分配不平等,确保了优质学校服务于不同家庭经济背景和多种面孔的学生。

2. 平等地尊重特殊学习需要

美国公立基础学校有很多举措用于落实补偿性的平等。美国学校将陌生的转学者异质分班以便其接触各类同龄人,同时优先考虑已有其同种族学生的班级,以缩短转学者融入班级的过程。国际转学者面临的首要挑战是英语能力不足、难以交流。为了帮助其尽快掌握英语,不至沦为"随班混读"的边缘人,美国基础学校常年聘请英语辅导老师,免费帮助这些学生习得英语。英语辅导班根据国际学生测得的英语水平分班,师生比大体控制在1∶7,每周在主班之外另上3—5节课。经此训练,很多国际学生一两个学期后就能基本融入美语课堂,同学交往也逐渐自如和密切,能有效地消除陌生感。

"特殊需要学生"对于健全儿童来说是另一种陌生人。在美国公立基础学校里,残疾学生都有教辅人员全日制一对一协助。教辅人员不只协助这些学生的知识学习,还重视其在学校中的实际生活质量以及学校的全纳品质。残疾学生偶尔受到健全同学的排斥或欺负,教师和教辅人员都耐心温和地调节其关系,为其平等交流创设条件。身心及语言方面有特殊学习需要者的教育开支由美国教育财政主管部门单列出来,给予其有效学习必需的配套经费[1],制度性地保障了美国公立学校在均衡分配教育资源时能兼顾补偿原则。学校教育对人格的普遍尊重使得青少年能在耳濡目染中学习超越功利地尊重每一个人的生命价值,善待陌生人。

---

[1] Clune,W.H.,"The Shift from Equity to Adequacy in School Finance",*Educational Policy*,Vol.8,No.4(Aug.1994),pp.376-394.

3. 平等地尊重文化与价值观差异性

美国公立基础学校平等地看待陌生转学者的文化差异性,邀请他们介绍本国的节日风俗、名人传记,丰富班级乃至学校的文化共同体,拓展国际理解教育、世界公民教育的资源。"不同的文化被尊重,不是因为文化本身重要,而是因为(来自不同文化背景的陌生)人重要。"①

（二）重视关心陌生人的多域实践

美国公立基础学校鼓励青少年以同学、社区居民、成长中的世界公民等身份去关心学校内外的陌生人。这种重视实践的陌生人伦理教育体现了世界主义的价值观立场——"普遍性加上差异性"②。其中,人与人的普遍性、共性是第一位的,差异性是第二位的。正如公元前 2 世纪的剧作家特伦斯表述的那样:"我是一个人:人类的一切于我都不陌生。"③普遍性是人们无论熟悉程度皆可情意互通的人性基础,而差异则是人们需要理解和交流之处。不过度强调差异、陌生的维度,就不会人为地扩大陌生人之间的疏离,即可有助于为关心陌生人提供良好的氛围。

1. 作为同学的面对面非选择性关心

美国公立基础学校全程关注陌生转学者的幸福感。无论该生成绩高下、在该校学习时间长短以及身体有无残障,教师都会发动同学协助该生尽快融入新环境。教师们在每学期的"教师发展日"接受关于关心陌生人教育的校本培训,在教育理念上将帮助学生克服陌生感视为己任,熟练掌握了团队分享的相关教育技巧,善于在学生间创造"我们感"。

一旦有国际学生插班美国中小学,教师都毫不吝啬地拿出上课的时间,安排陌生同学与其他同学自我介绍,使其在入学当天获得集体融入感的初体验。同学间偶然发生冲突,如不涉及道德问题,教师鼓励学生自行协商解

---

① 　K.A. Appiah, "Chapter 6: Education for Global Citizenship", *Yearbook of the National Society for the Study of Education*, Vol.107, No.1 (Jan.2008), pp.83–99.

② 　K.A.Appiah, *Cosmopolitanism: Ethics in a World of Strangers*, New York: W.W.Norton & Company, 2010, p.151.

③ 　K.A.Appiah, *Cosmopolitanism: Ethics in a World of Strangers*, New York: W.W.Norton & Company, 2010, p.111.

决;如果是欺负陌生同学的道德僭越问题,教师甚至校长会第一时间处理此事。因为正如一位美国教师向笔者表述的那样,"儿童社会性发展的重要性绝不亚于知识学习。这件事不仅涉及两个孩子,也关系到全班同学的社会性发展"。发生在身边的真实案例会引发学生们更深刻的思考与感悟,促使他们在生活中学习善待他人、关心陌生人,建立异质相融相亲的多元班级文化与学校道德氛围。当国际学生转出美国基础学校时,班级教师一般用一节课创设欢送该生的班级主题活动。浓浓的情谊会使该生增强对同学们的亲近感、对班级的眷恋感,也对每位学生进行着爱的教育。国际学生在转进、融入、离开美国班级的过程中,经历了从"纯陌生人"到"去陌生化"再复归为"准陌生人"的身份转化,始终体验着班级的关心,感到生活产生交集时同学们彼此开放、坦诚相待。

美国公立基础学校还通过控制竞争、强化共同体元素来关心陌生学生。与少数学业优胜者利益挂钩的过度竞争会在学生中造成圈层区隔,强化青少年与他人的疏离、嫉妒、怨恨、冷漠,使潜在被关心者表达需要的渠道不畅。① 因此,美国基础学校旗帜鲜明地慎用竞争,避免选拔性的评优,不设置班级干部职务,不给学生贴优劣标签,尽量使每个学生的努力都获得及时回报和正强化。

以美国加州阿尔伯尼的 V 小学为例,据研究者观察,该小学在两个学期中只进行过一次学校层面的软竞争——阅读马拉松(Read-athon),那是为了培养青少年的文化品质,且会增强班级的共同体意识。美国公立基础学校教育的理念原点不是"学术精英儿童本位",而是"不让一个孩子落后",因此,它们强调学习共同体的元素,以"融入感"和"我们感"增进同学之间的有机团结。

2. 作为社区居民的近距离关心

"不与陌生人说话",这种拒斥陌生人的取向不利于青少年拓展道德自

---

① 侯晶晶:《被阻滞的关心——青少年道德学习面临的挑战》,《教育研究与实验》2011年第3期。

我和发展公民道德。因此,美国公立基础学校有意识地帮助学生了解陌生人的真实多样性,将贫富不均的社会事实及其在本社区的具体表现告知学生,倡议学生为社区中的贫困人口自愿捐赠干净的半新衣物以及在保质期内的健康食品,所有捐赠不摊派、不计名。

不摊派的做法有助于强化、纯化青少年对于他人的善良意志和志愿精神,有助于青少年拓展善良意志的实践范围,作为道德主体将陌生人纳入自身善良意志与道德责任感的实践对象范畴中,将陌生人转化为陌生的他我,主动与之建立道德关联,缩短青少年与陌生人尤其是弱势陌生人之间的道德距离。"培养青少年的道德自律与主体性,才能强化其善良意志,并有可能将这种道德义务感拓展至只能远程关心的陌生人。"①志愿精神可以扩大自然关怀在关心陌生人行为中所占的比重,而发展良好的善良意志则可以提供对陌生人的伦理关怀所需要的道德努力,两者协同发挥作用有益于保障关心行为成为陌生人关系中的常态行为。

关于作为成长中的世界公民的远程关心,美国某小学曾号召学生捐赠家中的闲置手机给南美某国,售出款用于在该南美国家一个小山村里建全村第一所小学,此处不再展开论述。

(三) 以交往增进对陌生人的知情信任

责任感是相遇他者的前提,情景或事件中介着与他者的相遇。② 美国学校创设多种条件,促使青少年与学校内外的陌生人交往融合,以去陌生化的学校和社区为良序陌生人社会奠基。

1. 校内交往

与陌生人交往的风险实际上分为三类:想象性的风险、符号化的风险、真实的风险。我们应该警惕,污名化的陌生人符号与泛化的想象性风险可能过度放大真实的风险。青少年如果缺乏与陌生人交往的真实机会,很容易在不自觉中陷入想象性和符号化的风险,进一步失去与陌生人交往的愿

---

① J. Varelius, "Autonomy and Duties to Distant Strangers", *Trames: A Journal of the Humanities & Social Sciences*, 2007, (4), pp.419-431.

② 江马益:《列维纳斯的"道德他者"思想试析》,《中国人民大学学报》2010 年第 2 期。

望和勇气,从而陷入错误认识的更深的自我循环。丰富的相遇能帮助青少年理性地看待对陌生人的恐惧。

美国学校注重与学生父母培养平等合作而非垂直指导的关系,借助学生父母的志愿服务,创设了陌生人伦理的多彩教育生活图景,培养青少年对陌生人的知情信任。学校每学期在多功能室、操场举办数次参与者分享自带食品的百餐会(Potluck),学生及其家长都自愿踊跃参加。来自中国的学生首次参加百餐会时,父母往往持观望警惕的态度,嘱咐他们"害人之心不可有,防人之心不可无""主要吃自己带的食品,安全第一",使他们感到陌生人交往的风险。但一进入现场,陌生人之间坦诚开放的氛围便使他们消释了忧虑,放心地互享食品。饮食是人的基本需要之一,饮食安全事关健康甚至生命安全。生物学的观察表明,分享食物是许多物种的生命体之间生成亲密关系及群体感的重要方式。交往能有效地拉近陌生人之间的物理距离和心理距离。接受陌生人匿名提供的食物,意味着以健康甚至生命为赌注的深度分享与信任,是陌生人相互接受的表征。作为社会的微观组织,学校通过创设陌生人亲密交流的群体活动,向亲子两代人实施渗透着愉悦体知的隐性教育,一点一滴地构建友善互信的陌生人社会基础。

青少年与陌生人的交往具有深刻的社会意义。陌生人往往是个体生活史和群体样本两重意义上的陌生人。第一重身份上的陌生人是指此人以前不是"我"的同学、邻居、同乡、亲戚,而是一个与"我"的个人生活史毫无交集的人。陌生人的第二重身份则具有更重要的社会意义。作为群体样本的陌生人可能来自发达程度不同的地区及残健程度不同的群体,抑或来自其他国家或不同文化背景。当陌生人得到了教育制度以及他我群体的良好对待时,这个陌生人便减少了不安全感、戒备感,更倾向于敞开心灵、融入环境,会比较积极地建立与他人、与社会的良好关系。此时,陌生人个体对于促进群体的理解与融合便有所贡献,有助于扩大群体相融的社会基础。通过与具体陌生个体的相处,青少年亦能够窥见陌生人群体的特点,感知、理解、认同其他群体人性的良善与美好,穿透原先浅层次的差异,直接诉诸人性的共同需要,例如,对于生命价值的渴望、对于真善美的追求。

2. 校外交往

美国学校还鼓励学生在校外更大的社会场域里学习与陌生人相处,以知情信任应对潜在风险。其方式不局限于我们相对熟悉的个别化社区服务学习,还包括全员卷入的与陌生人交往活动。例如,万圣节期间,很多学校在社区里举行彩装活动,与围观的很多陌生人热情互动。万圣节傍晚,每位少年身着节日服装,提着南瓜灯,兴致勃勃地参与"不给糖就捣蛋"的邻里活动。家家户户都准备了好吃好玩的小礼物,供孩子自行选择一两种。学校事先告知学生与(准)陌生人交往时怎样恰如其分地对待陌生人交往的风险,例如,在光线充足的邻里之间活动,不要进入陌生人家里或汽车内取礼物,具有前瞻性地教儿童如何在第一时间识别风险、化解风险、控制风险;相反,如果将与陌生人的交往简单化或者妖魔化,会强化风险焦虑,加剧青少年对陌生人的疏离感、恐惧感。

信任陌生人的态度投射给陌生人正向的情感、价值和行为期待。皮格马利翁效应明确地揭示:交往对象的期待在很大程度上具有自我实现的功能。关怀伦理学揭示了人际关系的相互性,即双方都对微观人际关系负有责任。信任陌生人的态度投射出自我对他人的尊重,这样自我就对与陌生人的正向关系作出贡献;对于对方的态度和行为亦具有积极强化作用,即同时引导对方担当道德关系的责任。此外,对陌生人的信任与尊重还可以减少愤恨。"当合理的权利诉求没有得到正常对待时,便会产生愤恨这种特殊的正义感。"①

美国基础学校良好的陌生人伦理教育在青少年富于吸收力的心灵中印刻下与陌生人交往的愉悦感受,增强了青少年与陌生人交往的准备性和乐意程度,增强了青少年对人类总体善良的信任。

(四)讨论与启示

毫无疑问,美国公立基础学校也有异质性与不平衡性,也行进在不断臻于实现教育理想的路上。美国公立基础学校普遍重视陌生人伦理教育,将

---

① 鞠玉翠:《试论公民正义感的培育》,《教育研究》2013 年第 11 期。

平等、关心与信任这些互嵌价值观生活化，使每一个学生浸润其中。其教育体现出较充分的社会学想象力，教育者明确理解"与陌生人熟悉起来"对于青少年"自我意识的成熟""探讨爱他人与爱自己的边界"以及社会建构具有重要意义。"在这个电子时代里，人们需要格外重视共情的发展与人际关联感。"[1]每个个体都蕴含着人类的丰富可能性。青少年对陌生人的陌生，其实在一定程度上是对自己作为人类个体的多种可能性的陌生。在逐渐熟悉、理解陌生人的过程中，青少年亦可丰富自我、理解人性，更好地进行国际理解，为社会建构尽力。

美国学校不固化或放大陌生人关系与熟人关系间的区别，而是明确地促进陌生关系向熟悉关系和融合关系转化。追根溯源，包括亲子关系在内的熟悉关系最初都是从陌生关系演化而来的。熟悉关系也未必就是亲密或友善关系，杀熟、仇亲、弑亲等现象便是负面熟悉关系的典型。学会道德地对待陌生人，关乎个体幸福与社会和谐。今天的青少年就是明日社会的中流砥柱，就是关涉陌生人的各种社会制度的制定者与实施者。美国学校的陌生人伦理教育的部分伦理精神实质可归纳如下。

1. 平等地尊重陌生人

为陌生的非主流学生比较平等地提供教育资源，有着深刻的道德教育意义。在学校教育言行一致的正派（decency）、学校物质环境的体面（decency）与儿童品格的正派之间，存在某种一致性。学校物质环境的体面渗透着教育诚信与社会诚信。如果学生自幼浸润在尊重人的道德生活中，便会习惯于此，便更有可能学会有道德地维持自尊并尊重他人，对于伤害或冷漠对待陌生人等道德上不正派（indecent）的现象便难以熟视无睹，很可能努力匡正之。相反，如果青少年在学校经常体验到关涉陌生人的低规格道德生活，偶尔看到尊重关心陌生人的现象时，他们会倾向于认为这是小概率的、与己无关的道德高标，而不思仿效。

---

① Apps,J.N.，"Making Strangers Familiar"，*Ethics and Behavior*，Vol.20，No.1（Jan/Feb. 2010），pp.80-81.

应倡导所有公立义务教育学校逐渐统一基本硬件资源,进一步提升教育资源的分配正义,并积极建构更好的道德氛围;更加扎实地促进每一个学生在知识、技能、社会性方面的优质发展;以对陌生转学者、残疾学生高度负责的态度体现出超越功利的教育伦理精神,使教育实践与教育伦理价值取向高度相符。

学校教育应该警惕以过度竞争制造强傲弱卑、等级森严的班级,避免青少年受此影响将他人首先视为工具价值的载体。拥有优势自致身份、给定身份的人对于他人的福祉和群体利益应该更有担当,透过"无知之幕"看待人际关系,以自己的聪明才智与良好道德增益人类的幸福总量,而不是将自身幸福建立在处境不利的陌生人的尊严之上。善待陌生人的基础教育能减少处境不利者对社会和他人的怨恨,通过培养个体亲社会,促成社会自下而上的有机和谐。

2. 拓展青少年关心陌生人的空间

当今社会比较普遍地存在着"熟悉的陌生人"现象。处境不利者在缺乏相应教育资源的情境中"随班混读",多数学生为少数学生陪读,这些现象折射出有些学校的教育近乎单维度地承认智育成就的价值,使儿童沦为单子式的知识学习者,逐渐失却了杜威确认的儿童相互交往的普遍兴趣。学校应该鼓励青少年与自我竞争、自我超越,同时包容他人、悦纳他人。我国个别学校进行过班组串换实验等道德教育探索[1],由于合乎教育规律和儿童发展心理,有效地促进了学生对于公共利益的正义感和对他人的关切感,减少了对他人的陌生感,在很大程度上化解了校园里"熟悉的陌生人"现象。此外,我们可以创设情境促使学生在学校内外关心陌生人,在此过程中感受到自己助他的价值与幸福感,强化善良意志。这样的生活化德育能有效地拓展学生道德责任感中"有效他人"的概念,把原本在道德心理上排斥的陌生人转化为情意互通的他我,对其合理需要葆有敏感性,在力所能及

---

① 侯晶晶:《班组串换制实验提升道德教一学实效性的十项机制分析》,《教育研究与实验》2005 年第 3 期。

的范围内乐于给予回应与关心。"陌生"是关系性的人际状态,A 与 B 互为陌生人。A 如果做一个有道德素养的陌生人,同时,也就为陌生人 B 表现人性的良善提供了良好的关系条件。

3. 在交往中培育对外圈的信任

对陌生人的信任在很大程度上来自和陌生人的交往,而这种信任对于人们在内圈关怀与外圈关怀之间保持平衡①是一个必要条件。对陌生人并不是要抱以普遍性善论之盲目乐观,而是帮助青少年理解陌生人及其多样化生活状态,客观评估与陌生人交往的潜在风险,教会青少年具体的应对方法。零风险的信任是不存在的,而夸大风险只会使不信任陌生人的现象泛化与"合理化"。明智的知情信任有益于使风险最小化、善意最大化,最终优化陌生人共同生活的社会环境。

我国很多学生在应试教育的重负下,较少置身于和陌生人真实交往的情境中。他们对于陌生人的了解主要来自媒体等间接渠道,而有些媒体为了追求宣传的轰动效应往往凸显一些负面事件,可能泛化陌生人的污名现象。学校应该提升学生的媒体素养,使其学会理性地看待关于陌生人的舆论宣传,对于大多数人的善良抱有信心;同时,借助社区服务学习等渠道增加青少年与陌生人的交往,在真实的共同生活中建立信任。

综上所析,实施良好的陌生人伦理教育,可使青少年作为关系的一方置身于常态化的良好陌生人关系中,体验此关系的合理性,敏感地察知并克服群体性自私的偏好,认同人们普遍的尊严与权利,而不以关系的陌生与熟悉为转移。这有利于培养青少年"心行一致"②的陌生人道德素养,易于使青少年将业已习惯的良好陌生人关系迁移到更多的社会角色和社会情境中。良好的陌生人伦理教育能以平等尊重安顿陌生人渴求尊严的心灵,以关心弥合陌生人之间的道德距离,以对人类总体善良的知情信任来应对与陌生人交往的潜在风险。良好的陌生人伦理教育能够拓展青少年的社会学想象

① M.Slote, "Caring in the Balance", in Joram G.Haber and M.S.Halfon(eds), *Norms and Values*, Lanham, Maryland: Rowman & Littlefield, 1998, pp.27-36.

② 刘次林:《公德及其教育》,《教育研究》2008 年第 11 期。

力,是为良序陌生人社会奠定道德基础的必要前提。

二、邻里和社区参与建构去陌生化的关心共同体

易晓明教授曾在美国和加拿大访学两年,她"充分感受到两国社会的公共道德性,更深入地了解了两国的道德教育不是靠孤立、单独的学校社会学习课程来完成,而是建立起学校与社会、家庭之间的紧密配合"①。笔者2013 年在美国访学一年,亦有相似的感受,注意到那里的学校、家庭、社区对于儿童形成了一个关心共同体、教育共同体,对于促进儿童学会关心陌生人和邻居,社区、学校都采取了一些切实有效的举措,润物细无声地推进着儿童的道德成长。②

青少年尤其是年幼的儿童对陌生人难免会有一定的疏离感,因此,学校、社区等建构对青少年的关怀共同体,以此加强学生与社区居民的互动,使得邻里之间在一定程度上消解疏离感,通过适度地去陌生化,为青少年关心陌生人创造良好的条件,增强青少年与陌生人顺畅互动的可能性。

(一) 小学努力给予儿童全方位的教育关怀

笔者在加州访学期间,通过观察与访谈发现,美国小学与家庭、社区形成了教育关怀共同体。关怀儿童是家庭、学校、社区的多重应然功能中的重要交集,是三者构建合作共同体的一种应有目标与方式,亦是儿童整全发展的重要条件。家庭、学校、社区在关怀儿童的过程中,都重视其知性发展、情感发展、社会性发展等多个维度的合理需要;给予处境不利儿童补偿性的关心,促进其实现尽可能充分的成长;对于欠发达社区中的儿童,注重使其养成适当的家园认同感和优化本土环境的责任感,成长为具有使命意识的社区/社会成员。家庭、学校、社区关怀儿童共同体的建构有两个主要层面:首先,各自应提升关心儿童的科学性、有效性,为高水平的合作提供较理想的基础;其次,学校作为专门的儿童教育组织,有责任也有可能推动三种组织

---

① 易晓明:《我眼中的北美学校道德教育》,《中小学德育》2015 年第 5 期。
② 此小节改写自拙文:《美国教育关怀共同体初论》(《中小学德育》2014 年第 9 期)。

在关心儿童方面的资源优化与整合。

在美国小学的诸种关心对象中,关心儿童无疑是首位的。总体而言这种教育关怀是全方位的,主要包括如下方面。第一,重视回应儿童对探究的兴趣和自主学习等深层次需要。例如,入学时给每位小学生发放学校图书馆的借书证,制度化、常规化地鼓励其阅读,从小培养他们良好的阅读习惯和文化品质。进行研究性学习与分享研究报告,也有助于满足杜威揭示的儿童与生俱来的探究兴趣。第二,满足学生学会交往的需要。老师们和颜悦色、开放地对待学生以及学生父母,从不权威地拒人于千里之外。另外,每个年级开学时都重新组合分班,扩大学生的交往面。第三,给学生充分的机会学会关心,包括自愿为学校募捐、为社区的贫困人口捐赠物品、培养对于小动物的爱心、学会关心生态环境等①。第四,允许小学生在学校里充分而安全地游戏。美国小学一般分年级错时进行课间休息,两三个年级在同一时段进行大课间休息,以便充分使用学校的塑胶操场,同时有数位老师分散守护,最大限度地保护学生的安全。这样,就解决了为求"安全"圈养学生、减少活动的问题。习近平总书记曾说:对于中小学生"不敢放手活动,长此下去怎么行?"②这个问题应引起我们的充分重视。第五,美国基础学校细致有效地回应一些学生的特殊需要,例如,讲外语的国际学生、自闭症儿童、坐轮椅的学生以及天才儿童、艺术特长生③的特殊需要。学校建筑物都依法建成无障碍式的,例如,礼堂主席台旁边都有自动升降设备,使坐轮椅的儿童也能够在家门口的学校内无障碍地参与各种活动。非英语的国际学生也能在英语辅导班里获得有效的支持,尽快融入英语学习环境。

另外值得一提的是,美国基础学校注重培养青少年的慈善意识与志愿服务精神,鼓励小学生为社区以及学校服务。学校作为一个共同体,亦是校

---

① 关于给学生充分的机会学会关心,可参见拙文:《美国小学:德育"润物细无声"》(《中国教育报》2013年12月27日)。

② 朱之文:《全面落实立德树人 大力推进基础教育公平优质发展》,《中国教育学刊》2018年第11期。

③ 关于美国资优生在高中得到的特殊教育资源,可参见王芳:《如何通过高中阶段赢得教育优势》,《全球教育展望》2014年第3期。

址以及学区学生所在社区、邻里的一个重要组成部分。因此,对母校的关心亦可视作关心社区、邻里的一种方式。学生对学校的关心与责任感主要体现于帮助学校筹集教育款项。学校致信每一位家长,同时也告知每一位学生,每学期划拨到该校的公共教育经费与与实施优质教育所需基本经费之间有较大的资金缺口。为了让学校能有足够资金维持校图书馆、英语辅导课以及更新必要学习硬件,保障学生们健康成长,欢迎广大师生积极参与为本校筹款的公益活动。募得的资金将全部用于教师—家长协会(PTA)表决同意过的项目,并尊重其表决过的项目优先顺序,账目将继续公开,接受监督。募捐绝不摊派,而是设计学生们喜闻乐见的活动,让学生们有能力作为志愿者帮助学校。例如,在秋天节的学校操场大派对、图书节的故事会以及定向返利销售、帕斯达食品店某校筹款返利专场(该校师生及学生家长在那个特定时段购物总额的 10% 返给该校)、校才艺表演会门票及其光盘义购。秋天节的活动里,不仅所有参与的儿童都是(辅助)捐款志愿者,还有些高年级小学生直接作为服务志愿者服务其中,向低年级校友与社区幼儿讲解游戏规则、收取门票、发放游戏奖券。图书节返利活动当晚,十二月加州的夜晚同样寒气逼人,但很多小学生高高兴兴地领着父母到达筹款故事会现场。这厢开心地听故事,那厢换个超市购买生活必需品,两三个小时内即可帮助学校筹得上千美元的返利款项。每个学期,美国小学生还利用掌握的艺术技能,经过认真排练组织才艺秀,直接用自己的才艺技能为学校筹款提供平台。另外,学校每学期还组织慈善电影会等活动,学生及其父母参与其中,为社区贫困家庭匿名捐赠健康食品与四季的衣物。①

由此可见,美国小学的教育关怀比较充分地回应青少年在身体、心灵、与他人交往、学会关心等方面的需要。学校努力教会儿童适当地关心自我,同时关心他人福祉,关心彼此共同的家园。这样的学校使青少年的学术发展和社会性发展得到平衡,使儿童的多重角色都有舒展的机会,有益于儿童

---

① 本段改写自拙文:《美国小学:德育"润物细无声"》(《中国教育报》2013 年 12 月 27 日)。

在道德心理上获得自我的整合,逐渐成长为合格的公民。这与加州中小学的考核体系重视儿童的社会性发展是密不可分的。

在加州之外,也常可见到教育工作者对关心型学校共同体的重视。例如,提出情绪智商的丹尼尔·戈尔曼参与组建了学术、社会和情感学习联合组织(简称 CASEL),CASEL 便大力倡导将中小学构建成关心共同体,并提出了具体的指导建议。关心型学校共同体像重视儿童的学术发展那样重视其社会性发展与情感发展。CASEL 为青少年的社会性与情感发展提出了以下具体目标:(1)自我认知。即正确认识自己的情感、思想及其对行为的影响的能力,包括正确评价自己的优点与缺点,拥有自信与乐观的态度。(2)自我管理。这涉及调节压力、目标和情绪的能力。(3)社会意识。这包括与他人的共情能力,能够理解道德规范,能够体认来自家庭、学校、社区的支持。(4)关系技能。这是与多元群体及个体保持健康、有益关系的能力,包括建设性地通过协商解决冲突,在需要时寻求帮助、给予帮助。(5)负责任的决策能力。这包括依据道德标准、安全考量、社会规范、对各种行为后果的真实评价、自己和他人的福祉等因素,对个体行为及社会互动做出建设性的、适当的选择①。

(二) 家庭与社区对儿童的教育关怀功能

美国家庭对孩子的关心折射出法制社会的特点。儿童的父母严格遵守相关法律,确保 12 岁以下的孩子不会在无成人照看的情况下独自待在家里,努力使每个人自幼得到来自家庭的充分关爱。许多母亲甚至在孩子年幼时牺牲了自己的事业,以家庭与孩子为中心度过数年时间。连诺丁斯教授也曾为了照料孩子做过四年的全职母亲②,待孩子们到了能去托儿所的年龄,才又返回职场,兼顾家庭。

美国的父母注重回应儿童的发展需要,同时注意关怀的限度和有效性。

---

① Goleman, D., "Overview of Social and Emotional Learning", 2014 – 3 – 10, http://www.casel.org/guide/programs/caring-school-community.

② [美]内尔·诺丁斯:《始于家庭:关怀与社会政策》,侯晶晶译,教育科学出版社 2012 年版,第 107 页。

艾里克森关于道德心理的发展研究揭示出儿童的需要包括自理、自主、自治,这些行为和能力直接影响其自信的生成和自我建构。因此,在自然关怀中,要警惕未经慎思地滥施关怀。有效的关怀有时包括看似"不作为"和延迟满足,有时可以提供支持性的环境间接、隐性地促进儿童发展。对于儿童间的小摩擦,美国的父母往往交给孩子自己解决。一旁的父母能做到完全若无其事,很有定力。这与美国学校鼓励学生自己解决冲突的做法是一致的。

社区面向儿童建立了具有吸引力的常规化服务中心。公共图书馆是社区教育资源的重要组成部分,对于儿童丰富精神生活、养成终身学习的习惯、发展社会性,具有难以替代的作用。美国社区图书馆的密度远远优于平均约2万人拥有一所公共图书馆的国际标准。美国社区图书馆中都有专门的区域、丰富的资源来滋养儿童的精神世界;全日制图书馆员热情专业地为青少年读者服务;许多青少年成为英美社区图书馆的常客,小学生们在此阅读或头戴耳机观看DVD,中学生有些在阅读,有些在接受家教老师的轻声辅导。社区图书馆每年至少一两次大批更新图书,向人们以优惠价格出售淘汰的图书,很多儿童在成人陪伴下兴致勃勃地挑选心仪的书籍。美国的社区图书馆提升了社区的精神气质与文化品质,切实成为社区关怀教育的基地,成为儿童快乐的第二课堂。

综上所析,美国的学校、家庭、社区在关怀儿童方面各自做强,同时重视发挥合力,实现资源共享、功能优化。美国基础学校建有家长教师协会(PTA),成为学校与学生父母通力合作的平台。学校每个月都借助PTA的志愿服务为学生们提供丰富多彩的课外活动。学校每学期之初设有"校长接待日",校长与自愿前来的学生家长就有效关怀青少年的事宜进行经验分享,努力做到事前关怀、问题诊断及有效应对。小学组织学生远足时,每个班级也都有家长志愿者热情参与,协助老师确保儿童的安全。学校图书馆和社区图书馆有时互通有无。社区里也不时举办文化活动,向社区里的儿童开放。

总之,美国的学校、家庭、社区都比较重视为青少年创造更多与同伴交流、学会分享、关心他人的机会，它们形成的儿童关怀共同体在实践中已比较普遍，也相对成熟，有些经验值得我们思考和借鉴。

三、完善底线伦理以促进儿童关心陌生人——以公交车上让座为例

中小学生以及成人在公交车上往往不为行动不便者让座，构成了社会道德风气的一个显性负向表征，影响了我国民众的公德养成和残疾人的权利保障。《女子抱孩子上公交无人让座　司机停车 7 分钟等让座》，这是 2013 年 12 月 24 日中国新闻网一篇文章的标题。此事发生在某文化发达省份的 C 市。该网文作者上传了两张照片为证。一张照片是一位女乘客怀抱幼儿站在公交车上，另一张照片的标题是"霸占爱心专座的孩子"[1]，占座不让的是一男一女两名高年级小学生。司机停车足足 7 分钟后，最终让座的是一位操外地口音的成年男子。虽有网友称赞司机的做法，但据该文报道，也有网友发帖评论："让不让座是私人的事情，司机这样做完全是道德绑架！"这一报道引发人们再次关注公交车上拒不让座的道德痼疾。笔者主要从提升全民道德素养的视角致思于如何有效解决此问题。[2]

（一）公交车上占座不让的道德冷漠现象及其成因

1. 公交车上占座不让的道德冷漠现象

在公交车上为有特殊需要的弱势群体让座，这种关心与尊重本应是全民具备的道德品质，但在我国的一些地方却成了少数人的美德。笔者在 A 省 D 市 Z 小学的访谈调研中发现了类似问题。有些青少年被访者坦言，自己在公交车上很少给见到的老人让座。有位青少年提及自己偶有一次给老人让座的经历："当时车上没有其他人让座，我看那个老奶奶背着一个很重

---

① 张斌：《女子抱孩子上公交无人让座　司机停车 7 分钟等让座》，2013 年 12 月 24 日，见 http://view.inews.qq.com/w/WXN20131224013711011？refer=nwx。

② 本小节改写自拙文《国外立法保障残疾人乘用公交车权益的考察与思考——发挥法律的底线伦理功能破解道德痼疾》（《残疾人研究》2014 年第 2 期）。

的包,所以给她让座了。"另有研究者对杭州中学生进行抽样调查,发现近三成中学生从不让座。[1] 其他有些研究者也在关注公交车上不给老年人让座等"令人不可思议"的社会问题[2]。

实际上,在公交车乘客中,行动不便的残疾人同样面临着无人让座问题。一位患小儿麻痹的残疾人告诉笔者:"我就算能挤得上公交车,也很难坐到座位啊!"加之我国绝大多数公交车尚未根据相关法律要求进行无障碍改造,使得我国许多肢残人实际上生活在没有公交车可用的现代城市。目前,较之行动不便的其他亚群体,残疾人在公交车上落座难的问题却较少受到学界的关注。残疾人的无障碍出行权益得到保障,是其充分实现文化、就业等其他权益的前提之一。

残疾人的社会可见度、社会融合度,往往被视为社会文明程度的表征。因此,青少年以及成年人是否为残疾人等行动不便者让座,换言之,是否尊重后者的优先座位权,不仅涉及民众公德养成的一个方面,也构成了社会道德风气的一个显性表征。党和政府非常重视在千家万户以及全社会建构良好的道德风尚,这为加快匡正"公交车上不让座"的不文明现象提供了很好的氛围。

2. 导致道德冷漠的主要原因

上述公交车上较普遍的不让座现象,是由多方面原因导致的。其一,中国与西方有着不同的德育取向。"比较地看,中国实施'高'道德(高尚道德)教育,充满了理想主义;西方实施'低'道德(基础规范)教育,或者说'准法的'德育,具有实用主义色彩,特点是平凡、现实、适应。"[3]在我国,目前大部分人认为让座是献爱心,"让不让座是私人的事情",而单纯的道德软约束不足以改变让座系高阶道德行为的观念,也不足以促使持此观念者

---

① 赵志毅、尹黎:《城市中小学生公民责任意识的缺失及其对策——基于杭州部分学校的抽样调查》,《全球教育展望》2012 年第 5 期。

② 吕海洁:《对几种不良社会现象的原因分析及思考》,《东南大学学报(哲学社会科学版)》2011 年第 S1 期。

③ 魏贤超:《中西方道德教育差异之我见》,《中国德育》2009 年第 8 期。

真正做出让座的行为。由此可见，把一些基础规范交给法律，可以高效地保证这些规范成为人人实践的底线伦理。否则，容易造成应然与实然的断裂，使得很多应然规范被误认为"高尚道德"。正因为如此，越来越多的学者①开始重视制度德育不可替代的作用。法律作为成文法，理所当然应被视为制度德育的重要资源。其二，有些传统儒家人伦观念有待现代化。据《论语》记载，孔子个人不乏关心盲人乐师等助残言行，但是不可否认，传统儒家人伦观念具有一定的层级化色彩。与此相关的一些集体无意识有待进行现代化改造。我们在社会上时常可以看到为尊者让座、尊者优先的习惯做法。这种等级化的人伦观念在一定程度上阻碍了一些民众在公交车这一微型公共场域中体现平等礼让、尊重弱势群体的人际关系。其三，道德生活对人们的德性养成具有深刻的暗示作用。"道德生活就是人们在日常生活中进行行为选择和价值评价时所置身其中的社会价值场。它不仅为人们的行为选择和价值评价提供现实的'场景'，而且在人们道德观念的形成过程中发挥着一定的模铸功能。"②少数人的道德反思和"道德审判"无法消除社会负面道德惯习的示范作用。"两张十分相似的新闻照片，分别获得了2005年和2006年的中国新闻奖。2005年的是《视而不见》，2006年的是《冷漠》。它们是两张同题材又是同主题的新闻照片，反映了一个我们每个人在幼儿园时即被教导过的行为规范：在公共汽车上要给老人让座。"③班杜拉通过实验研究印证了观察学习的效应，儿童很容易受到所观察到的行为的影响，继而做出相似的行为。成年人也很可能形成一种"集体旁观"的心态。"人际影响，就是在他人影响下，个人的信念、态度、情感和行为发生变化的过程。""集体不让座"④与观察学习及人际影响有着密不可分的因果关系。在此背景下，学校关于"让座"的道德教育以及媒体的相关宣传，长期陷于非常低效甚至基本无效的状态。

---

① 杜时忠：《人文教育与制度德育》，安徽教育出版社2012年版，第291—299、326页。
② 于树贵：《道德生活界说》，《道德与文明》2006年第4期。
③ 徐斌：《"道德审判"的力量》，《新闻实践》2006年第12期。
④ 马志国：《由"集体不让座"谈谈"从众心理"》，《中国青年研究》2011年第2期。

（二）应发挥法律的底线伦理功能治疗此道德痼疾

1. 效果适得其反的道德奖励法

我国少数地方曾试图借助道德奖励来帮助破解这一难题。《长沙晚报》曾报道：“2007 年 9 月 17 日当天，在公交车上为老弱病残孕乘客及怀抱婴儿者让座的乘客，将可领取长沙市公用事业管理局发放的‘爱心让座卡’两张，让座者可凭卡于 9 月 22 日之前免费乘坐公交车 2 次。”①此做法虽用意良好，却不可能收效持久。这种奖励法类似条件反射的行为训练，缺乏亚里士多德分析的真正道德行为应有的自主性。为了奖赏而做出的“利他”行为，其动机更多的是自利。当满足自利动机的奖赏不复存在时，由它引发的“利他”行为往往只是昙花一现，不可能转化为全民的道德习惯。有研究者以中学生为例分析了亲社会行为中存在的互惠动机，发现“其动机获得的理论支持主要是外域的，实践支持是无奈和盲目的，在教育中可以承认但不宜倡导互惠动机”②。奖励法还可能鼓励伪善。“伪善是一种无善心却有善行的行为样态，在本质上是良好的善品性与基于此做出的善行为之间的断裂。”③此外，设置奖赏，等于附和了很多人的看法——让座是一种层级较高的爱心行为，而非人人皆应做到的底线伦理行为。换言之，在很大程度上反而将拒不让座行为合理化了。

2. 诉诸法律应对的必要性、可行性与合理性

在“让座”问题上，如果仅仅依靠每个人的道德自律，显然很难保证全民达到道德底线。事实已经反复证明，不仅道德奖励法无济于事，也无法简单地依赖回归“扶老携幼之中华民族传统美德”④，因为传统伦理中“爱有差等”的观念和等级化的人伦关系可能抵消其作用。我们必须换个思路。基于我国建设文化软实力的需要以及相关的国际立法案例，笔者认为，公交

---

① 周小华：《3 万公交爱心让座卡等你拿　让一次座可以免费乘两次车》，《长沙晚报》2007 年 9 月 13 日。
② 侯春在：《中学生亲社会行为动机研究中的互惠动机》，《教育研究与实验》2005 年第 4 期。
③ 程建军、叶方兴：《德性伦理视域中的伪善》，《南京社会科学》2008 年第 12 期。
④ 黄涧秋：《“法律万能论”推动“盲目立规”》，《人民论坛》2008 年第 19 期。

车上的其他乘客为行动不便者让座,应该从单纯的道德要求转变为法律规定;应该将行动不便者在公交车上的优先座位权从道德权利转变为法律权利。道德权利与法律权利既有联系,更有区别。较之法律权利,"道德权利与道德义务之间关系具有复杂性和非对应性,道德权利主体具有自择性"①。尊重行动不便者的合理合法权利,既属于人际关心的道德范畴,也完全应该成为明文规定的法律义务。法律义务是最底线的道德义务,法律能以刚性的约束力为道德托底。明确双方的法律义务和法律权利,可以有效地培养民众的现代规则意识,推动其他乘客为弱势乘客让座逐渐成为社会风尚。

新加坡亦处于儒家道德文化圈,它"把时代精神与民族传统有机结合起来;提高道德教育途径的社会性;以法律促德育,实现自律与他律的有机结合"②。我国香港地区也重视以完善立法和有效执法来促进公德养成。这些做法显著提升了民众现代化的规则意识,因为"规则意识的内化实际上是一种将书本上的'法律本本主义'还原到现实社会生活中的'法律实用主义'的过程。规则意识在日常生活中需要长期的培养与遵循"③。

如果我国立法规定公交车上其他乘客为行动不便者让座,就可以使每个人都理直气壮地成为这项关心行为的监督者,而不会反被指责为"道德绑架"。这样的法律法规有助于民众学会尊重彼此的需要,而尊重是一种基本的人际美德,也是关心的一种常见形式。长远地看,这样的法律法规有助于民众把关心弱势群体的意识与行动拓展到社会生活的方方面面,从而进一步提升社会的文明程度。同时,也可以提升我国中小学相关道德教育的力度与效果。

鉴于我国残疾人权益保障已有的良好法律基础及其稳健和精致化的态势,这一立法应该说具有可行性。事实上,当前我国行动不便者在公交车上的优先座位权并不像很多人认为的那样全然是或仅仅是道德权利。依据

---

① 魏长领:《道德权利的特点探析》,《中州学刊》2013 年第 1 期。
② 夏家春:《新加坡公民道德教育特色及对我们的启示》,《学术交流》2009 年第 3 期。
③ 林占发、陈长沙、胡耀斌:《规则意识的养成》,《人民检察》2008 年第 7 期。

《中华人民共和国残疾人保障法》(以下简称《残疾人保障法》)的"无障碍权益"规定,残疾人的优先座位权已然是可推断的法律权利。关于可行性的国际案例支持,下文将在适当的地方具体呈现。

给予弱势群体补偿性的关心,对所有社会群体也是公平合理的。绝大多数人会度过从婴儿直至老年的完整生命周期。尊重弱势群体的上述无障碍权益,也就是关心每个人自身相对弱势的那部分生命周期。这种立法符合罗尔斯论述的正义制度应符合的两个原则:(1)每个人都有权拥有与他人的自由并存的相同自由;(2)对社会和经济的不平等应作如下安排,即人们能合理地指望这种不平等对每个人有利,而且地位与机会对每个人开放。① 补偿性的公共资源分配既体现出对民众平等权益的真正尊重,也是文明社会的一种基本的人文关怀。

3. 国际案例考量

笔者曾获欧盟文化委员会以及江苏省高校优秀中青年教师和校长境外研修计划的资助,先后在英国、捷克、美国进行了 15 个月的访学考察,对可资借鉴的相关国际经验进行了观察与思考。在那些国家的公交车上,都设有残疾人、老年人、婴儿车使用者以及孕妇的优先座位。残疾人等特殊群体乘公交车出行的无障碍权益得到法律确认之后,关于其优先座位权的具体法规对于彻底保障其无障碍权益起到了重要作用。其他乘客让座的法律义务在上述国家已深入人心,偶见软性的违反,也会有热心人主动维护法律的尊严。

笔者曾在捷克公交车上看到这样一幕:一位捷克老大妈上公交车时,有位初中生模样的男孩坐在靠近车门的行动不便者优先座位区。尽管优先座位区还有好几个座位空着,老大妈却碰了碰那个孩子的肩头。无须语言提示,那个捷克少年立刻明白了,面带愧色赶紧起身,到后面的非优先座位区去坐着了。老大妈就落座在男孩让出的位子上。老大妈是在教育这个孩子:非优先区如有座位空着,应坐到那边去,把优先座位让出来。车上的其

---

① J.Rawls, *A Theory of Justice*, Cambridge MA: Harvard University Press, 1971, p.60.

他捷克乘客对于老大妈的行为都不以为怪。

与捷克的情况相似,美国公交车在靠门最近的几个座位旁,都用明显的图片和文字标示出相关的法律规定,明示出行动不便者对这些座位享有优先权。行动不便者上、下公交车耗时较多,其他乘客等待时都感到理所当然,没有不耐烦的神色或话语。由此可见,相关的法律法规有利于形成一种默会的知识,避免行动不便者处于需要求助又耻于求助的无奈中,也使广大民众在生活中自然而然地学会尊重行动不便者的合法权益,使"让座"等关心弱势群体的行为成为全民的法律常识与道德习惯。

(三) 地方性"让座"立法引发的争议及其回应

我国幅员辽阔,有极个别城市推出过"让座令"。据《河南商报》报道,《郑州市城市公共交通条例(草案)》规定,乘客应主动让位给老人、孕妇等特殊乘客。不履行义务,驾驶员、售票员可以拒绝其乘坐,城市公共交通行政主管部门还可以对乘客处以 50 元罚款。① 该条例(草案)经审议修改,第四十条第三款明确规定"乘客乘坐公交车辆,遇有老、弱、病、残、孕等特殊乘客时,应当主动让位,但没有相应的约束条款"②。惩罚措施虽被取消,但这稀缺的地方性立法仍引发了很多争议与顾虑。

《郑州市城市公共交通条例(草案)》中"不让座罚 50 元"的惩罚措施引发了以下社会争议。有人认为这是"一项'乱规定',剑走偏锋,事与愿违,让人觉得荒唐离谱"③,"带有'霸王规定'性质,规定的内容超越了职能范围;规定内容有些'荒诞'"④。毋庸讳言,这项地方性立法规定的惩罚措施确实可以再思考,但是同时,这些声音折射出我国关于优先座位权的立法有待拥有更高立法权威的机构在全国整体推进,也折射出我国很多民众有待知晓国际上的相关成熟立法以及道德与法律的本真关系。为此,有必要对

---

① 高云、肖海丽:《乘公交不让座会被赶下车? ——〈郑州市城市公共交通条例(草案)〉的一条新规引来争议》,《河南商报》2008 年 7 月 3 日。
② 潘燕、赵阳:《二审〈郑州市城市公共交通条例(草案)〉》,《郑州日报》2008 年 8 月 21 日。
③ 杨振威:《为民是第一出发点》,《人民论坛》2008 年第 19 期。
④ 人民论坛编辑部:《十大争议"规定"凸显行政盲点》,《人民论坛》2008 年第 19 期。

各种质疑进行剖析和回应,既有助于厘清对待优先座位权立法的既有民众心理,也有助于未来相关立法的科学化。

1. 确定受益人身份之"难"会否导致让座令"不可操作"

某网络评论作者就确定让座受益人身份的难度进行设想:"司机如遇到两名起争执的乘客,得先查看双方身份证件,再为双方测量体温、心跳、血压";继而推导出结论:"为'让座'问题制订专门的条例,并保证这部条例的可操作性,几乎是一件不可能完成的任务。"[①]实际上,此类立法早已无须在黑暗中探索,英、美等国已有相关的精致法规,并通过公交车优先座位上方的大幅图片、文字说明使立法内容家喻户晓,民众也已习惯化地自觉遵守这些法规。关于优先座位权受益人身份的复杂性,没有必要人为地放大小概率事件,正如公厕管理人员并不查验如厕者身份证上的性别才允许其进入相应的公厕,也正如人们并不因为存在极少量性别复杂现象而判定设置男女厕所是一件不可能操作的事情。

2. "被让座"疑义 VS 法律他律的合理性

另有人对"被让座"提出疑义,认为"被规范"的让座行动扭曲了"道德行动者"[②];还有人呼吁"审慎量度道德立法的必要性与可行性问题"[③]。笔者认为,这种"扭曲"实为对不道德行动者之道德冷漠与丑陋现象的必要纠偏,道德立法是很多人由法律他律、道德他律走向道德自律的必不可少的外在推动力。即便有些人始终达不到道德自律的水平,至少还有法律规范约束着他们达到现代人应有的公德底线,使之不至于做出不道德的行为来污染全社会的道德空气。

3. "让座优先顺序不清"及其应对思路举隅

2008 年郑州试行"让座令"之后时隔 5 年,2013 年南宁市法制办公室

---

① 宣华华:《公交让座:道德升格法律须可操作》,2008 年 7 月 4 日,见 http://news.xinhuanet.com/comments/2008-07/04/content_8483181.htm。

② 王强:《被让座:公共生活规范的道德困境》,《安徽师范大学学报(人文社会科学版)》2011 年第 4 期。

③ 田屹:《地方性立法与道德法律关系论——从"不让座罚款"和"精神赡养"规定谈起》,《道德与文明》2008 年第 6 期。

发布《南宁市城市公共汽车客运管理办法（征求意见稿）》，要求其他乘客为"老、弱、病、残、孕等特殊乘客"让座①。5年前的很多负面声音又以类似的理由卷土重来。此外，有评论者质疑让座的优先顺序不清，因此认为"清官难断家务事，很多时候法律也难断道德事"，主张"法律的交给法律，道德的交给道德"②。该评论者只看到了道德与法律的差异，而没有看到法律作为底线伦理与道德的部分交叉。如果仅从"去法律"的狭义道德出发，再过若干个5年，仍无法破解让座问题上的道德失范现象。

至于"让座顺序不清"，确实是郑州以及南宁的"让座令"有待改进之处。笔者认为，在不同批次上公交车的行动不便乘客中，应以时间作为优先落座的首要依据；在同一批次上车的行动不便乘客中，应该以行动不便乘客的特殊需要程度作为优先落座的首要依据。例如，美国联邦法规2011年版第49部分第1卷第37节第167条款（Code of Federal Regulations‐2011‐title 49‐vol 1‐section 37‐167）规定，其他各类乘客应该为残疾乘客让出优先座位，非优先乘客应该为老年乘客让出优先座位③。换言之，在行动不便者中，残疾乘客优先于健全的老年乘客使用优先座位区。例如，带导盲犬上车的盲人乘客的座位优先顺序大于非残疾的老年乘客。这不同于我国民众所习惯的"老弱病残孕"顺序，前者的理据在于乘客的特殊需要程度。充分的理据能保障法律法规的可操作性。

笔者作为轮椅使用者在美国访学12个月，乘公交车时从未观察到与上述法律规定相违背的案例以及为座位发生争执的事件。笔者只遇到过一次稍复杂些的情境：一辆公交车上可放置轮椅和婴儿车的优先座位区已有一台轮椅和一部婴儿车，空间已用满；行至后面的站台，又出现一位轮椅乘客招手示意要上这辆公交车。这时，公交车司机向后者耐心如实地说明了情

---

① 潘轶、李晓茂：《南宁"强制让座"的是与非》，《上海法治报》2013年10月14日。

② 苑广阔：《公交车强制让座：道德有疾慎开法律药方》，《东南商报》2013年9月27日。

③ 康奈尔大学法学院："49 CFR § 37.167—Other service requirements"，2014年3月7日，见 http://www.law.cornell.edu/cfr/text/49/37.167。

况,请其等待下一辆同路公交车。这次罕见的复杂情境得到了有序有据的处理,全过程没有任何不快或冲突。

(四) 优先座位权立法需注意的关键配套规定

1. 应保障行动不便者优先上公交车

关于优先座位的法规,必须和行动不便者优先上公交车的规定相配合,才可能具有比较充分的可操作性。以行动不便者中的轮椅使用者为例,美国各州关于轮椅使用者下公交车的先后顺序规定不一,但是各州都规定轮椅使用者优先上公交车。笔者访学期间作为轮椅使用者在不同时段乘坐过公交车,无论近乎满员还是乘客稀少,也无论有多少人要上公交车,司机都安排轮椅乘客先上公交车,未见违反规定的案例。这样就避免了残疾人面临"车难挤、座难求"的首要问题。

2. 公交车必须有计划地依法完成无障碍改造

《残疾人保障法》(2008年修订版)第五十五条规定"公共交通工具应当逐步达到无障碍设施的要求",公交车应该有计划地针对轮椅坡道和优先座位区进行无障碍改造,公布改造计划接受群众监督;新造的公交车必须有这些无障碍的设施,才能够获得销售许可证,投放市场。可能有人会质疑:我国作为发展中国家,限于经济发展水平,不可简单地照搬照套英、美这些发达国家的情况。据笔者2007年在同为发展中国家的捷克的观察访谈,布拉格的旧公交车绝大多数已经过无障碍改造,新公交车出厂即符合无障碍规定。捷克公交车的无障碍坡道是由司机手动操作的,不像英、美的公交车那样使用全副电动无障碍设备。但是,捷克公交车的无障碍功能、司机作为协助者的工作职责以及其他乘客尊重行动不便者权利的态度,都与英、美基本处于同一水平。时隔十余年,我国北、上、广等一线城市完全有理由在国内率先达到捷克的无障碍水平。

此外,可能有人会质疑,为放置轮椅或婴儿车设置的那部分优先座位区会不会大多时候空着,浪费宝贵空间。可资借鉴的是,英、美公交车上的优先座位区分为两种。一种是靠近车门的普通固定座位,供无轮椅等附加设备的老、孕乘客优先使用;另一种是靠近车门的活动座位,用能上下翻动的座位围起一个区域。当没有轮椅或婴儿车需要使用此空间时，这几个座位都可以供其他乘客使用，不存在浪费空间的问题。此外，应像英、美、捷克等国那样规定，轮椅乘客上车之后，司机有义务为残疾人固定轮椅、拉出安全带并帮助系妥。

3. 应充分重视幼儿的权利

郑州和南宁的"让座令"都忽视了一类行动不便的亚群体——坐婴儿车的婴幼儿。婴儿车是婴幼儿常用的代步工具，婴儿车主享有的优先座位权在国际上是比照轮椅车使用者执行的。这符合我国作为签约国支持的联合国《儿童权利公约》的精神。这些做法无言地践行着该公约倡导的"儿童最大利益原则、尊重儿童权利与尊严原则、无歧视原则"，无言之教的穿透力和辐射范围是不可小觑的。

笔者在加州伯克利的公交车上见过这样一幕。那时接近傍晚，一位妇女推着婴儿车上了公交车，停在车门前方的轮椅/婴儿车优先座位区。优先座位区的安全带是为轮椅设计的，不适用于婴儿车。这位妇女在旁边的座位坐下，手扶婴儿车后方的把手控制其稳定性。过了一会儿，她和左前方一个背着书包的高中生"Hi"了一声，问能否请他帮忙一起固定婴儿车，宝宝在车里睡着了。那个男生听完她的请求，立刻起身，站到婴儿车旁边去，手握公交车的固定杆站稳，把穿着浅色球鞋的右脚伸到婴儿车前轮下面，保持这个姿势帮助固定婴儿车，一直站到那位妇女推婴儿车先下了公交车，并向他道了声"谢谢"。那位妇女向陌生人提出请求的举动是那么自然，那个青少年爱护幼儿的举动是那么自然，其他乘客看待这一切的态度也是那么自然，给笔者留下了深刻的印象。

4. 发挥公交车的教育作用

关于立法的关键内容，应该发挥公交车的环境教育作用。美国公交车上印有或贴有相关的法律标识，民众一上公交车就能在耳濡目染间自然而然地了解到相关的立法规定。例如，美国加州公交车上最常见的两条标识是："Federal law requires that these seats must be made available to those with disabilities and seniors."（联邦法律规定：残疾乘客与老年乘客必须能坐到这些座位。）"Priority seats for the elderly and passengers with disabilities. Federal law requires that these seats must be relinquished upon request."（这些是残疾乘客与老年乘客的优先座位。联邦法律规定：应其要求，这些座位必须让给他们。）当有行动不便的乘客上车时，长期生活在当地的其他乘客一般无须司机指导，就知道该做什么。有网络评论指出，德国民众也习惯于"还座"给行动不便者。若有其他乘客坐在这些公交优先座位上，"一旦看到有老弱病残孕上车，必须赶紧起立还座。如果一时没有注意到，老弱病残孕站到了座位前，要说'对不起'并立即还座。如果有人就是不还座，很简单，叫警察来执法"①。除了公交车的环境教育功能之外，当然也应充分发挥媒体、学校教育等渠道的普法功能。

我国香港地区也非常重视环境教育，收效也甚佳。富有规则意识的标识在平凡的社会生活中处处可见。在紫荆广场上可以看到"吸烟者最高可能被罚5000港元——香港卫生署控烟办公室"；地铁内可以看到标识"故意破坏者将被检控"。"香港卫生署控烟办公室"以及"检控"的落款明示了管理的部门及执法的部门，这可以让民众更加清晰地预见到惩治权力行使主体的合法性以及惩罚措施的合法性，从而对自己不当行为的受罚心服口服。因为惩罚性规则的法制化构建不应当仅仅限于对违法行为的定性，还应当明晰惩罚者权力的界限与来源，做到执法主体合法性的确认。②

需要指出的是，本部分为行文方便，是以公交车为例论述行动不便者在所有公共交通工具上的优先座位权问题的。笔者作为轮椅使用者在美国考察12个月、在英国和捷克考察3个月，外出乘坐公交车从未遇到行动不便者的优先座位权难以操作之事。因此，我们不应该以小概率复杂情境为借口，为法律规定的缺失开脱。审慎科学地立法规定行动不便者的优先座位权，便可对维护社会正义的公交车司机赋权，保障行动不便者真正享有交通公共服务的平等权利，使得更多的人有尊严地生活，使得更多的残疾人切实

---

① 陈文祥：《德国还座与中国让座》，2014年3月8日，见 http://www.china.com.cn/review/txt/2008-07/04/content_15952432.htm。

② 林占发、陈长沙、胡耀斌：《规则意识的养成》，《人民检察》2008年第7期。

享有无障碍出行等权利。"制度作为规范人的行为或人与人关系的规则具有重要的伦理功能,制度安排的适当与否对道德建设有着直接的影响。"①精致的法律规定能完善制度伦理,有助于从外部条件方面提升整体公民道德水准,促使更多的中小学生及成年体健者实践《我国公民道德建设实施纲要》所要求的团结互助的应有公德,在公共场合关心尊重陌生人;也有助于我国进一步建成法治社会和较成熟的公民社会。

本章描述、分析了儿童关心陌生人以及邻居的案例,并对此进行了对策研究。至此,本书研究了儿童在家庭、学校、邻里以及在社会上关心他人之现状与问题。实际上,前三章研究的儿童应该说是我国健全儿童。儿童中有个重要的亚群体——残疾儿童。我们在进行儿童学会关心的研究时,似乎或多或少存在一个不曾明言的预设——以健全儿童作为研究对象得出的研究结果亦适用于儿童的所有亚群体。正如科尔伯格基于男性被试得出的研究结论事后被吉利根等学者发现不能公正地用于女性;同理,由于残疾儿童这一亚群体的特殊性较为突出,以上预设未必是可靠的。下一章将针对目前儿童学会关心他人研究的一个空白点考察残疾儿童这一亚群体关心他人面临的一些结构性的挑战,并提出应对的可能路径。

---

① 陈伟:《道德构建 制度先行——论制度在道德建设中的作用》,《探索》2004 年第 6 期。

第四章　残疾儿童学会关心他人
之前提研究

　　关怀伦理学派的学者简·马丁很关注学校教育中残疾人及其他边缘群体的境遇,认为学校如果忽视这些人的需要与观点,这种做法不仅本身不道德,而且在鼓励不道德。① 笔者不具备条件系统地直接考察残疾儿童广谱地关心他人的现状,其原因之一在于残疾儿童在我国普通基础学校中的可见度还不是很高。关怀伦理学揭示的道德实习法、教师的榜样作用、重要他人的认可等促进儿童学会关心他人的方法,无疑也基本适用于智力健全的身体残障儿童。对于残疾儿童而言,比现状研究或道德学习方法研究更迫切的一个问题在于前提研究。本章从我国残疾儿童的入学率、接受融合教育的程度等维度,揭示残疾儿童在关怀他人的能力养成、道德人格的完善、实现人之为人的充分可能性等方面的境遇,考察残疾青少年在关心他人的道德学习方面是否存在需要破解的结构性阻滞因素。

　　大略而言,本章前三节可分别视为残疾儿童关心父母、关心同学、关心陌生人的前提研究。第一节所论的残疾儿童失学是其本人及其父母都不愿发生的情况,残疾儿童的父母往往为此多次奔走而未果,孩子看在眼中,往往对父母怀有一份难言的愧疚,却又无力改变现实。拉迪克指出,母性的旨趣在于"保证孩子存活、促进其发展、培养出能被外界接受或认可的孩子"②。在

---

① J.R.Martin, *The Schoolhome*: *Rethinking Schools for Changing Families*, Cambridge, MA: Harvard University Press, 1992, p.34, p.76.

② 〔美〕内尔·诺丁斯:《始于家庭:关怀与社会政策》,侯晶晶译,教育科学出版社2011年版,18页。

现代社会,接受学校教育对于实现以上完整的母性旨趣而言几乎是必由之路。如果残疾儿童的受教育权能够得到很好的保障,他们和父母一起努力实现以上三重旨趣的可能性会大大增加,换言之,残疾儿童帮助父母满足其重大需要,即是对父母的一种深层次的关心。接受良好的教育可以增强残疾儿童自立、自强、自我关心的能力。看到孩子在知识技能方面日日有收获、在书山小径中拾级而上,父母会感到欣慰。这亦可视为残疾孩子对父母的一种关心。不幸失学容易剥夺残疾儿童以上述方式关心父母的可能性。关于第二节,在学校的残疾儿童如果能接受名实相符的融合教育,会接触到不同的同学,有机会作为被关心者和关心者与同学们结成关心关系,学会关心不同的人。关于第三节,无论在何种学校里,有质量的信息教育有助于提升残疾儿童的网络素养,帮助他们实现信息无障碍,有更多的可能去远程关心陌生人以及其他各类他人。第三节还简略提及笔者关于残疾儿童与邻里交往的研究结果。第四节致思于稳健、优质的融合教育为何以及如何能够帮助残疾儿童更好地实现道德成长。

首先研究残疾儿童的失学问题,因为如果失学,这些残疾儿童无从建立关心型的师生关系,也无从与同学进行日常交往,而这些实践活动对于关心他人的动机形成、实践、形成习惯、提升关心他人的意识与能力来说都是相当重要的。笔者赞同杜威所说的"教育即生活",亦赞同杜威所持的广义道德教育观点。对于曾经接受或正在接受学校教育的残疾儿童,本章将以信息素养的养成为例揭示其学校教育质量的部分现状。之所以选择信息素养作为一个切入点,是因为如果不会使用计算机上网,将在一定程度上妨碍残疾儿童对他人进行远程关心。

第一节　部分失学残疾儿童关心他人
面临机会不平等

接受学校教育的权利是残疾人关乎生存、发展的基础权利。根据联合国《残疾人权利公约》第二十四条关于教育权利的内容,我国及其他各缔约国应当确保残疾人"不受歧视、机会均等"地享有受教育的权利。为此,各缔约国应当确保的首要措施即包括"残疾儿童不因残疾而被排拒于义务初等教育或中等教育之外"。《残疾人保障法》规定,"政府、社会、学校应当采取有效措施,解决残疾儿童、少年就学存在的实际困难,帮助其完成义务教育"。接受学校教育的过程亦是残疾儿童与教师、同学交往的过程,其中不乏接受道德影响的机会以及关心他人的机会。本研究显示,青少年关心同学远多于他们关心陌生人,尤其在工作日中青少年关心同学多于他们关心家人。青少年关心同学的主题包括学业上的帮助、借出急需的文具等,这些关心同学的方式亦在很多残疾青少年的能力范围内。使得这种潜能转化为现实道德行为与道德能力的前提是:这些残疾青少年必须有机会接受学校教育,有机会与教师、同学进行真实的交往。

我国越来越多的残疾儿童正在接受义务教育、中等教育、职业教育和高等教育。根据我国教育部提供的残疾人义务教育基本情况的数据,2013年我国义务教育和高中阶段残疾在校生数达 368103 人,其中女性残疾学生132523 人;残疾人教育各学段毕业生共为 50739 人、招生数共为 65977人。[1] 2015年的同类数据均比 2013 年有所上升。我国义务教育和高中阶段残疾在校生数达 442223 人,其中女性残疾学生 157262 人;残疾人教育各学段毕业生共为 52899 人、招生数共为 83314 人。[2] 残疾人教育招生数比毕业生数有较显著的增加,体现出全国范围内残疾青少年接受学校教育的比例有所提升。这些进展来之不易,不过也需看到我国残疾人受教育权利保障仍然存在不小的发展空间。2013 年全国 6—14 岁残疾儿童接受义务教育的比例为 72.7%[3],低于 2013 年全国小学学龄儿童 99.7%的净入学

① 教育部:《2013 年度全国特殊教育数据》,2014 年 12 月 1 日,见 http://www.moe.gov.cn/publicfiles/business/htmlfiles/moe/s8493/201412/181979.html。

② 教育部:《我国 2015 年度特殊教育基本情况》,2016 年 10 月 12 日,见 http://www.moe.edu.cn/s78/A03/moe_560/jytjsj_2015/2015_qg/201610/t20161012_284494.html。

③ 陈功、吕庆喆、陈新民:《2013 年度中国残疾人状况及小康进程分析》,《残疾人研究》2014 年第 2 期。

率①。"全国调查并已实名统一录入中国残疾人事业统计管理系统的 2013 年未入学适龄残疾儿童少年有 78174 名。"②由此可见,我国残疾儿童的受教育权在法定权利与实有权利之间仍存在一定的落差;我国残疾儿童的受教育权利保障与全国儿童总体受教育权利保障以及健全儿童的受教育权利保障之间仍存在一定的落差。进一步保障残疾儿童的受教育权利是深入落实教育公平的重要环节③。为了彻底追寻教育公平,充分体现教育应有的伦理精神,保障残疾儿童的受教育权利,最大化地促进残疾儿童的发展,有效构建融合社会,都必须重视防止残疾儿童失学。

残疾儿童失学是指其失去接受学校教育的机会,其中包括三个子类别——从未上学、小学或初中尚未毕业时辍学、小学或初中毕业未升学。失学的这一分类被运用于中国残联组织完成的 2013 年度全国残疾人状况监测问卷(儿童版),以上三种失学子类别在相关题项中表述为"1. 辍学;2. 从未上过学;3. 小学、初中毕业未升学"。

现有研究成果指出:残健教育机会尚有欠公平,其重要表现为残疾儿童在教育起点上和过程中的失学现象④;特殊教育法制建设滞后、基础特殊教育投入不足⑤;随班就读教育质量不佳,易导致残疾儿童辍学⑥;残疾与儿童失学概率呈正相关⑦;学校良好的陌生人伦理氛围则能够提升特殊需要教育质量,防止残疾儿童失学⑧。王治江等的研究针对残疾人教育歧视向社会公众回收有效问卷 400 份,其中包括华北、华中地区 200 名残疾大学生

---

① 邓晖:《2013 年我国义务教育学校较上年减少 1.55 万所》,《光明日报》2014 年 7 月 7 日。

② 参见中国残联办公厅、教育部办公厅《关于 2013 年全国未入学适龄残疾儿童少年情况通报》(残联厅〔2014〕39 号)。

③ 解韬:《近年来我国教育公平研究综述》,《现代大学教育》2009 年第 2 期。

④ 孟万金、刘在花、刘玉娟:《推进残疾儿童教育公平任重道远——四论残疾儿童教育公平》,《中国特殊教育》2007 年第 2 期。

⑤ 何侃:《残疾儿童教育现状与展望》,《残疾人研究》2012 年第 2 期。

⑥ 华国栋:《从混读到就读》,《现代特殊教育》1995 年第 1 期。

⑦ 杜鑫:《中国农村青少年失学的影响因素分析》,《中国农村经济》2008 年第 3 期。

⑧ 侯晶晶:《美国公立基础学校生活化的陌生人伦理教育研究》,《教育研究》2014 年第 12 期。

填写的有效问卷。75.5%被访者认为在招生入学方面存在对残疾人的歧视。[①] 马玲芳等学者调研发现广州农村残疾儿童入学困难问题，分析其主要原因在于："教育政策制定的粗疏与空泛，教育制度瓶颈的制约，入学程序设置的缺位"；马玲芳等还指出："如若无法接受正常的教育，会严重危害残疾儿童身心的健康成长，使他们从小就'戴着灰色眼镜'看世界，体会社会的不公平，对他们正常的社会化过程造成危害。"[②]显然，无法正常的社会化会有损其生成关心他人的意识与动机。

至今尚未见实证研究揭示哪些影响因素能够预测残疾儿童失学。对残疾儿童失学问题的实证研究有助于保障残疾儿童的受教育权利，包括其关心他人的道德学习权利，有助于为落实相关特殊教育的政策法规破解前提性的障碍，并可为教育等相关部门制定促进残疾人包括德育在内各方面教育的政策措施提供科学的参考依据。本节在指出失学对残疾青少年关心他人道德学习造成不利影响的基础上，对我国残疾儿童失学的现状、影响因素和对策进行研究。

一、研究对象与研究方法

本研究的对象为我国 6—17 岁残疾儿童。根据《儿童权利公约》的界定，"18 周岁以下人口均为儿童"。本研究的资料来源为中国残联组织实施的 2013 年度全国残疾人状况监测数据，这是目前获准公开使用的最新数据。2013 年度监测的主要内容包括残疾人的教育、生存、发展和环境等方面的状况。此次监测采用分层整群概率比例抽样方法，对我国大陆 31 个省、自治区、直辖市抽取 734 个县（市、区）中的 1464 个调查小区，有效监测样本为 37199 人。[③] 其中，18 岁以下残疾儿童 1477 人，占比 3.97%，与残疾

① 王治江、张源、尹朝存、王建伟、靖学闯：《残疾人教育歧视现状调查及对策研究》，见中国残疾人联合会主编：《中国残疾儿童现状与需求调查研究》，华夏出版社 2011 年版，第 183—222 页。

② 马玲芳、王建平：《无意识排斥下的农村残疾儿童入学困难分析》，见宋卓平、张兴杰主编：《广州市农村残疾人及残疾人事业调查研究》，华南理工大学出版社 2009 年版，第 216—231 页。

③ 陈功、吕庆喆、陈新民：《2013 年度中国残疾人状况及小康进程分析》，《残疾人研究》2014 年第 2 期。

儿童在全国残疾人总数中所占比例基本相当①;6—17 岁残疾儿童有效样本共 1351 个。剔除"领救济"项错填的 1 个样本,最终得到全国 1350 个 6—17 岁残疾儿童样本。

本研究用 SPSS 17.0 软件进行统计分析,首先通过列联表分析和独立性 χ^2 检验,验证残疾儿童失学在哪些因素上存在显著差异,然后将具有显著差异的自变量纳入回归分析模型,用二元 logistic 回归分析法来分析这些自变量对于残疾儿童失学的影响作用,得出残疾儿童失学的影响因素。由于该问卷不含残疾儿童道德发展方面的题目,无法就其失学、在学与道德发展水平进行相关研究。毋庸讳言,针对(残疾)儿童道德发展所做的量化研究的信度与效果在学界有时也存在不同的声音。

二、研究结果

(一) 我国残疾儿童的三类失学现状

全国 1350 个 6—17 岁残疾儿童样本中,在学 65.26%,失学 34.74%。6—17 岁残疾儿童失学比例高于 2013 年全国 6—14 岁残疾儿童接受义务教育的比例。本研究计算发现,我国失学残疾儿童在三种失学子类型上的分布具体如下:从未上学 59.70%;辍学 26.23%;毕业未升学 14.07%。监测的残疾儿童分为六类,其中肢体、智力、精神三类残疾儿童的失学比例分别为 38.6%、40.6%、48.7%,均高于残疾儿童的总体失学比例,肢体、智力、精神每一类残疾儿童的失学现状与其他五类均有显著差异,见表 4-1。由此可见,在我国各类残疾儿童内部,也存在着受教育权利保障的落差。这种残疾人内部的权利落差与前文所析的法定权利和实有权利之落差以及残健权利落差,成为残疾人受教育权利保障中的三重落差。另外值得注意的是,残疾儿童失学不仅具有残疾类别上的不平衡性,而且各类残疾儿童中从未上学者都占失学者的半数以上。

---

① 参见叶奇:《中国残疾儿童现状分析及对策研究》,华夏出版社 2008 年版,第 7 页。

表 4-1　我国残疾儿童的三类失学状况

	在学 $n(\%)$	失学总计 $n(\%)$	从未上学 $n(\%)$	辍学 $n(\%)$	毕业未升学 $n(\%)$	该类残疾 儿童人数
视力残疾	55(65.3)	35(34.7)	24(20.7)	9(9.1)	2(4.9)	90
听力残疾	84(64.6)	46(35.4)	34(26.2)	7(5.4)	5(3.8)	130
言语残疾	244(57.4)	181(42.6)	129(30.4)	37(8.7)	15(3.5)	425
肢体残疾	191(61.4)	120(38.6)	74(23.8)	26(8.4)	20(6.4)	311
智力残疾	460(59.4)	314(40.6)	209(27.0)	75(9.7)	30(3.9)	774
精神残疾	40(51.3)	38(48.7)	29(37.2)	7(9.0)	2(2.6)	78

注:数据来源为中国残联 2013 年度全国残疾人状况监测数据,下同。"n"为人数,括号内为 n 占该类残疾儿童的百分比。以上六类残疾儿童人数简单相加多于 1350 人,因为部分残疾儿童有多重残疾。

我国残疾儿童失学状况近年有所改善。根据中国 1987 年残疾人抽样调查资料,"7—12 岁残疾人包括视力残疾、听力言语残疾、智力残疾、肢体残疾、精神残疾和综合残疾,其失学率为 37.89%。"[1]2013 年,7—12 岁残疾儿童失学率为 22.69%,时隔 26 年失学率降低了 15.20 个百分点,但是较之我国特殊教育政策的要求以及发达国家的相关现状,尚有较大差距。张朝、方俊明从融合教育视角对中美教育的宏观比较研究表明,"我国特殊儿童受教育人数比(0.017%—0.021%)与美国(10.48%—12.25%)相去甚远[2]。"微观地看,美国经济文化处于中等偏上水平的北卡罗来纳州维克县公立学校系统中,2000—2001 学年 7—12 年级残疾学生的辍学率约为4.8%;残疾高中生的辍学率约为 7.4%。[3] 我国 7—12 年级的残疾学生大致 13—18 岁或略年长。本研究显示,我国 13—17 岁残疾儿童的失学率为 43.84%,其中辍学率为 15.32%,辍学率为美国北卡罗来纳州维克县

————————

① 张毅:《中国 7—12 岁儿童失学状况分析》,《社会学研究》1995 年第 4 期。

② 张朝、于宗富、方俊明:《中美特殊儿童融合教育实施状况的比较研究》,《比较教育研究》2013 年第 11 期。

③ K.J.Kaase, *Annual Progress Report on Students Who Drop Out* 2000 - 2001, p1, 2014 - 9-20,http://www.wcpss.net/evaluation-res.

同类比例的 3.19 倍。由此可见，我国残疾儿童的失学问题是保障残疾儿童受教育权利、促进其道德学习、推进教育公平过程中较突出的难点问题。

（二）残疾儿童失学的样本现状与卡方分析

残疾儿童失学在人口特征、社会保障、康复、社会支持与社区服务等因素方面存在显著差异。这些因素可初步视为残疾儿童失学的预测因素。其样本现状见表 4-2。

表 4-2　残疾儿童失学预测因素的样本现状

变量类型与名称	变量组别	n	%	在学（%）	失学（%）	x^2	df	p
因变量								
是否失学	在学	469	34.7					
	失学	881	65.3					
自变量								
人口特征								
年龄分组	6—8 岁	204	14.6	63.7	36.3	95.841***	3	.000
	9—11 岁	349	31.4	79.1	20.9			
	12—14 岁	403	33.1	72.0	28.0			
	15—17 岁	394	20.8	47.0	53.0			
肢体残疾	非肢体类残疾	1039	77.0	66.4	33.6	2.634a	1	.105
	肢体类残疾	311	23.0	61.4	38.6			
智力残疾	非智力类残疾	576	42.7	73.1	26.9	27.175***	1	.000
	智力类残疾	774	57.3	59.4	40.6			
精神残疾	非精神类残疾	1272	94.2	66.1	33.9	7.133**	1	.008
	精神类残疾	78	5.8	51.3	48.7			
民族	汉族	1099	81.4	67.8	32.2	16.684***	1	.000
	少数民族	251	18.6	54.2	45.8			

续表

变量类型与名称	变量组别	n	%	在学(%)	失学(%)	x^2	df	p
监护人关系	父母	1041	77.1	67.7	32.3	13.422*	5	.020
	父亲	126	9.3	59.5	40.5			
	母亲	60	4.4	55.0	45.0			
	(外)祖父母	97	7.2	55.7	44.3			
	其他亲属	15	1.1	60.0	40.0			
	非亲属	11	0.8	45.5	54.5			
社会保障								
领低保	领低保	311	23.0	51.1	48.9	35.606***	1	.000
	不领低保	1039	77.0	69.5	30.5			
16—17岁参加农村社会养老保险	其他年龄跳过	1134	84.0	70.0	30.0	5.132***	2	.000
	已参加	61	4.5	29.5	70.5			
	未参加	155	11.5	44.5	55.5			
医疗保险	已参加	932	69.0	77.0	23.0	184.220***	1	.000
	未参加	418	31.0	39.0	61.0			
康复								
用何听力辅具	其他跳过	1306	96.7	64.5	35.5	12.929**	2	.002
	助听器	41	3.0	90.2	9.8			
	人工耳蜗	3	0.2	33.3	66.7			
听力辅具效果	其他跳过	1306	96.7	64.5	35.5	9.863**	3	.020
	效果好	8	0.6	100.0	0.0			
	较好	21	1.6	81.0	19.0			
	一般	15	1.1	86.7	13.3			

续表

变量类型与名称	变量组别	n	%	在学(%)	失学(%)	x^2	df	p
言语残疾未用会话交流的原因	非言语残疾跳过	1273	94.3	67.5	32.5	58.395 ***	4	.000
	不知道言语康复渠道	12	0.9	16.7	83.3			
	自感不需要言语康复	23	1.7	52.2	47.8			
	需要但经济无力承受	9	0.7	0.0	100.0			
	其他原因	33	2.4	24.2	75.8			
接受言语康复训练	其他跳过	925	68.5	68.9	31.1	30.395 ***	2	.000
	接受过	123	9.1	70.7	29.3			
	未接受	302	22.4	52.0	48.0			
社会支持								
是否受过慰问	受过慰问	568	42.1	62.0	38.0	4.674 *	1	.031
	未受过慰问	782	57.9	67.6	32.4			
社区服务								
社区文化生活	经常参加	99	7.3	86.9	13.1	78.499 ***	2	.000
	很少参加	467	34.6	76.7	23.3			
	从不参加	784	58.1	55.7	44.3			
领二代残疾证	已领	815	60.4	60.6	39.4	19.578 ***	1	.000
	未领	535	39.6	72.3	27.7			

注: *** $p \leqslant 0.001$; ** $p \leqslant 0.01$; * $p \leqslant 0.05$; [a] $p \leqslant 0.1$;下同。

（三）残疾儿童失学的影响因素

回归分析显示,残疾儿童的人口特征、社会保障、康复、社会支持及社区服务等维度的因素对残疾儿童的失学现象具有显著影响。将以上四个维度的指标作为预测变量,以残疾儿童失学与否作为因变量,建立二元 logistic 回归模型,研究这些变量的影响程度。二元 logistic 回归模型的 Hosmer-Lemeshow 反映了方程总体的拟合程度,显著性水平取 0.05、自由度为 8 的卡方临界值为 15.507,Hosmer-Lemeshow 的卡方值均检验通过,Sig.值大于 0.05,通过检验,这说明拟合程度良好。Nagelkerke R^2 值的大小表示模型的解释能力与拟合优度,该模型的 NR^2 值为 0.443,表明模型的解释力较理想。该模型对我国残疾儿童失学的预测准确率达 79.00%。下面结合 OR 值具体分析预测因素的影响作用。OR 值全称为 Odds Ratio,系某事件和其参照组的发生风险比之间的比值,表示自变量每增加一个单位带来的发生风险比的比例变化。OR 值在回归结果表中显示为 $Exp(B)$ 的值。

人口特征因素　如表 4-3 所示,回归结果表明:残疾儿童的年龄、残疾类别、民族、监护人关系身份对残疾儿童失学具有极其显著影响。以 15—17 岁残疾儿童为参照组,低龄残疾儿童失学可能性较低,9—11 岁组的失学可能性最低,其次是 12—14 岁组和 6—8 岁组。同时,肢体、智力、精神类别儿童分别比其他类别儿童面临更大的失学可能性。值得注意的是,单纯的肢体残疾儿童在残疾儿童中属于自身学习障碍最小的群体,但是其失学可能性反而显著地高于非肢体类残疾儿童。另外,少数民族残疾儿童的失学可能性为汉族残疾儿童的 1.534 倍。监护人身份对于残疾儿童失学与否亦有显著影响。以"监护人为非亲属"作为参照,监护人为父母双方的残疾儿童失学可能性较小,其他四类监护人关系组别的残疾儿童失学可能性也较小。

表 4-3　残疾儿童失学的二元 logistic 回归结果①

因素		*B*	S.E.	Wald	df	Sig.	Exp(B)
人口特征	年龄分组（15—17岁为参照组）			41.069	3	.000	
	6—8 岁	−0.698**	.256	7.412	1	.006	0.498
	9—11 岁	−1.524***	.247	38.165	1	.000	0.218
	12—14 岁	−1.054***	.231	20.811	1	.000	0.349
	肢体残疾	0.378*	.188	4.064	1	.044	1.460
	智力残疾	1.007***	.169	35.451	1	.000	2.736
	精神残疾	0.614*	.305	4.038	1	.044	1.847
	民族	0.428*	.185	5.372	1	.020	1.534
	监护人（非亲属为参照组）			18.492	5	.002	
	父母	−2.071**	.695	8.881	1	.003	0.126
	父亲	−1.724*	.728	5.614	1	.018	0.178
	母亲	−1.559*	.773	4.069	1	.044	0.210
	（外）祖父母	−1.322a	.734	3.248	1	.072	0.267
	其他亲属	−2.525**	.944	7.154	1	.007	0.080
社会保障	是否领低保	−0.482**	.171	7.953	1	.005	0.618
	医疗保险	1.720***	.154	124.783	1	.000	5.585
	农村社保（未参加为参照组）	17.362	2			.000	
	跳过不填	−0.496a	.265	3.495	1	.062	0.609
	已参加农村社保	1.061**	.379	7.816	1	.005	2.889
康复	用何听力辅具（助听器为参照组）	4.378	2			.112	
	跳过不填	0.668	.936	.510	1	.475	1.950
	人工耳蜗	2.901*	1.398	4.304	1	.038	18.188
	听力辅具效果（一般为参照组）	.003	2			.998	

———————

① 本表双组别因素的参照系均为表 4-2 所列该因素的第一组别。

因素		B	S.E.	Wald	df	Sig.	Exp（B）
康复	效果好	−19.113	13393.729	.000	1	.999	0.000
	较好	−0.068	1.158	.003	1	.953	0.935
	未用会话交流的原因（其他原因为参照）	10.128	4	.038			
	非言语残疾跳过	−0.863ᵃ	.529	2.658	1	.103	0.422
	不知道言语康复渠道	1.194	.984	1.473	1	.225	3.301
	自感不需要言语康复	−1.582*	.773	4.183	1	.041	0.206
	需要但经济上无力承担	20.12	12199.013	.000	1	.999	547098820.5
	接受言语康复训练（未接受为参照组）	15.295	2	.000			
	跳过不填	−0.756***	.193	15.290	1	.000	0.470
	接受过	−0.512ᵃ	.304	2.832	1	.092	0.599
社区服务	**有无受到慰问**	−0.600***	.154	15.266	1	.000	0.549
	社区文化生活（从不参加为参照组）	49.293	2	.000			
	经常参加	−1.569***	.371	17.852	1	.000	0.208
	很少参加	−1.040***	.164	40.243	1	.000	0.353
	领取第二代残疾证	−0.443**	.159	7.789	1	.005	0.642
	常数	2.417	1.364	3.140	1	.076	0.089
	−2 对数概似值	1220.029					
	Hosmer – Lemeshow 检验 x^2	6.631					
	df	8					
	显著性	0.577					
	Nagelkerke R^2	0.443					
	预测准确率	79.00%					

注：$N=1350$。二元 logistic 回归的自设内部值：在学 = 0；失学 = 1。

社会保障因素 在社会保障因素中,不领低保①的残疾儿童失学可能性小于领低保儿童。未参加任何医疗保险的残疾儿童失学可能性是已参加医疗保险残疾儿童的 5.585 倍,达极其显著水平。残疾儿童参加的医疗保险一般不同程度地涵盖特殊康复报销项目,有助于残疾儿童的身心康复和受教育状况。值得注意的是,已参加新型农村社会养老保险(简称农村社保)的 16—17 岁农村残疾儿童的失学可能性反而是未参保者的 2.889 倍。列联数据分析显示,未参加农村社保的农村残疾儿童有 60.0% 已参加医疗保险,这折射出农村社保对于防止失学的作用不及医疗保险。应该逐步实现残疾儿童的医疗保险全覆盖,并提升农村社保的特殊康复报销覆盖面及比例,加强其对于残疾儿童康复及受教育权利应有的保障作用。

康复因素 在康复因素中,使用何种听力辅具、未用会话交流的原因以及是否接受过言语康复训练,分别对于听力及言语类残疾儿童是否失学产生显著影响。具体而言,关于听力辅具,使用人工耳蜗者的失学风险远高于使用助听器的残疾儿童。这很可能是因为:人工耳蜗是补偿重度和极重度听力损失的辅具,这折射出失学可能性与听力障碍儿童的残疾程度相关。言语残疾儿童中,接受过有效康复训练者的失学可能性较低。

社会支持与社区服务因素 经常参加、偶尔参加社区文化生活的残疾儿童的失学可能性都显著低于从不参加者,可见参与社区文化生活对于残疾儿童知晓并维护自身的受教育权利有所帮助。不曾作为慰问对象的残疾儿童失学可能性较小,这很可能因为他们在家庭经济状况和残疾程度方面困难较小。这意味着,前去慰问困难重残儿童的社会人士应该关注其受教育状况,帮助其避免失学可能性,使社会支持发挥更大的实效。另外值得注意的是,未领取第二代残疾证的残疾儿童的失学可能性低于已领取此证者。这和他们的残疾程度以及康复可能性相关,折射出重度残疾儿童需要得到更多的社会支持,才能切实保障受教育权利。

---

① 领低保的对应监测问卷题项为"孩子是否领取最低生活保障金?"低保金为"家庭人均收入低于当地最低生活保障标准的差额"。

三、基于结论的对策思考

本研究首次基于 2013 年我国残疾儿童状况监测数据计算分析出其三类失学的现状和失学的影响因素,结果表明:6—17 岁残疾儿童的失学比例为 34.74%;失学者中 59.70% 从未上学,26.23% 辍学,14.07% 毕业后未升学。本研究计算出:较之中途失学、毕业失学,从未上学是我国残疾儿童失学的主要类型。残疾儿童高比例的失学会拉低残疾人群体以至全国人口素质,导致较高的文盲率和总体上未经充分发展的道德自我,降低所涉个体及家庭的发展空间、人生价值、幸福感,双向制约社会的文明进步。"教育使残疾人成为社会的资源"[①],应当更加重视防止和干预残疾儿童失学问题。

二元 logistic 回归分析表明:(1)在年龄、残疾类别、民族、监护人身份等人口特征因素维度上,15—17 岁组别,肢体、智力、精神类别以及少数民族残疾儿童的失学可能性相对较高,由父母双亲监护的残疾儿童失学可能性较低;(2)不领低保、参加医疗保险的残疾儿童失学可能性较低;(3)使用重度听力损失代偿辅具的残疾儿童失学可能性高,未接受过康复训练的言语类残疾儿童失学可能性较高;(4)一年内曾作为慰问对象、从不参加社区文化生活、已领取第二代残疾证的残疾儿童失学可能性较高。

毋庸讳言,残疾儿童失学问题背后存在一些宏观原因,例如多头管理、责任不清,经济发展与社会文明程度的制约,缺乏一部顶层设计严密、约束力强的《残疾人教育法》。不过,针对实证研究揭示的具体原因,综合考虑相关因素,有望对残疾儿童的失学风险进行科学有效的预测与干预。扎实地积累中观和微观层面的进步,亦可为宏观状况的改善准备条件、提供动力。基于本节的研究结论,主要的对策建议如下。

(一)重点干预低龄与高龄组残疾儿童的失学问题

在年龄维度,残疾儿童的失学风险具有两端大、中间小的特点。因此,需要更加重视 6—8 岁组别低龄残疾儿童的早期康复和及时开始义务教育。

---

① 侯晶晶:《教育使残疾人成为社会的资源》,《中国教育报》2007 年 10 月 17 日。

针对残疾儿童入学晚的问题，建议加快开展"随园就学"，做好融合式幼小衔接；注重残疾幼儿的早发现、早治疗、早康复，对于错过"三早"的残疾幼儿，建议吸纳上海早期融合教育的实验成果[①]，尽可能将线性时序的先康复后入学模式转变为康教同步、医教同步模式。对于15—17岁的残疾儿童，应该尽量扩大初中及高中的教育资源，使其能够受到较完备的教育，为就业做较充分的准备。瓦格纳（Wagner）基于对美国20岁以下残疾辍学者的调研统计资料研究发现，被调研者仅有55%得以全职或非全职地就业，其中男性仅有31%获得了全职工作机会，女性仅有14%获得了全职工作机会，[②]这从一个侧面印证了15—17岁残疾儿童接受教育、避免失学的重要性。教育和就业是残疾人从封闭的个人空间走向（准）公共领域和丰富道德生活的最重要桥梁。

（二）建构无障碍校园以减少肢体残疾儿童失学

本研究的结论印证了此前的研究结果，"不同残疾类型的残疾儿童之间存在受教育机会不均衡的现象"[③]。此外，本研究结论揭示或暗示了各类残疾儿童失学的主要原因不尽相同。我国肢体残疾儿童失学风险较高，主要的制约因素是就近随班就读的入学渠道不畅以及学校无障碍设施不完善。肢体残疾儿童没有特殊教育学校托底，几乎完全依靠随班就读实现受教育权。应根据《残疾人保障法》的相关要求，借助城乡住建部门、教育主管部门和残联的联席工作，推动并督促校园无障碍改造。2014年颁布的《北京市中小学融合教育行动计划》关于校园无障碍改造的措施可资借鉴。在无障碍设施齐备的社会环境中，肢体残疾儿童将不再属高失学风险残疾类别。扎布洛基（Zablocki）等学者对5018个美国青少年样本的回归分析表明，情绪与行为障碍的学生辍学风险较高；学科排斥、留级、（中）下等学习

---

① 参见周念丽、方俊明：《医教结合背景下早期融合教育的实证研究》，《上海教育科研》2012年第7期。

② M.Wagner, "Youth with Disabilities Leaving Secondary School", *Journal for Vocational Special Needs Education*, Vol.27, No.2(Dec.2005), pp.24-29.

③ 孟万金、刘在花、刘玉娟：《推进残疾儿童教育公平任重道远——四论残疾儿童教育公平》，《中国特殊教育》2007年第2期。

成绩与残疾儿童的高辍学风险相关。①

　　紧扣主因降低各类残疾儿童失学比例,这一建议也适用于其他类型的残疾儿童。我国听力残疾儿童总体失学风险相对较低,但是重度听力残疾儿童失学风险较高。为此,应进一步重视听力辅具的研发工作和适配指导工作,提高人工耳蜗对重度听力残疾儿童的听力损失补偿功能,提升其康复实效性。鉴于言语康复训练的效果普遍较好,应使有言语康复训练需要的残疾儿童尽可能获得康复训练机会,减少其失学风险,方便其与手语人士、口语人士的交流和融合。另外,对于视力、智力与精神残疾儿童,应当利用国内外相关研究成果提高康复效果。同时,还应借鉴最新成果,通过明确责任主体、多部门社会化系统预防、残疾综合预防与重点预防相结合以及全人群终生预防②,来建立设计合理、行动高效的职业化、专业化、社会化的残疾预防组织体系③,做好残疾预防工作。

　　(三)赋能家庭以充分发挥教育作用

　　鉴于受"非亲属"监护的残疾儿童失学可能性较高,教育、残联等部门应加强对此类监护人进行关于残疾儿童受教育权利的法律宣传教育工作。不止于此,各类"特殊需要儿童家庭在专业人士的支持和救助下提供发展性的专业化服务,在家庭对特殊儿童提供个别化教育教学、发展性功能训练等专业的辅导和帮助",应该成为构建"具有特殊需要的家庭专业支持服务体系"的一项重要内容。④ 残疾儿童普遍急需的积极心理健康教育是一个重要维度⑤。因特殊原因而无法避免(暂时)失学的残疾儿童,同样有可能通过特殊教育社区化⑥、送教上门、家校合作等而被纳入"以服务为导向的

---

　　①　M.Zablocki,M.P.Krezmien,"Drop-Out Predictors Among Students with High-Incidence Disabilities",*Journal of Disability Policy Studies*,Vol.24,No.1(Jun.2013),pp.53-64.

　　②　郑晓瑛、崔斌、陈功、李宁、宋新明、陈新民、程凯:《对我国残疾预防策略的再思考》,《残疾人研究》2013年第1期。

　　③　葛忠明、李锦绣:《不同视角下的残疾预防及其组织体系建设》,《残疾人研究》2011年第3期。

　　④　杨广学、陈莲俊:《推进家庭专业服务支持系统的建设》,《社会福利》2009年第6期。

　　⑤　孟万金:《积极心理健康教育:奠基幸福有成人生》,《中国特殊教育》2010年第11期。

　　⑥　许家成:《社区化:中国特殊教育改革的突破口》,《现代特殊教育》2012年第1期。

特殊教育模式"中,因为"这种模式的着眼点是对具有特殊需要的儿童提供广义的特殊教育以及相关服务,其根本任务是集中力量培育服务资源,建立健全综合性的服务传递体制"①。家庭中蕴藏着特殊教育的巨大潜能,然而此潜能处于尚未充分开发、缺乏专业机构指导的状态。充分发挥家庭的教育关怀作用,在一定程度上可以决定残疾儿童的失学是暂时性的、间断性的还是永久性的。

(四) 进一步发挥社区服务与社会支持的助学作用

应当增加对残疾儿童的社区文化生活资源供给,为其提供无障碍服务,帮助其充分参与社区文化生活;在社区文化生活中普及相关法律知识,加强残疾儿童及其监护人的法律主体意识与维权能力,这有助于减少残疾儿童的失学率。针对已领取第二代残疾证的残疾儿童失学风险较高的问题,有关部门可以在办证过程中通过滚动播放法律宣传片、法律救济部门联席办公、现场答疑等方式,更有效地开展残疾儿童教育权利的告知与救济工作。有关部门还可利用第二代残疾证中登记的残疾儿童监护人的电话、地址信息,及时跟进残疾儿童的受教育现状,帮助防范残疾儿童的失学风险。

(五) 撬动经济杠杆减少贫困家庭与少数民族地区残疾儿童失学

领低保残疾儿童的失学风险较高,这印证了此前研究关于贫困导致残健儿童失学的结论。"从 23 个贫困县的失学原因来看,贫困是造成儿童失学的最主要原因,占总失学人数的 77.73%。"②鉴于此,应该充分估计"两免一补"之外交通费用等对领低保家庭带来的经济压力以及由此增高的残疾儿童失学风险,应该为领低保残疾儿童提供定向的教育补助,尽量避免家庭贫困造成的实质性的教育机会不平等现象。少数民族残疾儿童的失学风险较高,部分是由于一些少数民族地区的特殊教育起步较晚,经济基础较薄弱,未能如《国家中长期教育改革和发展规划纲要(2010—2020 年)》第十章《特殊

---

① 杨广学:《服务导向的广义特殊教育模式》,《中国特殊教育》2008 年第 1 期。
② 张毅:《中国 7—12 岁儿童失学状况分析》,《社会学研究》1995 年第 4 期。

教育》第二十九条要求的那样"每 30 万人口建有一所特殊学校"①。以武陵山民族地区为例,"恩施州残疾人口为 31.9 万人,全州只有恩施、建始、利川、宣恩 4 所特教学校;而上海市残疾人口为 94.2 万人,共有特殊教育机构 66 家"②。针对这些现象,一方面,应通过更加充分地发挥中央和地方两级财政的积极性,依法建设必要的特殊学校;另一方面,要发挥好特殊学校的资源中心作用,通过普校与特校之间硬件、师资资源共享,双轨互通、侧重融合地防止残疾儿童失学。

综上,本节首次计算出我国 6—17 岁残疾儿童的失学率以及三种失学类型的具体分布,揭示出"从未上学"是我国残疾儿童失学的主要类型;首次用实证研究明确了四类因素对于残疾儿童失学的影响作用,有助于为有效防止、干预残疾儿童失学提供可靠依据。此外,在学残疾儿童接受融合教育的现状是其包含道德教育与学习权利在内的教育权利保障的另一关键问题,也是下一节研究的主题。

第二节　融合度影响在学残疾儿童对广谱他人进行关心实践

促进残健融合是我国目前残疾儿童教育的主要价值取向与政策导向,它具有丰富、科学的道德教育意蕴。融合教育是保障残疾儿童学会与健全儿童、健全成年人交往的不可替代的途径,对于残疾儿童的平等社会身份认同、作为平等的关心者的身份建构具有重要价值。隔离式的学校教育容易加深残健之间"我们"与"他们"的社会身份鸿沟,参与造成并加深彼此的隔膜与冷漠,使得一些残疾儿童形成"二等公民"心态,无意中以仰视视角

---

① 《国家中长期教育改革和发展规划纲要(2010—2020 年)》,2010 年 8 月 30 日,见 http://www.moe.edu.cn/publicfiles/business/htmlfiles/moe/moe_838/201008/93704.html。

② 刘荣:《武陵山民族地区特殊教育事业发展的问题及对策研究》,《教育研究与实验》2014 年第 3 期。

将健全人置于潜在关心对象之外,这不利于残疾儿童关心他人能力的充分发展。

广义而言,把特殊需要儿童部分或全部学习时间安置于普通教室的教育都可视作融合教育。融合教育是当代国际上特殊教育的主流,也是国内外残疾儿童受教育权利保障的一种主要形式。就其理想型而言,在融合教育环境中,残疾儿童被残健同伴以及环境中的其他人所接受,残疾儿童受到尊重、具有归属感,其特殊需要得到满足。① 融合教育在我国目前主要采取随班就读的方式。"随班就读作为解决我国残疾儿童教育问题的一个切实可行的具体实施办法,尚且处于起步阶段,还比较简单、粗糙。"不过,随班就读就本质而言属于融合教育范畴。②

"中国现在的特殊教育形式已经由单纯的以特教学校培养向随班就读为主体多种办学形式发展。1996—2008 年,普通学校随班就读学生占总在校残疾学生七成以上。"③为了更好地保障我国残疾儿童的受教育权利,有必要进一步发展融合教育。2013 年全国 6—14 岁残疾儿童接受义务教育的比例为 72.7%④,远低于 2013 年全国小学学龄儿童 99.7%的净入学率⑤。教育部、中国残联等共同发布的《特殊教育提升计划(2014—2016 年)》明确要求:"到 2016 年,全国基本普及残疾儿童少年义务教育,视力、听力、智力残疾儿童少年义务教育入学率达到 90%以上。"其首要方略便是"扩大普通学校随班就读规模,尽可能在普通学校安排残疾学生随班就读"。《国家中长期教育改革和发展规划纲要(2010—2020 年)》在第十章《特殊教育》中也提出:"培养残疾学生积极面对人生、全面融入社会的意识和自尊、自

① E.K.Allen,G.E.Cowdery,*The Exceptional Child:Inclusion in Early Childhood Education*(8 ed.),Boston MA:Cengage Learning,2014,p.5.

② 邓猛、朱志勇:《随班就读与融合教育——中西方特殊教育模式的比较》,《华中师范大学学报(人文社会科学版)》2007 年第 4 期。

③ 陈云凡:《中国特殊教育发展报告》,见郑功成、杨立雄主编:《中国残疾人事业发展报告》,人民出版社 2011 年版,第 71 页。

④ 陈功、吕庆喆、陈新民:《2013 年度中国残疾人状况及小康进程分析》,《残疾人研究》2014 年第 2 期。

⑤ 邓晖:《2013 年我国义务教育学校较上年减少 1.55 万所》,《光明日报》2014 年 7 月 7 日。

信、自立、自强精神……鼓励和支持各级各类学校接受残疾人入学,不断扩大随班就读和普通学校特教班规模。""全面融入社会的意识和自尊、自信、自立、自强精神"对于关心他人而言都具有前提性意义。

2013 年,我国在校残疾学生的随班就读(融合教育)占比为 51.8%①;与美国在校残疾学生 96.2%的融合教育比例②之间尚有相当的距离。"融合教育的核心是保障有质量的教育公平"③。尽可能保障残疾儿童在德、智、体、美、劳等方面享有与健全儿童平等的发展权,彻底地追寻教育公平、实现教育应有的伦理精神、实施完整的公民教育,有效地构建融合社会,都必须重视残疾儿童的融合教育。

关于融合教育,此前的研究成果较多地从趋势演进、普校特校协作、教育关怀、师资培养、同伴合作、社会支持、国际比较等视角进行过程性的诊断与分析。④ 如何"将那些还没有进入学校的特殊儿童招收进来",以达到残疾人教育的"量标"⑤,此类前提性的研究目前尚且相当稀缺,至今尚未见实

---

① 参见《2013 年中国残疾人事业发展统计公报》)(残联发〔2014〕29 号),2014 年 7 月 20 日,见 http://www.gov.cn/xinwen/2014-03/31/content_2650048.htm。

② 张朝、于宗富、方俊明:《中美特殊儿童融合教育实施状况的比较研究》,《比较教育研究》2013 年第 11 期。

③ 周满生:《关于"融合教育"的几点思考》,《教育研究》2014 年第 2 期。

④ 可参见雷江华:《全纳教育之论争》,《教育研究与实验》2004 年第 4 期;邓猛:《普通小学随班就读教师对全纳教育态度的城乡比较研究》,《教育研究与实验》2004 年第 1 期;彭兴蓬:《融合教育的价值追求及社会支持系统的建立》,《教育研究与实验》2014 年第 3 期;侯晶晶:《教育关怀:优质全纳教育的内核》,《华中师范大学学报(人文社会科学版)》2007 年第 4 期;石晓辉:《融合教育中的同伴作用策略》,《中国特殊教育》2007 年第 8 期;朱楠、王雁《融合教育背景下特殊教育学校职能的转变》,《中国特殊教育》2011 年第 12 期;梁斌言:《智力残疾儿童随班就读的理论与实践》,天津教育出版社 2010 年版,第 11 页;J.Seale, M.Nind, S. Parsons, "Inclusive Research in Education:Contributions to Method and Debate", *International Journal of Research and Method in Education*, Vol.37, No.4,(Apr.2014), pp.347-356;J.Kraska, C. Boyle, "Attitudes of Preschool and Primary School Pre-service Teachers towards Inclusive Education", *Asia-Pacific Journal of Teacher Education*, Vol.42, No.3,(March 2014), pp.228-246; M.Mackey, "Inclusive Education in the United States:Middle School General Education Teachers' Approaches to Inclusion", *International Journal of Instruction*, Vol.7, No.2(Apr.2014), pp.5-20。

⑤ 邓猛、潘剑芳:《关于全纳教育思想的几点理论回顾及其对我们的启示》,《中国特殊教育》2003 年第 4 期;雷江华:《我国特殊教育质量标准的历史回顾与剖析》,《中国特殊教育》2002 年第 4 期。

证研究揭示哪些因素影响残疾儿童接受融合教育。如果不着力解决"扩大普通学校随班就读规模"的这一前提问题,前述过程研究的成果便无法惠及更多残疾儿童,更无法促进其道德成长。鉴于此,本节对我国残疾儿童融合教育就学现状及影响因素进行实证研究。

一、研究对象与研究方法

本研究的对象为我国小学、初中、高中教育阶段在学的6—17岁残疾儿童。中国残联组织实施的2013年度全国残疾人状况监测数据的6—17岁残疾儿童有效样本中,剔除学校类型中"残疾人中等职业技术学校""普通学校特教班"少量样本和"领救济"项错填的1个样本,最终得到小学、初中及高中教育阶段全国875个在学的6—17岁残疾儿童样本。

本研究用SPSS 17.0软件作为分析工具,首先通过列联表分析和独立性 x^2 检验,验证残疾儿童随班就读在哪些因素上存在显著差异,然后将具有显著差异的自变量纳入回归分析模型,用多元logistic回归分析法来分析这些自变量对于残疾儿童随班就读的影响作用,得出我国残疾儿童接受融合教育的影响因素。

二、研究结果

(一)残疾儿童接受融合教育的现状

我国875个在学的6—17岁残疾儿童样本中,在普通小学、普通初中、普通高中、普通中职接受融合教育的比例分别为59.8%、24.9%、4.1%和2.3%,另外8.9%的残疾儿童就读于特殊教育学校。我国残疾儿童接受融合教育的比例随学段升高而逐级锐减。笔者注意到有一组数据可资参照,计算如下:教育部网站公布的2015年度我国残疾人就读小学人数与就读初中人数分别为319346人、111068人[①],两者之比为2.88 : 1,残疾青少年接受初中这一基础教育学段的人数已出现锐减态势。残疾人就读小学人数与就读高中人数

---

① 教育部:《2015年度我国特殊教育基本情况》,2016年10月12日,见 http://www.moe.edu.cn/s78/A03/moe_560/jytjsj_2015/2015_qg/201610/t20161012_284494.html。

分别为 319346 人、10067 人,两者之比进一步扩大至 31.72 ∶ 1。

（二）我国残疾儿童融合教育状况的样本现状与卡方分析

残疾儿童融合教育状况存在显著差异的自变量维度,见表 4-4 和表 4-5。性别和地区维度的差异虽未达显著水平,但是它们对于探讨随班融合教育的性别平等、地区平衡问题具有不可替代的意义,故而保留在表中。

表 4-4　残疾儿童随班就读因变量及自变量的赋值、解释与样本现状

变量类型	变量名称	变量赋值与解释	*n*	*%*
因变量				
	就读学校类型	普通小学=1	523	59.8
		普通初中=2	218	24.9
		特殊教育学校=3	78	8.9
		普通高中=4	36	4.1
		普通中职=5	20	2.3
自变量				
人口特征	性别	男=1	543	62.1
		女=2	332	37.9
	年龄分组	6—8 岁=1	128	14.6
		9—11 岁=2	275	31.4
		12—14 岁=3	290	33.1
		15—17 岁=4	182	20.8
	民族	汉族=1	740	84.6
		少数民族=2	135	15.4
家庭与地区	家庭文教年支出	0—200 元=1	166	19.0
		201—400 元=2	143	16.3
		401—672 元=3	129	14.7
		673—1200 元=4	169	19.3
		1201—2400 元=5	126	14.4
		2400 元以上=6	142	16.2

变量类型	变量名称	变量赋值与解释	*n*	%
家庭与地区	监护人受教育程度	未上学=1	52	5.9
		小学=8(由2手动改为8,以作参照组)	366	41.8
		初中=3	372	42.5
		高中=4	47	5.4
		中专=5	13	1.5
		专科=6	16	1.8
		本科以上=7	9	1.0
	地区	东部(北京、天津、河北、辽宁、上海、江苏、浙江、福建、山东、广东、海南)=1	295	33.7
		西部(四川、贵州、云南、西藏、陕西、甘肃、青海、宁夏、新疆、广西、重庆)=2	350	40.0
		中部(山西、内蒙古、吉林、黑龙江、安徽、江西、河南、湖北、湖南)=3	230	26.3
信息技能	会使用家庭电脑上网	家中无电脑=-1	760	86.9
		残疾儿童会用家庭电脑上网=1	59	6.7
		残疾儿童不会用家庭电脑上网=2	56	6.4
社会保障	领低保	是=1	158	18.1
		否=2	717	81.9
	领救济	是=1	217	24.8
		否=2	658	75.2
	"新农合"(农村儿童填写)	非农业户口=-1	137	15.7
		是=1	701	80.1
		否=2	37	4.2
康复	接受听力康复	其他类型残疾跳过不填=-1	792	90.5
		接受过=1	32	3.7
		未接受=2	51	5.8
	使用肢体辅具	其他类型残疾跳过不填=-1	686	78.4
		使用过=1	18	2.1
		未使用过=2	171	19.5

续表

变量类型	变量名称	变量赋值与解释	n	%
康复	接受智力康复	其他类型残疾跳过不填＝-1	418	47.8
		接受过＝1	172	19.7
		未接受＝2	285	32.6
社区服务	法律知识	接受过＝1	365	41.7
		未接受＝2	510	58.3
	领取第二代残疾证	已领取＝1	490	56.0
		未领取＝2	385	44.0

表 4-5　残疾儿童接受融合教育的分布现状与卡方分析

因素	自变量	普通小学(%)	普通初中(%)	普通高中(%)	普通中职(%)	特教学校(%)	x^2	df	p
人口特征	年龄分组								
	6—8 岁	91.4	0.8	0.0	0.0	7.8	553.337***	12	0.000
	9—11 岁	92.4	1.1	0.0	0.0	6.5			
	12—14 岁	48.6	39.7	0.3	0.0	11.4			
	15—17 岁	6.0	54.4	19.2	11.0	9.3			
	性别								
	男性	59.3	24.5	4.8	2.4	9.0	1.828	4	0.767
	女性	60.5	25.6	3.0	2.1	8.7			
	民族								
	汉族	59.3	25.1	3.5	2.3	9.7	8.042ª	4	0.090
	少数民族	62.2	23.7	7.4	2.2	4.4			
家庭与地区	家庭文教年支出								
	0—200 元	69.9	20.5	1.2	0.6	7.8	106.507***	20	0.000
	201—400 元	72.7	16.1	0.0	0.7	10.5			
	401—672 元	67.4	24.0	0.8	2.3	5.4			
	673—1200 元	59.2	30.8	3.6	0.6	5.9			

续表

因素	自变量	普通小学(%)	普通初中(%)	普通高中(%)	普通中职(%)	特教学校(%)	x^2	df	p
家庭与地区	1201—2400元	48.4	32.5	7.9	2.4	8.7			
	2401元以上	38.7	26.1	12.0	7.7	15.5			
	监护人受教育程度								
	未上学	57.7	21.2	3.8	1.9	15.4	52.058**	24	0.001
	小学	67.2	21.3	2.5	1.6	7.4			
	初中	55.1	30.6	5.1	2.4	6.7			
	高中	48.9	23.4	6.4	4.3	17.0			
	中专	46.2	7.7	7.7	7.7	30.8			
	专科	50.0	18.8	6.3	0.0	25.0			
	本科或以上	55.6	0.0	11.1	11.1	22.2			
	残疾儿童所在地区								
	东部	62.4	22.4	2.4	3.1	9.8	8.161	8	0.418
	西部	57.7	27.4	5.4	1.7	7.7			
	中部	59.6	24.3	4.3	2.2	9.6			
信息技能	**会使用家庭电脑上网**								
	家中无电脑跳过	61.2	25.0	3.7	2.2	7.9	44.906***	8	0.000
	会上网	45.8	30.5	13.6	5.1	5.1			
	不会上网	55.4	17.9	0.0	0.0	26.8			
社会保障	**领低保**								
	在领低保	51.3	22.8	5.7	4.4	15.8	18.061**	4	0.001
	不领低保	61.6	25.4	3.8	1.8	7.4			
	领救济								
	在领救济	53.9	24.0	3.7	1.8	16.6	21.206***	4	0.000
	不领救济	61.7	25.2	4.3	2.4	6.4			
	"新农合"（农村儿童填写）								
	非农跳过	46.0	29.2	8.8	2.2	13.9	41.361***	8	0.000

续表

因素	自变量	普通小学(%)	普通初中(%)	普通高中(%)	普通中职(%)	特教学校(%)	x^2	df	p
社会保障	参加"新农合"	61.8	25.1	3.0	1.9	8.3			
	未参加"新农合"	73.0	5.4	8.1	10.8	2.7			
康复	**接受听力康复**								
	听力康复跳过	62.0	25.5	4.2	2.0	6.3	78.534***	8	0.000
	接受过	40.6	12.5	3.1	3.1	40.6			
	未接受	37.3	23.5	3.9	5.9	29.4			
	使用肢体辅具								
	其他类残疾跳过	61.4	23.8	2.6	1.6	10.6	40.402***	8	0.000
	用肢体辅具	61.1	27.8	5.6	0.0	5.6			
	不用肢体辅具	53.2	29.2	9.9	5.3	2.3			
	接受智力康复								
	其他类残疾跳过	48.6	31.3	8.1	3.8	8.1	86.639***	8	0.000
	接受	68.6	14.5	0.0	0.6	16.3			
	未接受	70.9	21.8	0.7	1.1	5.6			
社区服务	**社区法律知识宣传学习**								
	接受过	48.8	31.0	6.3	3.3	10.7	34.104***	4	0.000
	未接受	67.6	20.6	2.5	1.6	7.6			
	领取第二代残疾证								
	已领证	52.0	25.1	4.7	3.1	15.1	62.822***	4	0.000
	未领证	69.6	24.7	3.4	1.3	1.0			

注: *** $p \le 0.001$; ** $p \le 0.01$; * $p \le 0.05$; [a] $p \le 0.1$; 下同。特教学校作为随班就读回归分析的参照, 在本表中亦保留。

在年龄方面,6—8岁残疾儿童91.4%就读于普通小学,7.8%就读于特殊学校;9—11岁残疾儿童有92.4%就读于普通小学,就读于普通初中的有1.1%,在特殊学校就读的为6.5%;12—14岁残疾儿童就读普通小学比例仍高达48.6%,39.7%就读普通初中,在特殊学校就读的比例增至11.4%;

15—17 岁残疾儿童仍有 6.0%在普通小学读书,54.4%在普通初中读书,就读于普通高中和普通中职的分别仅有 19.2%和 11.0%,在特殊学校就读的比例为 9.3%。残疾儿童就读学校类型分布在年龄维度上存在极其显著差异。

男性残疾儿童在普通小学、初中、高中、中职接受融合教育的比例分别为 59.3%、24.5%、4.8%和 2.4%,有 9.0%的男性残疾儿童在特殊学校就读。女性残疾儿童在上述四类普通学校接受融合教育的比例分别为 60.5%、25.6%、3.0%和 2.1%,就读于特殊学校的比例为 8.7%。男性残疾儿童就读于普通高中和普通中职的比例略高于女性残疾儿童。残疾儿童的就读学校类型分布在性别维度上没有显著差异。

汉族残疾儿童在普通小学、初中、中职接受融合教育的比例(59.3%、25.1%、2.3%)接近于少数民族残疾儿童的同类比例(62.2%、23.7%、2.2%)。少数民族残疾儿童在普通高中接受融合教育的比例(7.4%)高于汉族残疾儿童的同类比例(3.5%);少数民族残疾儿童在特殊学校就读的比例(4.4%)低于汉族残疾儿童的同类比例(9.7%)。残疾儿童就读学校类型分布在汉族与少数民族维度上存在较显著差异。

在 SPSS 软件的"频率"描述界面中,设定 6 个"相等组"以生成自动分割点,形成家庭文教年支出的六个组别。残疾儿童家庭文教年支出较低的三个组别内(0—200 元,201—400 元,401—672 元),残疾儿童就读普通小学的比例均在 70%左右,就读普通初中的比例在 20%左右。家庭文教年支出较高的三个组别内(673—1200 元,1201—2400 元,2400 元以上),残疾儿童就读于普通小学的比例从 59.2%逐级下降至 38.7%,就读于普通初中的比例在 30%左右,而就读于普通高中的比例从 3.6%逐级上升至 12.0%,就读于普通中职的比例从 0.6%逐级上升至 7.7%。家庭文教年支出从低到高六个组别的残疾儿童在特殊学校就读的比例分别为 7.8%、10.5%、5.4%、5.9%、8.7%和 15.5%。残疾儿童接受教育的学校类型分布在家庭文教年支出维度上存在极其显著差异。

残疾儿童监护人的受教育程度从低到高包括七个组别:未上学、小学、初中、高中、中专、专科、本科或以上。在这七个组别中,残疾儿童就读于普通小学的比例介于46.2%(监护人受教育程度为中专)和67.2%(监护人受教育程度为小学)之间。关于残疾儿童就读普通初中的比例,除了监护人受教育程度为"中专"组别和"本科或以上"组别的残疾儿童在10%以下(比例分别为7.7%和0%),其他组别残疾儿童就读普通初中的比例均为20%—30%。残疾儿童就读于普通高中的比例总体上随着监护人受教育程度的提高逐级上升,从"监护人受教育程度为小学"组别的2.5%逐级上升至"本科或以上"组别的11.1%。除了监护人受教育程度为"小学"和"专科"的组别之外,残疾儿童就读普通中职的比例随着监护人受教育程度的提升总体逐级上升,从"监护人受教育程度为未上学"组别的1.9%上升至"本科或以上"组别的11.1%。六个组别的残疾儿童就读于特殊学校的比例分别为15.4%、7.4%、6.7%、17.0%、30.8%、25.0%和22.2%。残疾儿童接受教育的学校类型分布在其监护人受教育程度维度上存在较显著差异。

关于残疾儿童所在地区,就读于普通小学的残疾儿童比例从高到低为东部62.4%、中部59.6%、西部57.7%;就读于普通初中的比例从高到低为西部27.4%、中部24.3%、东部22.4%;就读于普通高中的比例从高到低为西部5.4%、中部4.3%、东部2.4%;就读于普通中职的比例从高到低为东部3.1%、中部2.2%、西部1.7%。另外,残疾儿童就读于特殊学校的比例从高到低为东部9.8%、中部9.6%、西部7.7%。西部地区残疾儿童就读于普通初中和普通高中的比例最高。残疾儿童就读学校类型在地区分布上没有显著差异。

残疾儿童使用家庭电脑上网的能力维度分为"没有家庭电脑""会使用家庭电脑上网""不会使用家庭电脑上网"三个组别。这三个组别的残疾儿童就读于普通小学的比例分别为61.2%、45.8%、55.4%。残疾儿童就读于普通初中、普通高中和普通中职比例最高的均为"会使用家庭电脑上网"组别,比例分别为30.5%、13.6%、5.1%;就读于特殊学校的最低比例5.1%亦在该组别。就读于普通初中、普通高中和普通中职的最低比例均出现在"不会使用家庭电脑上网"组别,比例分别为17.9%、0%、0%;残疾儿童就读于特殊学校的最高比例 26.8% 也出现在该组别。残疾儿童就读学校类型在其信息技能维度上存在极其显著差异。

领低保残疾儿童在普通小学、普通初中、普通高中、普通中职接受融合教育的比例分别为 51.3%、22.8%、5.7%、4.4%，不领低保的残疾儿童的同类比例分别为 61.6%、25.4%、3.8%、1.8%。领低保的残疾儿童就读于特殊学校的比例（15.8%）高于不领低保的残疾儿童的同类比例（7.4%）。残疾儿童的就读学校类型在其是否领低保维度上存在较显著差异。

领救济①的残疾儿童就读于普通小学、普通初中、普通高中、普通中职的比例分别为 53.9%、24.0%、3.7%、1.8%，不领救济的残疾儿童的同类比例分别为 61.7%、25.2%、4.3%、2.4%。领救济残疾儿童就读于特殊学校的比例（16.6%）高于不领救济残疾儿童的同类比例（6.4%）。残疾儿童的就读学校类型在其是否领救济的维度上存在极其显著差异。

关于残疾儿童是否已参加新型农村合作医疗（以下简称"新农合"），共有三个组别：非"农村"残疾儿童跳过、农村残疾儿童已参加"新农合"、农村残疾儿童未参加"新农合"。非农村残疾儿童就读于普通初中、普通高中的比例（29.2%、8.8%）在三个组别中是最高的；其就读于特殊学校的比例（13.9%）在三个组别中亦最高。在农村残疾儿童中，未参加"新农合"者就读于普通小学以及普通中职的比例（73.0%、10.8%）高于参加"新农合"者的同类比例（61.8%、1.9%）。未参加"新农合"的农村残疾儿童就读于普通高中的比例（8.1%）高于已参加"新农合"者的同类比例（3.0%）。监测数据显示，未参加"新农合"的农村残疾儿童多数参加了其他保险。残疾儿童的就读学校分布在其是否参加"新农合"的维度上（以及城乡维度上）存在极其显著差异。

近一年接受过康复的听力残疾儿童就读于普通小学和特殊学校的比例（40.6%、40.6%）高于未接受康复的听力残疾儿童的同类比例（37.3%、

---

① 社会救济，是指国家和社会对由于各种原因无法维持最低生活水平的公民给予无偿救助的一项社会保障制度。参见中国残疾人联合会编：《残疾人工作基本知识读本》，华夏出版社 2009 年版，第 135 页。

29.4%）。未接受康复的听力残疾儿童就读于普通初中、普通高中、普通中职的比例（23.5%、3.9%、5.9%）高于接受过康复的听力残疾儿童的同类比例（12.5%、3.1%、3.1%）。听力残疾儿童就读于特殊学校的比例远远高于其他类残疾儿童的同类比例（6.3%）。残疾儿童就读学校类型分布在是否接受听力康复的维度上存在极其显著差异。

近一年未使用辅助器具的肢体类残疾儿童在普通初中、普通高中、普通中职接受融合教育的比例（29.2%、9.9%、5.3%）均高于使用辅助器具的肢体残疾儿童的同类比例（27.8%、5.6%，0%）。前者就读于普通小学和特殊学校的比例（53.2%、2.3%）分别低于后者的同类比例（61.1%、5.6%）。部分肢体残疾儿童具有多重残疾。肢体残疾儿童就读于特殊学校的比例低于其他类别残疾儿童的同类比例（10.6%）。残疾儿童的就读学校分布在是否使用肢体辅具维度上存在极其显著差异。

近一年未进行康复的智力残疾儿童在普通小学、普通初中、普通高中、普通中职接受融合教育的比例（70.9%、21.8%、0.7%、1.1%）均高于接受康复的智力残疾儿童的同类比例（68.6%、14.5%、0%、0.6%）。前者就读于特殊学校的比例（5.6%）低于后者的同类比例（16.3%）。前者的残疾程度往往比后者轻。残疾儿童的就读学校分布在智力残疾儿童近一年内是否进行过康复的维度上存在极其显著差异。

近一年在社区接受过法律知识宣传的残疾儿童除了就读于普通小学的比例（48.8%）低于未接受法律宣传的残疾儿童的同类比例（67.6%）外，前者在普通初中、普通高中、普通中职接受融合教育的比例（31.0%、6.3%、3.3%）均高于后者的同类比例（20.6%、2.5%、1.6%）。另外，前者在特殊学校接受教育的比例（10.7%）也高于后者（7.6%）。残疾儿童的就读学校分布在是否接受过法律知识宣传的维度上存在极其显著差异。

已领取第二代残疾证的残疾儿童除了在普通小学随班就读的比例（52.0%）低于未领证残疾儿童的同类比例（69.6%）外；前者在普通初中、普通高中、普通中职接受融合教育的比例（25.1%、4.7%、3.1%）均高于后者的同类比例（24.7%、3.4%、1.3%）。另外，前者就读于特殊学校的比例

（15.1%）也高于后者的同类比例（1.0%）。残疾儿童的就读学校分布在其是否已领取第二代残疾证的维度上存在极其显著差异。

（三）残疾儿童接受融合教育的影响因素

多元 logistic 回归模型的似然比 x^2 检验结果（$x^2 = 998.399$，df = 128，$p <0.001$）说明模型有意义；Nagelkerke R^2 值的大小表示模型的解释能力与拟合优度，本模型的 Nagelkerke R^2 值达 0.768，表明本模型的解释能力与拟合优度较理想。本模型对于残疾儿童接受融合教育的预测准确率达 76.7%，说明本模型的自变量对于残疾儿童的融合教育具有很好的预测准确性。回归分析显示，人口特征、地区、家庭、儿童自身能力、社会保障、康复、社区服务等因素对于我国残疾儿童接受融合教育具有影响作用，见表 4-6。

表 4-6　残疾儿童随班就读的多元 logistic 回归结果

变量	参照组	学 校 类 型							
		普通小学		普通初中		普通高中		普通中职	
		B	Exp(B)	B	Exp(B)	B	Exp(B)	B	Exp(B)
人口特征									
性别	女性								
男性		0.080	1.084	0.067	1.069	0.701	2.017*	0.525	1.691
年龄分组（岁）	15—17								
6—8		3.395	29.812***	−3.790	0.023**	−62.039	1.14E−27	−40.99	1.58E−18
9—11		3.463	31.910***	−3.343	0.035***	−63.762	2.04E−28	−38.917	1.26E−17
12—14		2.299	9.960***	−0.186	0.831	−4.786	0.008***	−23.367	7.11E−11
民族	少数民族								
汉族		−0.918	0.399ᵃ	−0.761	0.467	−2.285	0.102*	1.077	2.935
家庭与地区									
家庭文教年支出	2401 元以上								
0—200 元		1.472	4.357**	0.564	1.757	−1.803	0.165ᵃ	−1.711	0.181
201—400 元		0.952	2.592ᵃ	−0.595	0.552	−20.477	1.28E−09	−3.974	0.019*
401—672 元		1.930	6.891**	0.922	2.514	−3.266	0.038*	−1.747	0.174
673—1200 元		1.757	5.797**	0.831	2.295ᵃ	−0.785	0.456	−3.304	0.037*
1201—2400 元		1.352	3.865*	0.693	2.000	−1.02	0.361	−2.153	0.116ᵃ

续表

变量	参照组	学 校 类 型							
		普通小学		普通初中		普通高中		普通中职	
监护人学历	小学								
从未上学		−0.405	0.667	−0.354	0.702	0.816	2.26	−0.889	0.411
初中		0.126	1.134	0.545	1.725	1.115	3.050ᵃ	−0.618	0.539
高中		−1.439	0.237 *	−1.561	0.210 *	−1.631	0.196	−0.380	0.684
中专		−1.942	0.143ᵃ	−2.432	0.088ᵃ	1.520	4.572	4.781	119.252ᵃ
大专		−1.956	0.141ᵃ	−0.607	0.545	−0.397	0.673	−22.275	2.12E−10
大学以上		−1.469	0.230	−19.425	3.66E−09	45.006	3.51558E+19	27.128	6.04823E+11
地区	中部								
东部		−0.037	0.964	0.055	1.057	−0.528	0.590	1.298	3.662
西部		0.451	1.569	0.427	1.532	0.359	1.432	−1.410	0.244
自身能力									
网络信息技能	不会								
无家庭电脑		1.172	3.230 *	0.996	2.707⁺	17.398	35947078.51	17.249	30983592.02
有电脑会上网		3.035	20.806 **	2.481	11.948 *	19.384	262010630.6	18.869	156593924.4
社会保障									
领低保	不领								
领取低保		−0.453	0.636	−0.918	0.399 *	−1.311	0.270ᵃ	0.591	1.805
领救济	不领								
领取救济		−1.011	0.364 **	−0.805	0.447 *	−0.317	0.728	−1.335	0.263
参加"新农合"	未参加								
非农户		−1.642	0.194	0.331	1.393	−1.624	0.197	−6.208	0.002 **
已参加		−1.097	0.334	0.651	1.917	−2.073	0.126	−5.196	0.006 *
康复									
接受过听力康复	未接受								
其他类残疾		2.782	16.152 ***	1.506	4.510 *	1.198	3.312	−1.014	0.363
接受过		0.234	1.264	−1.673	0.188 *	−0.052	0.949	−0.351	0.704
使用肢体辅具	未使用								
其他类残疾		−1.582	0.206 *	−1.672	0.188 *	−2.316	0.099 **	−2.397	0.091 *
使用过辅具		−0.130	0.878	−0.329	0.720	−1.134	0.322	−19.207	4.56E−09
接受智力康复	未接受								

续表

变量	参照组	学 校 类 型							
		普通小学		普通初中		普通高中		普通中职	
其他类残疾		0.497	1.645	0.886	2.424^a	3.368	29.021**	2.975	19.595*
一年内接受过		−0.399	0.671	−1.108	0.330*	−46.844	4.53E-21	−15.192	2.52E-07
社区服务									
参加法律宣传	未参加								
参加过		0.011	1.011	0.567	1.763^a	0.881	2.413	1.986	7.283*
领第二代残疾证	未领证								
已领证		−2.779	0.062***	−2.870	0.057***	−3.385	0.034***	−3.720	0.024**
截距		0.549		2.849		−11.228		−8.294	
对数似然值		896.911							
卡方值		998.399							
自由度		128							
模型拟合度显著性		0.000							
Nagelkerke R^2		0.768							

注：以特教学校作为参照。

在人口特征因素方面，男性残疾儿童在普通高中接受融合教育的可能性大于女性残疾儿童；以 15—17 岁组残疾儿童为参照组，12—14 岁残疾儿童在小学随班就读的可能性仍然大得多，折射出小学随班就读残疾儿童较普遍地入学晚；与少数民族残疾儿童参照组相比，汉族残疾儿童就读于普通小学、普通高中的可能性较小。以上三个维度的 OR 值均达显著水平。

在家庭与地区因素方面：(1)以家庭文教年支出最高组作为参照组，所有较低支出组的残疾儿童在小学接受融合教育的可能性较高，OR 值达显著水平；第 4 组就读普通初中的 OR 值大于 1，达较显著水平。这说明，"两免一补"政策使得普通义务教育阶段的残疾儿童家庭教育支出负担不重。然而，教育支出较低组别的残疾儿童就读于普通高中和普通中职的 OR 值仅为 0.019—0.456，半数 OR 值达显著水平。特别值得注意的是，在毗邻的第 6 组和第 5 组之间，家庭文教支出对于残疾儿童在普通高中尤其是普通中职接受融合教育的影响作用亦相当显著。由此判断，对于残疾儿童就读普通高中、普通中职而言,家庭年度文化教育支出 2400 元可能是临界点。本研究表明,残疾儿童在普通高中和普通中职随班就读的年度教育支出均值为每年 3931 元,经济压力之大让很多领低保的贫困家庭难以承受,进而导致降低残疾儿童在此学段随班就读的可能性。(2)以残疾儿童监护人具有小学教育水平作为参照组,在监护人具有初中教育水平的组别中,残疾儿童在普通小学、初中、高中接受融合教育的 OR 值均大于 1,就读普通高中的 OR 值达显著水平。(3)以中部地区为参照组,西部地区残疾儿童在普通初中和普通高中随班就读的 OR 值分别为 1.532、1.432。国家对发展西部地区的政策扶持促进了残疾人教育事业发展。东部残疾儿童义务教育随班就读的可能性与中部地区基本持平,OR 值分别为 0.964、1.057;但是,东部地区残疾儿童就读普通高中的 OR 值仅为中部地区的 0.590 倍。东部地区特殊学校教育的传统优势①,在一定程度上抑制了残疾儿童在普通高中随班就读的可能性。东部地区残疾儿童就读普通中职的 OR 值为 3.662。残疾中职学生未来通过高考的概率远远小于就读普通高中者。

在自身能力因素方面,以不会使用家庭电脑上网的残疾儿童为参照组,家中无电脑的残疾儿童以及会使用家庭电脑上网两个组别的残疾儿童在普通小学和普通初中接受融合教育的 OR 值为 3.23—20.81,均达显著水平。残疾儿童借助电脑与网络可以增加与外界的交流,促进自身的社会性发展。

在社会保障因素方面:(1)以不领低保的残疾儿童作为参照组,领低保的残疾儿童就读普通小学、普通初中、普通高中的 OR 值仅为 0.636、0.399、0.270,呈现学段越高、随班就读可能性越低的态势,就读普通初中和普通高中的 OR 值达显著水平。其就读普通中职的 OR 值为 1.805,未达显著水平。家庭经济条件的劣势使得残疾儿童更可能接受就业取向的中等职业教育,窄化其未来的升学选择。(2)相对于不领救济的参照组,领救济的残疾儿童就读于四类普通学校的 OR 值均小于 1,分别为 0.364、0.447、0.728、

---

① 东部特殊学校教育的优势在上海和恩施的比较中可见一斑。参见刘荣:《武陵山民族地区特殊教育事业发展的问题及对策研究》,《教育研究与实验》2014 年第 3 期。

0.263,普通小学和普通初中的随班就读 OR 值达显著水平,家庭经济劣势对融合教育的起点不平等产生显著影响。(3)在保险因素方面,值得注意的是,以农村未参加"新农合"的残疾儿童作为参照系,农村参加"新农合"的残疾儿童在普通小学、普通高中、普通中职随班就读的 OR 值分别为0.334、0.126、0.006;参加"新农合"对于就读普通中职的负向预测作用显著。列联表分析显示,未参加"新农合"的农村残疾儿童有81.1%参加了其他医疗保险。因此,这里涉及的实际上主要是参加"新农合"与参加其他医疗险种之于残疾儿童随班就读的影响作用之比较。从问卷的其他项目看,"新农合"报销项目几乎未涵盖残疾儿童康复项目,因此基本无助于改善康复状况、促进随班就读。

在康复因素方面:(1)以近一年内未接受听力康复服务的听障儿童作为参照组,近一年内接受过听力康复训练者就读普通小学的 OR 值为1.264;但其就读于普通初中、普通高中、普通中职的 OR 值却小于1,就读普通初中的 OR 值仅为0.188,负向预测作用显著。另外值得注意的是,非听力类残疾儿童就读于普通小学、普通初中、普通高中的 OR 值均很高,前两个 OR 值达显著水平。由此可见,聋儿早发现、早康复对于保障其随班就读权益的重要性,也印证了残疾程度以及普特隔离对听力障碍学生在中学随班就读的影响。(2)以未使用辅具的肢残儿童为参照组,使用肢体辅具者就读普通小学、普通初中、普通高中的 OR 值均小于1,负向预测作用未达显著。未用辅具的肢残儿童66.08%是由于"不需要使用",残疾程度较轻;而使用肢体辅具者大多是使用轮椅和矫形器,残疾程度较重,近一半使用者认为肢体辅具效果"一般"。与未用辅具的肢残儿童相比,使用辅具的肢残儿童就读普通高中的 OR 值仅为0.322。(3)以未接受康复训练的智力残疾儿童作为参照组,接受智力康复训练者在普通小学和普通初中随班就读的 OR 值均小于1,负向预测作用显著。进行过智力康复训练者中68.60%接受的是"生活自理能力"康复训练,残疾程度较重,近一半(47.09%)认为康复效果"一般"。应利用国内外康复最新研究成果,提高康复训练效果,并注重残疾预防。未接受康复训练的智力残疾儿童40.70%是因为"不需要",其残疾程度较轻,出于"其他"原因的占 25.26%。接受过康复训练的智力残疾儿童就读普通高中和普通中职者人数为 0 和 1,其 *OR* 值忽略不论。相对于未康复训练的智力残疾儿童,其他类别残疾儿童在普通初中、普通高中、普通中职随班就读的可能性高得多,*OR* 值达显著水平。"重点康复、社区康复和康复理论研究是实现'残疾人人人享有康复服务目标'的核心要素"①,应该更加自觉、彻底地将"残疾人基本康复服务均等化"的思路落实在残疾儿童康复工作中②,这对于残疾儿童"人人享有康复服务"进而更好地实现自身受教育权具有重要意义。

在社区服务因素方面:(1)以残疾儿童在社区未参加过法律知识宣传学习为参照组,参加过法律学习的残疾儿童在普通初中、普通高中、普通中职接受融合教育的 *OR* 值分别为 1.763、2.413、7.283,在普通初中和中职接受融合教育的 *OR* 值达显著水平。我国法律法规对残疾儿童随班就读权利做出了明确规定。社区法律宣传对行动不便的残疾儿童来说具有较强的可及性,有助于其知晓和主张自己随班就读等受教育权利以及法律救济的渠道。(2)以未领第二代残疾证的残疾儿童为参照组,领证儿童在四类普通学校接受融合教育的 *OR* 值仅为 0.062、0.057、0.034、0.024,均达极其显著水平。部分轻度残疾儿童尚处于康复过程中,将来或可"去残疾化",这是其未领证的原因之一。而轻度残疾儿童比中度、重度残疾儿童更有可能接受融合教育。另有一部分未领残疾证的残疾儿童及其监护人担心确认残疾身份会进一步加大被普通学校接纳的难度。

三、基于结论的对策思考

扩大普通学校随班就读规模这种融合教育形式,是《特殊教育提升计划》提出的重要方略。为了探究此方略实施的必要前提,本节首次基于中国残联对我国 6—17 岁残疾儿童的最新监测数据分析其接受融合教育的现

---

① 罗志坤、吕军、虞慧炯:《上海市残疾人康复事业创新实践》,复旦大学出版社 2008 年版,第 27 页。

② 曹跃进、孟晓:《残疾人基本康复服务均等化研究》,《残疾人研究》2011 年第 2 期。

状与影响因素。全国 875 个在学的 6—17 岁残疾儿童样本中，在普通小学、普通初中、普通高中、普通中职接受融合教育的比例分别为 59.8%、24.9%、4.1%、2.3%。其接受融合教育的比例随学段升高逐级锐减。回归分析结果表明：影响残疾儿童接受融合教育的重要因素包括其性别、年龄、民族等人口特征指标；残疾儿童的网络信息能力、家庭文教年支出、所在生活地区、监护人的受教育水平也显著影响其随班就读；领低保、领救济、参加"新农合"等社会保障因素以及听力、肢体、智力三类康复对随班就读影响作用显著；社区的法律知识宣传和领取残疾证亦影响随班就读。应综合考虑上述因素，促进我国残疾儿童随班就读、走向融合，学会广谱地关心他人。本研究揭示的绝大多数因素的状况可以通过政策制定和积极采取某些措施加以改进，以下致思于其主要方面。

（一）积极应对残疾儿童随班就读年龄偏晚与性别不均衡问题

首先，针对小学随班就读残疾儿童入学晚的问题，建议有关部门和机构灵活应用先康后教、康教同步、医教同步等多种模式，加快发展融合式学前教育并做好融合式的幼小衔接。关于性别不均衡，根据我国教育部官网数据，2013 年我国义务教育和高中阶段残疾在校生数达 368103 人，其中女性残疾学生 132523 人。[1] 残疾女生占比为 36.00%。另据我国教育部官网数据，2015 年我国义务教育和高中阶段残疾在校生数达 442223 人，其中女性残疾学生 157262 人[2]。2015 年度的同类数据总数均有所增长，不过残疾女生占比为 35.56%，比例有所下降。本研究结果显示，性别因素对女性残疾儿童在高中接受融合教育具有负向影响。鉴于此，教育等部门可对残疾女童及其监护人加强"男女平等"国策教育；引导残疾女生强化自主学习能力和科学高效的学习方法；做好初中毕业班残疾女生的学业咨询规划辅导，增加残疾女生在普通高中接受融合教育乃至将来接受高等教育的可能。

---

① 教育部：《2013 年全国特殊教育数据》，2014 年 12 月 1 日，见 http://www.moe.gov.cn/publicfiles/business/htmlfiles/moe/s8493/201412/181979.html。

② 教育部：《我国 2015 年度特殊教育基本情况》，2016 年 10 月 12 日，见 http://www.moe.edu.cn/s78/A03/moe_560/jytjsj_2015/2015_qg/201610/t20161012_284494.html。

　　（二）通过经济与文化扶持改善家庭因素

　　本研究根据 2013 年的数据分析发现,对于残疾儿童能否就读普通高中、普通中职,家庭年度文化教育支出 2400 元很可能是个临界点。建议相关部门为贫困家庭的后义务教育阶段残疾儿童提供每年大约 2400 元的专项教育补贴,以使补贴既产生实效,又不至于超出财政的承受能力。这可视为义务阶段"两免一补"政策向高中的延伸。残疾高中生教育补贴金额可体现地区差异;依据当地经济发展水平,补贴可由基层财政、省级财政、国家财政按一定比例承担。江苏的实践探索已印证了此建议的可行性。"目前,江苏省高中阶段的残疾学生有 4900 多名,全部实行免费教育,全年财政支出 833 万元。"[①]财政扶持有助于提升残疾儿童接受高中阶段融合教育的机会。这体现了由"生存型"残疾人保障向"发展型"福利转变的积极福利理念,有助于将"事后型""补救型""消极型"的残疾人社会福利体系与残疾人教育权利保障转变为"事先型""预防型""积极型"[②]。关于文化扶持,虽然残疾儿童监护人的受教育水平无法在短期内得到改变,但是可利用全国和地方妇联的"网上家长学校",系统开发关涉残疾儿童发展的法律、教育、心理讲座资源,以加强残疾儿童的亲职教育,增加残疾儿童接受融合教育的机会。

　　（三）依法推进校园无障碍改造以减少残疾儿童内部权利落差

　　单纯的肢体残疾儿童在视听感官和智力上均无障碍,学习能力基本无异于普通儿童,但是肢体残疾儿童的失学情况却最严重。"全国调查并已实名统一录入中国残疾人事业统计管理系统的 2013 年未入学适龄残疾儿童少年 78174 名,其中肢体残疾 25402 名,智力残疾 25299 名,多重残疾 12255 名,言语残疾 4313 名,听力残疾 4239 名,视力残疾 3684 名,精神残疾 2982 名。"[③]我

---

①　江苏省残疾人联合会:《江苏省第二次全国残疾人抽样调查数据分析与当前重点工作对策研究》,见江苏省残疾人联合会主编:《江苏残疾人状况分析和事业发展研究》,河海大学出版社 2009 年版,第 33 页。

②　周沛:《积极福利视角下残疾人社会福利政策研究》,《东岳论丛》2014 年第 5 期。

③　参见中国残联办公厅、教育部办公厅:《关于 2013 年全国未入学适龄残疾儿童少年情况通报》(残联厅〔2014〕39 号)。

国的特殊教育学校主要为盲、聋、培智三类残疾学生设置，肢体残疾儿童没有特殊学校作为第二选择，如果不能随班就读即基本意味着失学。研究者从初中一年级开始即因此失学多年。肢体残疾儿童至今仍有相当一部分由于康复指导及无障碍条件的缺乏而无法随班就读，被迫失学。为了使轮椅作为辅具发挥应有作用，保障残疾儿童中使用轮椅者的受教育权利，应认真落实《残疾人保障法》的相关要求，借助教育主管部门、残联、城乡住建部等的联席工作，有计划、有步骤地推动校园无障碍改造。《北京市中小学融合教育行动计划》关于校园无障碍改造的措施可资借鉴。校园无障碍对于切实保障肢体残疾儿童的受教育权利具有不可替代的作用。

（四）借助法律知识普及教育促进理念现代化

研究结果显示法律知识宣传对于促进随班就读具有正向预测作用。鉴于此，学校、媒体等可以向教育管理者、广大师生、家长尤其是残疾儿童及其监护人普及《残疾人保障法》等法律法规中的相关重点内容。这种致力于推进群体融合、教育公平、社会和谐的公民教育可以改变一些民众——包括部分残疾儿童自身——对残疾身份的消极刻板印象，多维度地为融合教育发展赋权增能。

（五）完善社会保障制度以加强残疾儿童的融合教育权利保障

我国民政部官员曾分析指出，"目前我国残疾人社会保障面比较窄，尚未形成制度化、普惠型保障体系"[1]。本研究显示"新农合"未能有效帮助残疾儿童享有融合教育权利，从一个维度印证了上述论断。新农村合作医疗保险是社会保险的一种，而社会保险是社会保障的一个重要组成部分。"社会保障是国家依法强制建立的、具有经济福利性的国民生活保障和社会稳定系统；在中国，社会保障应该是各种社会保险、社会救助、社会福利、军人保障、医疗保健、福利服务以及各种政府或企业补助、社会互助保障等社会措施的总称。"[2]"新农合"等社会保险有待涵盖残疾儿童的主要康复

---

① 胡仲明等：《"消除障碍·促进融合"国际论坛观点综述》，《残疾人研究》2012 年第 3 期。

② 郑功成：《社会保障学》，商务印书馆 2000 年版，第 11 页。

项目,以促进落实残疾儿童接受融合教育的权利。

与受教育权一样,受培训权亦为残疾人的一项重要权利。笔者曾对我国残疾青少年受培训权的保障现状进行实证研究。① 残疾青少年接受职业培训对于其开发潜能、融入社会具有重要意义。基于 2013 年度我国六类残疾人状况监测数据的分析表明,不在学的 16—17 岁残疾青少年中仅有 4.5%近一年内接受过职业培训。由此可见,残疾青少年职业培训率总体偏低,同时其内部存在机会不平等的现象。卡方分析显示,残疾青少年接受职业培训在社会保障、社会支持、康复、社区服务等因素上存在显著差异,在此暂不展开。

本节首次运用全国残疾人监测数据对我国残疾儿童接受融合教育的学校分布现状进行了实证研究,有助于保障残疾儿童随班就读的合法受教育权利,有助于为落实相关特殊教育的法律法规破解前提性的障碍,并可为教育等相关部门制定促进融合教育和特殊教育的政策措施提供科学的参考依据,以帮助更多的残疾青少年在接受融合教育的同时走出相对封闭狭小的生活空间,接触更多的他人,在学习技能知识的过程中,也学习洞察他人的被关心需要,并付出力所能及的关心。通过丰富的实践,发展道德自我,学会关心他人。

第三节 信息素养欠缺不利于残疾儿童远程关心他人

刘守旗"对江苏省 11 所中小学的 1117 名学生进行了研究,并与 2001 年的有关数据进行了比较,结果表明:(1)网络是影响儿童发展的重要因素,校园网已成为儿童上网的主阵地,儿童上网和网络教育的总体情况较好。学生对网络知识都很有了解,上网比例高达 91.1%,主要是为了获取

---

① 侯晶晶:《我国残疾青少年职业培训的调查研究》,《现代特殊教育》2016 年第 4 期。

信息、学习知识,上网频率以一周 1—2 次为主,每次上网时间多在 1 小时以下。"①后来亦有些学者的研究印证了网络对儿童道德成长具有重要影响,在此不一一列举。对于儿童关心他人而言,是否会上网,在很大程度上影响着他们能否借助网络远程关心他人。远程关心他人的能力也是当代人所特有的一种关心他人的能力。不止于此,信息技术的快速发展在相当程度上促进了由工业文明向信息文明的社会转型,能够使用计算机和网络已成为现代人的重要生存与发展能力,对自我关心以及关心他人——包括远程关心陌生人——的能力具有直接与间接的影响作用。

时代背景要求社会全体成员尤其是青少年必须培养信息素养,要求学校教育必须深入普及计算机教育②,由此催生了我国中小学信息技术课程③。鉴于"信息技术的发展及其应用对人类日常生活和科学技术的深刻影响",我国已将信息技术课设置为中小学的必修课,教育部于 2000 年颁布了《中小学信息技术课程指导纲要(试行)》,从"培养学生对信息技术的兴趣、意识以及基本知识、技能"等方面规定了中小学信息技术课程的主要任务,强调通过信息技术课程"培养学生良好的信息素养,把信息技术作为支持终身学习和合作学习的手段,为适应信息社会的学习、工作和生活打下必要的基础"④。我国也已将培养中小学生的"信息素养"明确作为一项教学目标加以落实。

网络信息基础能力是信息素养的重要内容,也是信息技术课教学的重点内容。据上述《中小学信息技术课程指导纲要(试行)》规定,小学信息技术课的两个拓展模块之一即是"网络的简单应用——学会用浏览器收集材料,学会使用电子邮件"。及至初中,它上升为"网络基础及其应用"必修模块,其学习内容包括"(1)网络的基本概念;(2)因特网及其提供的信息服

---

① 刘守旗:《网络文化对儿童思想品德影响的调查与思考——以经济文化较为发达的江苏地区为例》,《江苏教育学院学报(社会科学版)》2007 年第 4 期。
② 高宝立:《进一步深入普及计算机教育》,《教育研究》1994 年第 8 期。
③ 董玉琦:《信息技术课程设计:构成要因与价值取向》,《教育研究》2005 年第 4 期。
④ 《教育部关于印发〈中小学信息技术课程指导纲要(试行)〉的通知》,2000 年 3 月 30 日,见 http://www.moe.edu.cn/publicfiles/business/htmlfiles/moe/moe_445/200503/6319.html。

务；(3)因特网上信息的搜索、浏览及下载；(4)电子邮件的使用"；此外，还有"网页制作"作为选学内容。我国残疾人状况监测以易于测量的"会用电脑上网"这一技能来调查18周岁以下残疾青少年的网络信息基础能力。在网络信息素养中，相对于"网络信息意识、信息道德、信息能力、信息心理"①，"会用电脑上网"是一种基础能力；而相对于计算机硬件控制能力、文字输入技能等，能够运用计算机上网又是一种综合应用能力。因此，使用电脑上网的能力在网络信息素养中居于重要地位。

　　包括网络信息基础能力在内的"信息素养"具有技术、心理、文化学等多重意蕴②，正日益成为现代人的一张"生存通行证"。就残疾儿童而言，网络信息素养可以帮助他们克服环境障碍，使得网络信息无障碍以及MOOC等日益重要的网上教学资源变得真正可及，是残疾儿童在信息时代里实现"平等·参与·共享"式生存的必要前提之一。从全面推进依法治国的视角加以观照，培养残疾儿童的网络信息素养，不仅关涉联合国《残疾人权利公约》第二十四条关于残疾儿童受教育权利的相关规定，即中国等缔约国应当确保"使残疾人能够学习生活和社交技能，以便他们充分、平等地参与教育和融入社区"；也是《残疾人保障法》之《教育》一章第二十一条"保障残疾人享有平等接受教育的权利"的题中应有之义。

　　为了较彻底地保障残疾儿童的受教育权利、推进教育公平，尽量防止网络时代残健群体之间的"数字鸿沟"，促进残疾儿童所受信息技术教育的实效性，最大化地改善残疾儿童在网络时代的生存与发展境况，有效地构建融合社会，都必须重视培养残疾儿童的网络信息基础能力等网络信息素养。同时，这对于提高我国人口素质以及保障残疾儿童成年后的就业权利，也具有不可替代的重要作用。

　　此前关于普及计算机教育以及培养青少年网络信息素养的研究具有重要的理论与现实意义，不过促进残疾青少年网络信息素养的专项研究较为

---

① 张立彬、杨会良：《高校开展信息素养培育的思考》，《教育研究》2005年第5期。
② 张义兵、李艺：《"信息素养"新界说》，《教育研究》2003年第3期。

罕见,已成为此论域的短板。少量研究基于对听力和智力两类残疾儿童相关学习的观察,论述过基于平板电脑的特殊教育软件和其他电脑多媒体科技,克服残疾儿童因身体缺陷产生的学习障碍,提高其信息技术等方面的学习效能。[①] 需要进一步思考的是:是否单纯依靠狭义的教育,是否仅仅借助提高学校教育中信息技术课的质量,便足以有效而充分地提升各类残疾儿童的网络信息素养? 当涉及残疾儿童这一特殊群体时,纯粹狭义教育视角下的内部研究思路会不会将某些难以承受之重加诸学校教育以及学校教育工作者? 在广义的教育视角下,哪些实际上同样必不可少的教育元素如果与学校教育的诸种努力形成互动和支撑,就可以取得相得益彰的教育效果? 至今尚未见实证研究揭示哪些关涉教育的影响因素能够预测残疾儿童的网络信息基础能力,关于残疾儿童网络信息基础能力现状的实证研究亦处于空白状态。这里通过具有智库研究意蕴的实证研究,探明残疾儿童网络信息基础能力的现状和影响因素,有助于保障残疾儿童在信息时代的平等受教育权利以及道德成长、生存发展的机会,为有效干预提供科学依据和可行性对策。

一、研究对象与研究方法

本研究的对象为 6—17 周岁的残疾儿童。本研究的资料来源为中国残联组织完成的 2013 年度全国残疾人状况监测数据。其主要内容包括残疾人的生存、教育、发展和环境等方面的状况。此监测采用分层整群概率比例抽样方法,覆盖了视力、听力、言语、肢体、智力、精神六种残疾类型[②],监测的 6—17 周岁学龄残疾儿童样本共 1351 个。剔除"领救济"项错填的 1 个样本,最终得到全国 1350 个 6—17 周岁残疾儿童样本,其中拥有家庭电脑

---

① 李青、王涛:《基于平板电脑的特殊教育软件研究与应用现状述评》,《现代教育技术》2012 年第 8 期;彭霞光:《积极应对挑战,提高信息技术综合应用能力》,《现代特殊教育》2007 年 Z1 期。
② 陈功、吕庆喆、陈新民:《2013 年度中国残疾人状况及小康进程分析》,《残疾人研究》2014 年第 2 期。

的残疾儿童样本为 171 个。

本研究使用 SPSS 17.0 软件进行统计分析,首先通过列联表分析和独立性 χ^2 检验,验证残疾儿童的网络信息基础能力在哪些关涉教育的因素上存在显著差异,然后将具有显著差异的自变量纳入回归分析模型[1];继而用二元 logistic 回归分析法来分析这些自变量对于残疾儿童网络信息基础能力的影响作用及其方向和强度,得出影响因素。

二、研究结果

(一)学龄残疾儿童网络信息基础能力之现状

鉴于肢体、听力、言语类残疾儿童往往不便利用无障碍条件未达法定标准的公共场所学习运用电脑上网,为了排除硬件条件不平等的干扰作用,从而使所获数据更具统计学的可靠性和实证研究的潜在价值,此次监测有针对性地调查家有电脑的残疾儿童的上网能力。在 1350 个城乡残疾儿童样本中,12.7%拥有家庭电脑,这些家庭电脑 89.47%连接了网络。残疾儿童平均每百户电脑拥有量为 13.3 台,远低于"2012 年全国城乡居民家庭平均每百户电脑拥有量 55.9 台"的水平[2]。这可能与"因残致贫"现象以及某些社会福利、医疗保险制度有关。进一步的列联表分析表明,残疾儿童拥有家庭电脑的情况具有家庭经济差异。领取低保金[3]的残疾儿童(311 人)拥有 0—3 台家庭电脑的比例分别为 92.0%、8.0%、0.0%、0.0%,不领低保的残疾儿童(1039 人)的同类比例分别为 85.9%、13.4%、0.6%、0.1%,其是否拥有家庭电脑在家庭经济水平维度上存在显著差异($x^2 = 8.704$,df = 3,$p = 0.033$)。

---

① 本研究的回归分析样本数与自变量项目数之比大于 30∶1。一般而言,此比例大于 10∶1 即合要求。详见 N.Brace,R.Kemp R.& R.Snelgar,*SPSS for Psychologists(Third Edition)*,London:Lawrence Erlbaum Associates Publishers,2006,p.230,p.277.

② 张新红、国家信息中心《中国数字鸿沟研究》课题组:《中国数字鸿沟报告 2013》,2014 年 3 月 5 日,见 http://www.sic.gov.cn/News/287/2782.htm。

③ 低保金为"家庭人均收入低于当地最低生活保障标准的差额"。因此,"领低保"宜作为考察家庭经济状况的指标之一。

在拥有家庭电脑的 171 位残疾儿童中,仅 40.35%会使用电脑上网;59.65%不会使用电脑上网①。换言之,在 1350 位城乡学龄残疾儿童中,"家庭电脑上网者"仅占 5.11%。这一比例远低于全社会的有关同类比例。"中国互联网络信息中心(CNNIC)发布的《第 28 次中国互联网络发展状况统计报告》显示:截至 2011 年 6 月底,中国网民数量达 4.85 亿,中国家庭电脑上网网民规模达到 3.90 亿人。"②我国"家庭电脑上网网民"占我国总人口的 35.45%,为我国学龄残疾儿童中同类比例的 6.94 倍。以上对比从一定的角度显示了我国残疾儿童的网络信息基础能力亟待提升。

表 4-7 残疾类别与残疾儿童网络信息基础能力状况列联表

	本类残疾人数	会上网(%)	不会上网(%)	x^2	df	p
视力残疾	12	66.7	33.3	3.713*	1	0.054
听力残疾	18	38.9	61.1	0.018	1	0.894
言语残疾	56	41.1	58.9	0.018	1	0.893
肢体残疾	53	35.8	64.2	0.647	1	0.421
智力残疾	89	24.7	75.3	18.842***	1	0.000
精神残疾	16	31.3	68.8	0.607	1	0.436

注:N=171;下同。*** $p < 0.001$;** $p < 0.01$;* $p \approx 0.05$。下同。以上六类残疾儿童人数简单相加大于 171,因为部分样本为多重残疾。

计算发现,在监测的六类残疾儿童中,视力残疾者会用电脑上网的比例高于各类残疾儿童的同类平均比例,达较显著差异;言语残疾者略高于此同类平均比例。其他四类残疾者的该比例均低于同类平均比例,其中智力残疾维度存在显著差异。这折射出我国残疾儿童网络信息基础能力具有残疾类别上的不平衡性。结果见表 4-7。此外,男性残疾儿童会上网比例为

① 问卷中的相关题项是:"您家里是否有能够使用的电脑? 有台(0 台跳过下面两题)";"您家电脑是否上网了? 1. 是 2. 否";"您(残疾孩子)是否会使用电脑上网?"
② 袁莉:《采众家所长 酿独家醇香》,《新闻窗》2011 年第 6 期。

43.6%,较之女性同类比例35.7%稍高一些,其运用电脑上网能力在性别维度上无显著差异。

在年龄维度上,6—8周岁、9—11周岁、12—14周岁、15—17周岁残疾儿童会使用电脑上网的比例分别为21.1%、39.3%、42.6%和52.9%。最高年龄段15—17周岁的残疾儿童不会用计算机上网的比例仍高达47.1%,与我国《中小学信息技术课程指导纲要(试行)》所要求的小学生尤其初中生的网络信息素养要求存在较大落差。由此可见,我国残疾学龄儿童所受信息技术教育的效果有待提高。在信息时代的核心能力习得方面,我国残疾儿童目前处于劣势,这不利于全面保障其受教育权利,也不利于其培养远程关心能力。

（二）残疾儿童网络信息基础能力预测因素的样本现状与卡方分析

残疾儿童的网络信息基础能力在残疾儿童人口特征因素、学校教育因素、家庭教育因素、社区教育服务因素、无障碍社会环境因素上存在显著差异。这些因素可初步视为残疾儿童掌握网络信息基础能力的预测因素,其样本现状见表4-8。

表4-8　残疾儿童网络信息基础能力预测因素的样本现状与卡方分析

自变量类型、名称及组别	n	会上网（%）	不会上网（%）	x^2	df	p
残疾儿童人口特征						
年龄				9.365*	3	0.025
6—8周岁	38	21.1	78.9			
9—11周岁	28	39.3	60.7			
12—14周岁	54	42.6	57.4			
15—17周岁	51	52.9	47.1			
学校教育						
是否失学				16.555***	1	0.000
在学	116	50.9	49.1			
失学	55	18.2	81.8			

自变量类型、名称及组别	n	会上网（%）	不会上网（%）	x^2	df	p
失学原因①				20.872***	4	0.000
在学跳过不填	116	50.9	49.1			
学校原因	1	0.0	100.0			
自身原因	42	19.0	81.0			
附近无特校	9	0.0	100.0			
其他原因	3	66.7	33.3			
家庭教育等						
家庭教育者身份				8.179*	3	0.042
父母双亲	137	44.5	55.5			
单亲父/母	20	35.0	65.0			
（外）祖父母	5	20.0	80.0			
其他亲属或非亲属	9	0.0	100.0			
家庭常住人口数				14.838*	4	0.005
2人	3	33.3	66.7			
3人	40	60.0	40.0			
4人	58	39.7	60.3			
5人	28	46.4	53.6			
6人及以上	42	19.0	81.0			
社区教育服务等						
是否接受过社区（村）服务				6.934**	1	0.008
一年内接受过	64	53.1	46.9			
未接受	107	32.7	67.3			
所接受社区服务的类别				7.718*	2	0.021
未接受跳过不填	107	32.7	67.3			
非教育文化类社区服务	18	44.4	55.6			
教育文化类社区服务	46	56.5	43.5			

① 关于失学原因，171位样本无人选填"家庭原因"，因此本表略去此备选项。鉴于"失学原因"因素与"失学"因素在"在学"数据信息上有重叠，故而仅将"失学"因素作为预测因素纳入回归分析模型；"失学原因"因素呈现在本表中，以便更充分地解读"失学"因素。对于有关社区教育服务的两个因素亦作类似处理。

续表

自变量类型、名称及组别	n	会上网（%）	不会上网（%）	x^2	df	p
无障碍社会环境						
城镇公共无障碍设施				11.949**	2	0.003
农村跳过不填	101	29.7	70.3			
无此类设施	6	66.7	33.3			
有此类设施	64	54.7	45.3			

（三）残疾儿童网络信息基础能力的影响因素

二元 logistic 回归分析显示（见表 4-9），残疾儿童的年龄因素、学校教育、家庭教育、社区教育、无障碍社会环境等因素对残疾儿童是否掌握网络信息基础能力产生显著影响。将以上维度的指标作为预测变量，以残疾儿童的网络信息基础能力作为因变量，建立二元 logistic 回归模型，研究这些预测变量的影响作用①。二元 logistic 回归模型拟合度的 x^2 值、sig. 值均通过检验，说明模型拟合程度好。Nagelkerke R^2 值的大小表示模型的解释能力与拟合优度，模型的 NR^2 值为 0.326，表明模型的解释力和拟合优度较好。本模型对于我国残疾儿童是否具备用电脑上网能力的预测准确率达 71.30%。

表 4-9　残疾儿童网络信息基础能力的二元 logistic 回归结果

影响因素	B	Wald	Exp(B)
年龄	-0.533	8.743	0.587**
是否失学	1.819	15.746	6.166***
家庭教育者身份	0.301	1.861	1.351[a]
接受社区教育等服务	0.738	4.016	2.092*

---

① 达显著水平的预测因子 *Exp(B)* 值即 *OR* 值小于 1 为负向预测，反之为正向预测；*Wald* 值表明影响因素对事物的影响程度，*Wald* 值越大，则影响程度越大。参见 N.Brace, R. Kemp R.& R.Snelgar, *SPSS for Psychologists(Third Edition)*.London: Lawrence Erlbaum Associates Publishers,2006,pp.298-299.

续表

影响因素	B	Wald	Exp（B）
城镇无障碍设施	−0.235	6.372	0.791*
常数	−1.897		
−2 对数概似值	181.396		
Hosmer−Lemeshow 检验x^2	9.892		
df	8		
显著性	0.273		
Nagelkerke R^2	0.326		
预测准确率	71.30%		

注：内部值 0 为会上网，1 为不会上网。上标符号^{a}表示 $p < 0.2$。

在残疾儿童年龄因素方面，总体来说，高龄段残疾儿童具备网络信息基础能力的可能性较大。表 4-8 显示，"不会使用电脑上网"的比例从 6—8 岁组别的 78.9%逐级降至 15—17 岁组别的 47.1%。值得注意的是，9—11 岁和 12—14 岁两个组别的同类比例均高达 60%，相差不足 3 个百分点。单纯的自然成熟视角远远不足以解读年龄因素数据背后的信息。鉴于残疾儿童入学总体相对偏晚，这很可能说明：小学高年段或初中低年段的学校教育对于残疾学生的网络信息能力培养尚不够重视，致使其相关潜能未得到充分开发。

在学校教育因素方面，较之在学残疾儿童，失学残疾儿童未掌握网络信息基础能力的可能性显著较高；而且表 4-9 的 Wald 值显示学校教育因素是影响程度最大的一个因素。这折射出接受学校教育对于培养残疾儿童网络信息基础能力的重要性。基于 2013 年度监测数据对我国残疾儿童失学问题的研究结果表明："6—17 岁残疾儿童失学比例达 34.74%；在失学残疾儿童中，59.70%'从未上学'，14.07%'小学或初中毕业后未升学'，26.23%在基础教育阶段'辍学'。"①换言之，失学残疾儿童 40.30%接受过部分或

---

① 侯晶晶：《我国残疾儿童失学的现状与影响因素研究》，《中国特殊教育》2015 年第 1 期。

全部的基础教育。如能提升基础学校教育质量,可望对这部分残疾儿童获得网络信息基础能力起到支持作用。此外,努力减少残疾儿童的失学现象,会使有质量的学校教育对更多残疾儿童获得网络信息能力产生积极影响。

另外值得注意的是,失学残疾儿童绝大多数将"失学原因"归为"自身原因"。进一步的数据分析表明,这种现象在肢体残疾儿童失学者中尤为突出。在残疾儿童中,肢体残疾儿童自身的学习障碍最小;但是,对 1350 个残疾儿童样本的分析显示,肢体残疾儿童的失学比例(38.6%)反而比非肢体类残疾儿童高 5 个百分点;关于"失学原因",多达 84.17% 的失学肢残儿童选择了所谓"自身原因"。教育学、社会学和法学界已普遍认同,残障程度实际上是生理损伤和社会环境交互作用的结果;但是,许多残疾儿童并不清楚自己在无障碍环境等方面的法定权利,容易片面地进行反身归因。Zablocki 等学者对美国残疾青少年的回归分析表明,在无障碍设施齐备的社会环境中,肢体残疾儿童不再属高失学风险残疾类别。① 我国的普通学校如果都能根据我国法律法规的要求实现环境无障碍,应该不至于继续出现如此高比例残疾儿童因"自身原因"失学的现象。入学率提高,其网络信息素养方面的受教育权利便能得到更好的保障。

在家庭教育因素方面,家庭教育实施者的身份对残疾儿童掌握网络信息基础能力的影响作用达显著水平。总体而言,两者的关系越远,残疾儿童未能掌握网络信息基础能力的可能性越大。表 4-8 清楚地显示了这种趋势。关于残疾儿童不会用电脑上网的比例,家庭教育者为"父母双亲"组别的为 55.5%,"单亲父母"组别的同类比例上升了 9.5 个百分点,"(外)祖父母"组别的同类比例上升了 24.5 个百分点,"其他亲属或非亲属"组别的则100% 地不会用电脑上网。"(外)祖父母"往往网络信息素养缺乏或不足,无法指导残疾儿童学习上网;"其他亲属"和"非亲属"则未必能像残疾儿童父母那样细致地考虑残疾儿童学习网络信息知识技能的重要性,并为之提

---

① Mark Zablocki, Michael P. Krezmien, "Drop - Out Predictors Among Students with High - Incidence Disabilities", *Journal of Disability Policy Studies*, Vol. 24, No. 1 (Jan. 2013), pp.53-64.

供支持。因此,有必要特别重视被寄养于核心家庭之外的残疾儿童的相关学习权益。此外,家庭常住人口数量可能通过影响残疾儿童父母可用于家庭教育的时间精力,而对促进残疾儿童掌握网络信息基础能力产生影响作用。

在社区教育服务因素方面,一年内曾接受过社区(村)服务(以下简称社区服务)的残疾儿童掌握网络信息基础能力的可能性较大,这些接受服务者71.88%接受过"教育文化类"的社区服务。一年内未接受任何社区服务、接受过非教育文化类社区服务、接受过教育文化类社区服务三个组别的残疾儿童会上网的比例分别为32.7%、44.4%和56.5%,达显著差异($x^2 = 7.718$, df = 2, $p = 0.021$)①。研究者的实地考察显示,社区教育文化服务有时关涉计算机及网络使用的知识;有些社区的文化服务站配有能上网的电脑,供人们学习和使用。残疾儿童接受社区教育类服务时,便很有可能在家庭以外接触计算机,观摩其他人如何使用计算机,并请他人为自己学习网络信息的知识技能答疑解惑。

在无障碍社会环境因素方面,无障碍权利亦是残疾儿童的重要法定权利;残疾儿童所在的学校教育场域即存在设施是否在无障碍方面达标、合法的问题。关于城镇公共无障碍设施,选填"城镇没有无障碍设施"的被访者仅6位,在统计学上的可靠性较弱,略过不论。回答"城镇有公共无障碍设施"的残疾儿童掌握网络信息能力的比例比农村残疾儿童高出25个百分点。这从一定角度折射了我国城乡物质环境无障碍方面的落差,我国广大农村地区的环境无障碍建设任重而道远。信息无障碍由于相对低成本,现阶段在农村具有更大的可操作性。可以通过分享优质教育资源的远程教育,来提升农村残疾儿童的网络信息基础能力培养,逐渐弥合残疾儿童内部城乡之间的"数字鸿沟"以及有关受教育权利的落差。

---

① 此题项的分析基于研究者手动编码方得完成。其原始形态为:"残疾孩子接受过以下哪些社区(村)服务?(多选)1.康复服务,2.教育文化服务,3.职业技能培训服务,4.生产生活服务,5.知识普及,6.其他。"手动编码时将"教育文化服务""职业技能""知识普及"合并为"教育类服务"选项,将其余各类服务合并为"非教育类服务"。

三、基于结论的对策思考

进入 21 世纪以来,为了防止儿童成为网络时代的功能性"文盲",信息技术课已成为我国义务教育的必修课。残疾儿童受教育权利的一个重要方面在于获得网络信息基础知识技能的平等机会。本书首次基于 2013 年我国残疾人状况监测数据分析发现:拥有家庭电脑的 6—17 周岁残疾儿童仅有 40.35% 具有"会用电脑上网"这一网络信息基础能力,1350 位城乡学龄残疾儿童中"家庭电脑上网者"仅占 5.11%。二元 logistic 回归分析显示,高龄段残疾儿童掌握网络信息基础能力的可能性较高;在学校教育方面,失学的残疾儿童掌握网络信息基础能力的可能性较低;在家庭教育等因素方面,家庭教育者身份为"父母双亲"有助于提高残疾儿童掌握网络信息基础能力的可能性;在社区教育因素方面,近一年内接受过社区教育类服务的残疾儿童掌握网络信息基础能力的可能性较高;城镇居住地附近有公共无障碍设施的残疾儿童掌握网络信息基础能力的可能性较高。

残疾儿童高比例的网络信息基础能力缺失会拉低残疾人群体以至于全国人口的信息素养,降低所涉个体及家庭的发展空间、人生价值和幸福感,加剧残健群体间的"数字鸿沟",进而导致网络时代残健群体生存与发展权利的深刻不平等。毋庸讳言,残疾儿童网络信息素养低下现象的背后存在经济社会发展水平以及福利制度等一些宏观原因,前文"因残致贫"等讨论对此略有触及。针对实证研究揭示的关涉教育的具体原因,综合考虑相关因素,有望直接提升残疾儿童的网络信息素养。扎实地积累微观、中观层面的进步,可为改善宏观状况提供动力和准备条件。应综合考虑相关因素,积极地改善残疾儿童的网络信息素养培养现状,建议如下。

(一) 提升义务教育阶段信息技术课教学的及时性与实效性

在年龄维度上,12—14 周岁和 15—17 周岁组别的残疾儿童分别只有 42.6%、52.9% 具备用电脑上网的能力。这与我国信息技术教育课程的教学目标等要求相去甚远。我国信息技术课程标准将小学的网络信息模块教学内容定为选学,到初中才设为必修课。但是,具体到残疾儿童在信息技术方面的受教育权保障,必须考虑残疾儿童小升初失学率较高这一事实。本研究基于2013年监测数据计算发现,2013年全国1350个6—17周岁残疾儿童样本失学率为34.74%;在失学者中,9—11周岁和12—14周岁残疾儿童分别占15.6%和24.1%。换言之,很多适龄残疾儿童只能读到小学肄业或毕业,便再无机会延续学校教育。而本书关于"失学"因素影响作用的研究结果已揭示:学校教育对于残疾儿童掌握网络信息基础能力具有近乎不可替代的影响作用。因此,要切实保障残疾儿童在义务教育阶段学习网络信息技能的平等受教育权利,一方面,必须逐步减少残疾儿童在初中起点上和过程中的失学现象,改变近年来残疾儿童失学比例在高位徘徊的现象;另一方面,应该考虑将小学高年段残疾儿童的网络信息课程选学内容必修化,借助信息技术课课堂上的个别辅导或者校内电脑兴趣班等平台,确保义务教育阶段残疾儿童信息技术课教学的及时性,以使不得已过早失学的残疾儿童也有机会习得这种在网络时代至关重要的知识技能,避免成为信息时代的电脑盲、网络盲。这样的微观制度安排符合"教育资源配置的差异补偿原则";该原则关注受教育者在社会经济地位等方面的差距,主张对处境不利的受教育者在教育资源配置上予以补偿,差异性地配置教育资源,以满足其充分发展的需要。①

此外,在学残疾儿童半数不会上网的现状提示我们:有必要进一步提升义务教育阶段信息技术课程的教学质量和实效性,切实保障小学高年段和初中阶段残疾儿童获得网络信息知识技能的机会,尤其是在教师指导下的实际操作机会。特殊学校是我国残疾儿童集中就读的教育机构。曾有研究者有感于特殊学校的信息技术教育质量不高,呼吁"在全国特殊教育学校普及信息技术教育,应从四个层面推进:在特殊教育学校普及信息技术教育;普及网络的运用;大力发展现代远程教育;开发研制各类残疾学生专用的电脑等各种硬件和软件"②。研发符合残疾儿童特殊需要的硬件与软件,

---

① 褚宏启、杨海燕:《教育公平的原则及其政策含义》,《教育研究》2008年第1期。
② 李天顺:《加快信息技术教育工作步伐 实现特殊教育跨越式发展》,《现代特殊教育》2004年第2期。

确实有助于听力、视力等类别的残疾儿童掌握网络信息基础能力。相关机构宜更加重视此类研究成果向产品转化，并向学龄残疾儿童推介，使更多的目标用户真正从中受益。此外，"在学校信息化建设中，关键要建设一支有着较高信息素养的教师队伍"①。对于分散随班就读的残疾儿童，学校应结合我国《信息技术课程纲要》的要求，从硬件、软件、教学交流等方面重视回应各类残疾儿童的特殊学习需要，开展覆盖所有学生的有效的信息技术课教学，确保他们在义务教育阶段掌握网络信息基础知识技能，为其日后借助其他渠道进一步自学打下基础、提供可能。

（二）推进校园无障碍以减少残疾儿童内部的信息技术受教育机会落差

关于残疾儿童掌握网络信息能力在残疾类型上的不平衡性，值得注意的是：肢体类残疾儿童的学习能力虽然较强，但是如表4-7所示，其掌握网络信息基础能力的比例比残疾儿童的同类平均水平还要低4.5个百分点。由于没有相应的特殊学校托底，肢体残疾儿童几乎都是随班就读；但是，很多普通学校的无障碍环境往往未达到《残疾人保障法》和《无障碍环境建设条例》的要求，而其计算机室一般又在楼上，致使无法独立上下楼梯的肢体残疾儿童极易丧失去计算机房上机操作的可能性，难以跟进信息技术老师的教学，结果成为电脑盲。成为网络时代的"功能性文盲"，非常不利于残疾儿童的受教育权保障及其有质量、有尊严的生存与发展。鉴于此，校园无障碍等社会环境因素亟待改善。应根据《残疾人保障法》的相关要求，借助教育主管部门和城乡住建部等的联席工作制度，推动并督促校园无障碍改造。2014年颁布的《北京市中小学融合教育行动计划》关于校园无障碍改造的措施可资借鉴。表4-8和表4-9关于无障碍社会环境因素的数据，前文对残疾儿童因所谓"自身原因"失学及此归因背后的原因分析，都印证了此对策的必要性和可行性。

---

① 周建忠、申涤尘、徐玲：《吉林省高校教师信息素养的现状及提高对策》，《教育研究》2009年第5期。

（三）志愿者通过入户"服务学习"增援家庭教育功能

鉴于家庭教育因素的影响作用，教育主管部门等机构可以呼吁、鼓励高校学生等志愿者作为"替代父母"，走入残疾儿童家庭，手把手地辅导残疾儿童学习网络信息基础技能。对于已掌握此技能的志愿者而言，网络信息基础能力的技术门槛并不高，相关教学、辅导的难度并不大；只是需要相关部门帮助残疾儿童与志愿者搭建有效对接的平台。中小学信息技术课程计划中网络信息技能学习的上机操作时间一般不超过 20 小时。由此可推知，志愿者提供大约 20 小时的指导，即可帮助一名残疾儿童在网络信息能力方面脱盲。志愿者"服务学习"式的入户指导，对于被寄养在核心家庭之外的残疾儿童掌握网络信息技能尤为重要。

（四）充分发挥社区教育服务对于残疾儿童信息素养的提升作用

回归分析表明，社区教育服务对残疾儿童掌握网络信息基础能力具有正向影响作用。由此可见，需要提高社区教育文化服务的供给量以及残疾儿童的社区教育文化生活参与度。教育机构以及社区应重视激发高校等社会各界，尤其是教育学、社会工作等专业高校学生的教育助残活力，以便更好地发挥社区教育文化功能对残疾儿童学习网络技能的支持作用。这对于失学残疾儿童掌握网络信息基础能力、培养远程关心陌生人以及其他类别他人的能力是非常重要的。

笔者在学校教育之外还研究过残疾儿童的社区文化参与①，该研究对于残疾儿童学会和邻居交往、体验邻里之间的关心具有一定的基础作用。参与社区文化生活，对于儿童的道德成长有着学校、家庭不可替代的作用，对于失学的残疾儿童来说尤其如此。笔者基于 2013 年残疾人状况监测数据分析我国残疾儿童文化权利在社区的实现现状，发现残疾儿童只有 7.3% 经常参与社区文化活动，34.6% 很少参与、58.1% 从不参与社区文化生活；残疾儿童参与社区文化生活的比例总体较低。多元 logistic 回归分析

---

① 侯晶晶：《我国残疾儿童文化权利的社区实现之现状与影响因素》，《甘肃社会科学》2015 年第 1 期。

结果显示,残疾儿童参与社区文化生活的主要影响因素包括其性别、教育、培训与康复状况,社会保障、社会支持、社区服务、法律宣传对残疾儿童参与社区文化生活也有显著影响。应当综合考虑相关因素,改善残疾儿童的文化权利在社区的实现状况。保障残疾儿童的文化权利,是关怀伦理学应用于弱势群体尊严维护的重要课题,也是建设公共文化服务体系过程中追寻权利平等的难点问题。很多残疾儿童已然因先天或后天的原因遭遇了生理上的不平等或心智损伤,在精神文化方面的(补偿性)平等对于他们建构有价值、有尊严的存在感、学会关心他人具有重要意义。

第四节　以蕴含教育关怀的融合教育促进
残健儿童学会关心他人

本章前三节从不同的角度简述了保障残疾青少年的受教育权利、提高教育质量等对于残疾青少年学会关心的意义,由于各节写作逻辑框架的限制,未便展开。此处单独以一节专门论述优质的教育何以能促进残疾儿童关心他人。本书第二章分析的班组串换教育实验研究取得了促进儿童关心同学的实效,除前文分析的机制之外,另一原因是它符合了融合教育的某些规律,包括赋予了融合教育应有的伦理内核,鼓励同伴支持这一教育场域中的主要关心形式。笔者所持的是温和稳健型的融合教育理念。这里首先具体阐述笔者所言的"融合教育"的内涵,然后分析这种融合教育何以有助于残疾青少年关心他人。

一、何谓稳健、优质的融合教育

融合教育是我国"以特殊学校为骨干,以随班就读为主体"的特殊教育体系的主体部分,是当代国际特殊教育发展的主流,也是国内外残疾儿童受教育权利保障的主要形式。融合教育在我国目前主要采取随班就读的方式,融合教育与随班就读既有差异,更有联系。有学者曾分析我国随班就读现状与融合教育的十重差别①。我国的随班就读"处于起步阶段，还比较简单、粗糙，是解决我国残疾儿童教育问题的一个切实可行的具体实施办法，并不像融合教育那样是完备的教育目标、方法体系"。尽管如此，鉴于特殊儿童部分或全部学习时间被安置于普通教室的教育都可视作融合教育，随班就读就其本质而言属于融合教育的范畴。融合教育包括两个子类别，亦可说是两种取向：完全融合教育与部分融合教育（full inclusive education and partial inclusive education），其区分的标准在于特殊儿童是全部时间还是部分时间被安置于普通教室接受教育。② 完全融合的支持者主张将所有儿童完全容纳进普通教室；部分融合的支持者则认为需要考虑实际的教学效果，以比较缓和的方式有选择地融合。③

一般认为，无视客观条件一味推行"完全融合教育"，过于激进。美国一些地区曾进行过试点，强行关闭特殊教育学校，特殊教育学校的许多教师被迫另谋职业。强行彻底转轨，动机虽好，却使很多此前一直在隔离轨道中接受教育的学生以及重度残疾的学生一时在身体、心理、知识结构、自理能力等方面难以适应，也浪费了很多特教学校的师资力量；同时，"普通学校"突然接收残疾学生也来不及适应，容易使残疾学生陷入"随班就坐"的境地，而不能真正地"随班就读"。事实上，没有一个国家实行纯粹的"完全融合教育"。例如，美国为 13 类不同残疾类别学生提供 6 类安置环境，仍有3.8%安置在分离环境中。④

温和、稳健的融合教育能够从概念和实践两个层面上辩证地看待平等，以"最少限制"理念以及"适当个别支持"等做法力求最大化地有效保障残疾儿童的受教育权利。名实相符的融合教育并不追求全纳单轨制的残疾人

---

① 朴永馨：《融合与随班就读》，《教育研究与实验》2004 年第 4 期。

② 邓猛、朱志勇：《随班就读与融合教育——中西方特殊教育模式的比较》，《华中师范大学学报（人文社会科学版）》2007 年第 4 期。

③ 邓猛：《融合教育与随班就读：理想与现实之间》，华中师范大学出版社 2009 年版，第55—58 页。

④ 张朝、于宗富、方俊明：《中美特殊儿童融合教育实施状况的比较研究》，《比较教育研究》2013 年第 11 期。

教育,而是尊重残疾学生的学习性向、天赋和自主选择。残疾青少年内部的差异性是不可忽视的。消除主观上不平等的态度,并不意味着能立竿见影地消除学生身体条件方面客观存在的不平等及其学习性向的差异性。

融合教育之合理性和实效性在于原则性与条件性的统一,才有益于良好的初衷与效果相一致。概念上的平等是无条件的机会平等,例如每个学生都有权利享受免费的义务教育,融合教育向每个残疾学生开放;而实践中的平等是有条件的。学习者的身体状况、智力水平、心理特质、所处社会阶层、家庭经济文化状况以及监护人的教育期望等,都是实际在起作用的变量。选择的多样性源于所有变量的合力,如果一味强求结果平等或曰结果的等同,反而会在强制实施过程中导致实际上的不平等。温和、稳健的融合教育充分尊重各方面的合理要求,给予残疾学生充分选择的余地和自由。

《特殊需要教育行动纲领》体现的即是温和、稳健的融合教育主张,对于融合教育成功的条件性、渐进性做了较充分的估计,同时明确地呈现了融合教育的基本原则——尽最大可能地实现融合。该纲领指出:"全纳学校[①]为实现平等机会和全面参与提供了有利的环境,其成功需要的不仅是教师和学校其他人员的努力,还包括同伴、家长、家庭和志愿者的共同努力……全纳学校的基本原则是:只要可能,所有儿童就应一起学习,而不论他们可能有的困难或差异如何。……在全纳学校里,有特殊教育需要的儿童应该受到他们所需要的任何额外的帮助,以确保他们受到有效的教育"。[②] 稳健的融合教育对于"随班混读"具有高度的警觉,强调了融合教育发挥理想效果的前提是持续性地回应残疾儿童的需要。只有这样,才能从物理上的混合走向心理、社会意义上的融合。

对于极特殊的情况,《特殊需要教育行动纲领》指出:"将儿童安排进特殊学校或进普通学校中固定设立的特殊班级,应该是种例外。只有在如下不多见的情况下,即普通班级明显表明不能满足儿童的教育需要或社会需

---

① "全纳学校",inclusive schools,亦可译为融合式的学校。
② 赵中建主编:《教育的使命》,教育科学出版社 2000 年版,第 136—137 页。

要,或为了特殊需要儿童的福利或其他儿童的福利需要这样做时,才可建议有这种例外。"①不过,即使是这部分学生,也可以受益于融合教育的发展。因为借助普校、特校的部分资源共享等方式也可使在特殊学校或特殊班级接受教育的残疾儿童有机会与更广阔的社会、与健全青少年进行交流与融合。笔者在伦敦访学时在普通幼儿园和普通中学都观察到重度残疾学生跨校交流、共享普通学校教育资源的实例。

　　成功地实践部分融合教育理念的案例之一是芬兰的残疾人教育。融合教育主张残疾儿童有权在普通学校中平等地接受教育,这已经成为全球特殊教育发展的主要趋势。芬兰融合教育的发展始于在普通教育领域取消分轨的综合学校改革。芬兰的融合教育三大特点之一是接受了部分融合的观点。② 出于保证教育质量的意愿,芬兰并没有接受将所有残疾儿童安置进普通教室的完全融合观念。此外,芬兰综合学校(普通学校)开展非全日制特殊教育,为传统意义上的残疾学生和学习上遇到较大困难的所有学生提供教育服务;这些学生大部分时间还是在主流教室(普通教室)中接受教育,只是在某个特定的时间段接受额外的教育服务。2009 年,芬兰约有 23% 的学生接受过非全日制特殊教育。③ 由于接受"特殊教育"的儿童范围扩大了,残疾儿童在主流学校内接受额外的特殊教育服务就不会太显眼,这也在很大程度上减少了对残疾儿童的歧视与排斥,促进了融合教育发展。2007 年芬兰残疾学生在隔离的特殊学校中的比例为 1.4%。④ 芬兰很多教师认为,对具有严重学习困难的学生而言,隔离特殊教育可能对他们更有利。⑤ 虽然部分融合的

---

① 赵中建主编:《教育的使命》,教育科学出版社 2000 年版,第 136—137 页。

② 景时、刘慧丽:《芬兰融合教育的发展、特征及启示》,《外国教育研究》2013 年第 8 期。

③ Statistics Finland, *Number of Pupils Transferred to Special Education Unchanged, Small Increase in Part-time Special Education*, 2011-6-9, http://www.stat.fi/til/erop/2010/erop_2010_2011-06-09_tie_001_en.html。转引自景时、刘慧丽:《芬兰融合教育的发展、特征及启示》,《外国教育研究》2013 年第 8 期。

④ J.G.Linda & J.Markku, "Wherefore art thou, inclusion? Analyzing the development of inclusive education in New South Wales, Alberta and Finland", *Journal of Education Policy*, Vol.26, No.2(Apr.2011), pp.263-288.

⑤ 裴巧灵:《芬兰全纳教育研究——历史、现状及启示》,曲阜师范大学硕士学位论文,2011 年,第 22 页。

观念潜藏着排斥特殊学生的风险,在一些国家部分融合观念在实施过程中可能成为学校不接受残疾学生的借口,但是芬兰教师只有在穷尽所有办法之后,才建议将学生安置在隔离的环境中。①

我国融合教育的质和量还有待长足发展,才能帮助更多的残疾儿童实现接受融合教育的潜能,更有效地保障其受教育权利。"对中美近20年的融合教育进行了比较研究,发现我国特殊儿童受教育人数比(0.017%—0.021%)与美国(10.48%—12.25%)相距甚远。美国为13类不同残疾类别学生提供6类安置环境,安置在分离环境的只有3.8%②;我国为3类特殊儿童提供3种安置环境,安置在分离环境的占36.73%③。"残疾人教育从无到有,从隔离走向融合,是社会发展到一定阶段的产物④;融合教育又以独特的方式作用于社会的文明进步和人的发展,包括儿童的道德成长。以下具体分析融入适当教育关怀的融合教育何以能促进残疾儿童关心他人。当然,有质量的全纳教育亦能促进健全儿童学会更广谱地关心他人,包括关心残疾同学。这在本书其他章节已有论述,例如,在本书第二章第四节论述的小学教育实验中,儿童关心考试分数为个位数的同学,出现这种状况的学困生实际上就是具有学习障碍的特殊需要学生。

之所以强调"有质量的"融合教育,是因为反面的情况在一定程度上确实存在。笔者通过访谈获悉,很多残疾青少年具有相似的受教育经历:怀着逐渐融入社会的期待进入全纳学校或全纳班,但在学校里因缺少视力残障儿童所需教材、无人辅助学习、受健康同辈群体疏离等原因,在小学毕业前后不得不转入或者回流到特殊学校,到初中毕业时仍为融入社会的路径忧心忡忡,重回问题的原点。从随班就读残疾学生的辍学率以及有关同伴支

① 景时、刘慧丽:《芬兰融合教育的发展、特征及启示》,《外国教育研究》2013年第8期。
② 张朝、于宗富、方俊明:《中美特殊儿童融合教育实施状况的比较研究》,《比较教育研究》2013年第11期。
③ 张朝、于宗富、方俊明:《中美特殊儿童融合教育实施状况的比较研究》,《比较教育研究》2013年第11期。
④ 侯晶晶:《论人性观的嬗变对特殊教育的影响》,《现代特殊教育》2004年第1期。

持的研究情况看，学校中的同伴支持有待加强。有些学校中非但同伴支持不足，还存在健全学生对残疾学生的冷漠、伤害现象。例如，针对特殊需要学生的残疾特点取绰号，模仿、取笑其残疾特点，等等。我国学生在学会关心方面面临着一些结构性的阻碍因素，本书第二章第三节对此有专门论述。目前关于同伴支持的文献，大多论及同伴如何看待残疾同学，这是个体层面的分析。在现象的背后，还有必要分析深层次的制约因素。与此形成印证的是前文关于我国残疾儿童接受融合教育的量化研究。该研究表明，残疾儿童在普通小学、初中、高中接受融合教育的比例逐级锐减。这从一个角度说明，我国残疾青少年接受有质量的融合教育这一权利有待得到更加充分的保障。

联合国教科文组织于1994年颁布的《特殊需要教育行动纲领》强调，融合教育追求能"成功地教育"包括重度残疾儿童在内的"所有儿童"，并"帮助改变歧视性态度"。① 融合教育专家托尼·布思（Tony Booth）曾断言，"education for all 和 inclusion of all 是两个概念"②，"囊括所有儿童的教育"确实不同于"融合所有儿童的教育"。前文曾提及，"inclusive education"在我国有两种译法，即"全纳教育"和"融合教育"。其含义的一个重要差异在于："全纳教育"就其字面意义而言不易区分"囊括所有儿童的教育"和"融合所有儿童的教育"；而"融合教育"则明确地包含质与量双重要求以及伦理精神的追求。融合教育的"inclusion"是和"exclusion"相对的概念，不能简单地体现为数字化的成果，也绝不是简单地把特殊需要儿童与健全儿童进行物理的混合，"融合教育"要求教育场域尽可能取消各种排斥，有效地促进所有学龄儿童的发展。由此可见，对融合教育的界定主要不是形式上的或数量上的，而是实质上的。在现有经济条件下如何开展让特殊需要儿童满意的融合教育，从关怀伦理视角来看，教育关怀有可能为此打开一扇新的视窗。

---

① 赵中建主编：《教育的使命》，教育科学出版社2000年版，第136页。
② 黄志成：《全纳教育之研究——访英国全纳教育专家托尼·布思教授》，《全球教育展望》2001年第2期。

二、融合教育何以能促进残疾儿童关心他人

（一）所受教育关怀促生关心动机

此处论述的教育关怀源自关怀伦理学及相关的关怀教育理论。伦理学被亚里士多德称为"实践哲学"，关怀伦理学尤以注重实践为鲜明特色。"基于关怀伦理的教育理论强调对学生生命的尊重、对学生体验和感受的重视、教师的榜样作用和教育的道德实践性特征。完整的教育关怀是关系性的，是关系中的一方（如教师、同学）做出自己力所能及的努力，合理满足另一方（例如，特殊需要学生、其他同学）的需要并得到其承认的过程。教育关怀应该充分体现于教学、评价、管理等教育的每一过程和方面。教育关怀的过程应该有利于被关怀者实现最佳发展可能性。包含适当教育关怀的教育实践重视个体性、具体性和学生真实感受，有利于培养学生健康的人格、责任感、关怀意识和关怀能力。"[①]关怀教育理论摒弃自以为是、居高临下的"关怀"概念；它认为被关怀者的真实感受才是确定"关怀"行为性质与效果的最终标准。内尔·诺丁斯曾提出一个公式："（1）A 关怀 B；（2）A 由此做出相应的行动；（3）B 承认 A 关怀 B。"[②]这相应地要求教育关怀以被关怀者为重心，同时强调教育关怀关系的相互性，即形成关怀关系的双方皆对关怀关系负有责任，被关怀者应学会真诚合作、积极回应。强调效果与质量的关怀教育理念，能够从心理健康、学校管理、师生关系、教育方法及同辈群体的关系等方面为实现名实相符的优质融合教育提供助力。关怀伦理学认为，被关怀的体验很有可能转化为关心的动机。这一点在本研究对青少年的访谈中得到多次印证。残疾青少年在名实相符的融合教育中所受的教育关怀亦有助于化育其关心他人的动机。

---

① 侯晶晶、朱小蔓：《诺丁斯关怀道德教育理论及其对我国教育的启示》，《教育研究》2004 年第 3 期；侯晶晶：《教育关怀：优质全纳教育的内核》，《华中师范大学学报（人文社会科学版）》2007 年第 4 期。

② N.Noddings, *Starting at Home: Caring and Social Policy*, Berkeley: University of California Press, 2002, p.19.

（二）融合教育帮助残疾儿童建构"关心者"等积极身份

每个人实际上都是关系性的自我，而非纯粹自主建构或者预成的自我。自我生成于和他人的很多相遇中，即"$A_t = \{(A_1, B), (A_2, C), (A_3, D), \cdots (A_4, e), (A_5, f) \cdots\}$。其中，A 代表对先于时间 t 的自我的种种描述，大写字母（B、C 等）代表他人，小写字母（e、f 等）表示事物、思想及其他除人以外的因素。"[1]来自师生的评价是残疾儿童自我意识的重要影响源之一。作为关系性的品质，教育关怀强调积极的师生关系对促进儿童成长的重要作用。残疾学生的受教育质量与生活状态在相当大的程度上取决于师生关系。在中小学教室里，教师是唯一的成人。学生与教师的联系在直接交往频度、时间长度上，在无可选择性上、在教师的权威性与学生的易感性方面，均为家庭及其他教育机构中的儿童与成人关系所无法比拟的。

来自教师（以及父母、同学）的合理认可是关怀教育的一种基本方法。关怀式教育倡导教师赋予学生具有现实性的最佳自我形象——既不是强加于学生某种遥不可及的幻想，也不是提出过于主观的"期望"，而是"找到学生现有的最好的可能性。这样，学生便产生出力量感，于是变得更好"。给予学生这样的认可，是理想与现实的最佳结合点。[2] 有研究表明："自我意识是对自己作为一个独特存在的个体的认识，是作为主体的我对于自己以及自己与周围事物的关系，尤其是人我关系的意识，包括自我观察、自我评价、自我体验、自我监控等形式。"[3]人的自我兼有被建构和自主建构的成分。残疾儿童作为弱势群体，具有功能补偿的客观需要与获得外界认可的强烈意愿，所以其自我中被建构的成分总体上可能多于健全同辈群体。某位残疾青少年曾在全国残运会上获得一枚银牌，但他所在的全纳学校没有给予他任何形式的认可，结果他在失落之余，在网上发帖表示不满，而后又

---

① ［美］内尔·诺丁斯：《始于家庭：关怀与社会政策》，侯晶晶译，教育科学出版社 2006 年版，第 101 页。

② N. Noddings, *Caring: A Feminine Approach to Ethics and Moral Education*, Berkeley: University of California Press, 1986, p.179.

③ 顾明远主编：《教育大辞典》第 5 卷，上海教育出版社 1992 年版，第 385 页。

向研究者倾诉苦闷。由此案例可见,正如关怀教育理论指出的那样,教育关怀应体现于教育的所有维度与过程。

教师应尊重每个学生具体的发展需要与生命体验。教师关心每个学生,并不是像阳光平均地洒在每个人身上那样,而是重视回应被关怀者的具体感受,以便帮助其实现最佳发展可能性。应辩证地看到,即使每个人都实现了最佳自我,人与人的差异仍然存在。因此,关怀教育理论倡导"非选择性关怀",鼓励教师认可多元、悦纳差异(只要差异不在假、恶、丑之列),以避免特殊需要儿童产生"厌师及学"的心理。个别学校或教师把学困生人为地鉴定为"智力水平低下",强迫其转学,以提升自己学校的升学率。这种违背非选择性教育关怀的做法,是无法用"经济欠发达"等任何外在理由加以搪塞的,会对青少年的积极自我生成具有巨大的负面作用,严重违反教育应有的伦理精神。

另需指出的是,融合教育的内涵比传统意义上的特殊教育更丰富。融合教育的研究对象不仅是残疾学生,而且包括任何学生的合理共性需要和特殊需要。马斯洛关于共性需要的论述是众所周知的,此处不再予以赘述。特殊需要则有程度之别、显隐之分,不应顾此失彼地以急迫的显性需要遮蔽长期的隐性需要。除残疾学生外,还有一些学生情绪易变、心理脆弱,其心态常徘徊于自卑、自傲的两极,对外界负面信息具有很高的场依存性。这样的青少年处于心理亚健康状态,在现实生活中一旦遭遇挫折,往往更加退缩到封闭的自我中或逃遁于幻想性的虚拟世界。在青少年时期接受数载乃至十余年学校教育的过程,亦是其身份建构过程中的重要组成部分。融合教育通过促进残疾青少年积极的自我认同,建构起包括"关心者"这层身份在内的积极身份,而不是被动、灰色地看待自己,将自己认定为失败者或单维度的受助者。融合教育可为残疾青少年作为关心者赋能,使其亦较有可能作为关心者与他人结成关心关系。

（三）融合教育提升残疾儿童关心他人的现实能力

亚里士多德曾提出"身体—情感—理性"的三维教育观点。非智力类的多数残疾儿童某些生理功能已然受到损伤,在身体素质某些方面显得比较落后，而身体素质在生命早期恰恰尤其重要。因此，残疾儿童较迫切地需要借助情感、理性的良好发展来弥补身体的不足，进而构建良好的心态、确立积极的自我意识与健康人格。但是，在当前学校教育生活中，残疾儿童的这一压倒性需要往往难以满足。随班就读的许多残疾学生由于缺乏相应的教育关怀，而承受着难以应对的心理压力与学业压力。沉重的自卑感成为一种长期稳定的、严厉的"惩罚"。这些学生的内心常常体验着焦虑感、不安全感和恐惧。教育机会实际上是中性的概念，具体性质取决于其内涵。赫尔巴特早已指出，教学应该具有教育性。真正意义上的教育是指向学生发展的。教育机会对于每个学生而言的性质主要取决于它带来的占主导地位的体验。

教育研究表明，青少年时期是一个人成长的关键期，而教育关怀对青少年的身心成长具有不可替代的作用。艾里克森提出了心理社会性发展八阶段论，论证了各个阶段的积极与消极特征。在八阶段中，6—11岁为第四阶段，它的发展性特征是"勤奋对自卑"。此阶段的儿童很在意掌握社会的与身体的技能，以便不弱于同伴。如果儿童常常能相当出色地完成一些事情，并受到关注和肯定，便会养成勤奋感。如果儿童常在尝试中遭受挫折，或者所做之事常受指责或冷遇，便会感到自己能力差，以后会避免接受新任务或消极地对待工作，以免在付出努力之后仍然面对失败。富于勤奋感的孩子学习认真、有热情，为完成任务感到自豪。成年人对待工作的习惯可追溯到此阶段。[①] 残疾儿童如果学业屡屡失败，他/她在学校生活中便常体验到无奈、无助，感到处处低人一等。相反，残疾儿童如果能够得到较充分的教育关怀，其获得学业成功的可能性也随之增加，其自我期待、自信心、自我效能感会显著提升，进入成长的良性循环，更好地积累自我关心与关心他人的能力。

教育关怀亦可渗透在教育管理机制中，增进接受融合教育的残疾儿童的正向体验。我国内地很多基础学校尚无财力设置类似"SENCo"[②]那样的

---

① 顾明远主编：《教育大辞典》第5卷，上海教育出版社1992年版，第216页。
② 卢乃桂：《融合教育在香港的持续发展——兼论特殊学校的角色转变》，《中国特殊教育》2004年第11期。

专职岗位为特殊需要学生提供专门的辅导、帮助或咨询。在封闭的校园围墙外，在家庭、社区及其他机构中，有很多潜在的志愿者愿意进入校园帮助残疾儿童。《特殊需要教育行动纲领》明确指出："尽管融合性学校为实现平等机会和全面参与提供了有利的环境，但其成功仍需要的不仅是教师和学校其他人员的努力，还包括同伴、家长、家庭和志愿者的共同努力。……全纳学校必须认识到学生的不同需要并对此做出反应，并通过适当的课程、组织安排、教学策略、资源使用以及与社区的合作，来满足学生不同的学习风格和学习速度，并确保每个人受到高质量的教育。"①关怀取向的学校教育制度注重整合学校内外的教育资源。残疾学生的学业生命线很可能由于缺乏不可或缺的外援而处于风雨飘摇的状态。海伦·凯勒的命运转机即来自始终相伴的外在的眼睛——其启蒙教师兼陪读者莎利文女士。若无此外援，海伦·凯勒的最佳自我完全不可能外显为令人感佩的现实，给无数人带来正能量和助益。作为一种开放的教育，融合教育必须整合对于特殊需要儿童的多种支持因素，最大限度地开发残疾青少年的潜能。"积极心理学认为，每一个人都具有一种为了得到良好的结果而灵活自我调节的能力，即积极力量。积极的教育理念、学校文化和师生关系，有助于引导学生自主学习与成长。积极的教学引导以及因材施教，有助于使学生获得全方位发展。"②名实相符的融合教育有助于开发残疾青少年内生的积极力量，实施卓有成效的生命教育，从而最大限度地促进残疾青少年的发展。关心他人往往是需要依托能力的，受过良好教育、实现充分发展的残疾青少年能够更好地、更充分地去关心他人。

　　实际上，融合教育不仅有助于残疾青少年关心他人，也为健全青少年更加广谱地关心他人提供了可能。在一些全纳学校里，有些健全学生及其父母抱怨残疾学生占据了老师很多注意力，额外占用了教学时间，担心不利于健全学生的发展。其实，儿童的最佳发展具有统整性，并不局限于认知能

---

① 赵中建主编：《教育的使命》，教育科学出版社 2000 年版，第 13 页。

② 冯静：《论积极心理学视角下的教育改革》，《教育探索》2014 年第 12 期。

力、知识水平的发展。从小培养健康的道德人格，关系着一个人终生的幸福。我国两所知名高校分别有健全学生做出了伤熊、虐猫之事，这从一个维度表明，仅仅关注知识积累的教育是偏颇的、不完整的。这一轮课程改革要求学校重视学生在情感、态度、价值观维度上的发展，这是很有必要的。学会与残疾同学和谐共处，为他们提供力所能及的帮助，正是有益于健全学生心智、道德健康发展的一种实践。因此，名实相符的融合教育对于残健学生的道德成长都具有积极意义。适当地运用关怀教育理念，可将表层的"矛盾"转化为深层的和谐。

这里略论一个案例。南京某高中多年来努力将关怀实践制度化、具体化、经常化。该校曾要求非毕业班的学生与本市聋校、盲校的学生结对子交朋友，每个月为这位朋友做一两件好事。该校的一位优秀学生便与一位盲童诗人成为好友，相处数载。他们一起论时事、谈文学、分享最新的计算机软件。健残和谐共进的案例在该校还有很多。该校作为"全国扶残助残先进集体"，鼓励健全青少年主动关心残疾学生，这丝毫没有妨碍健全学生的学业成就，反而因为该校注重教育的道德性，而更加赢得了学生家长的信赖与尊重。①

三、提升教育关怀品质以促进融合教育优质发展

建构优质的融合教育，需要学校教育的制度关怀、教师的关怀意识以及来自同学的同伴支持。首先，从制度关怀层面看，学校教育应从"量"和"质"两方面落实我国"先量后质"的特殊教育方针，从追求效率的数量形式平等走向彰显关怀的实质平等，同时在初级关怀和充分关怀两个维度上构建优质的融合教育。初级关怀以普遍性为特征，重在保障每个残健学生都能有学上，这是本书关于残疾儿童失学的实证研究旨在帮助破解的问题；充分关怀以具体性为特征，强调警惕融合教育中的操作暗礁，力求使每个学生都能在教育中体验关怀、收获幸福、感受成长，充分地保障受教育权利，这是

① 该校的资料源于笔者对该校陈景和副校长的访谈。

本书关于教育质量的研究旨在帮助破解的难题。初级关怀如果不以充分关怀为取向与指引，很容易流于形式。作为与教育关怀、教育公平密切相关的事业，融合教育是一个不断发展的过程。所有学校在融合教育方面都具有继续发展的空间。融合教育应渗透教育关怀，后者是一种不可或缺、不可替代的教育资源。无论从理论抑或实践上看，以教育关怀为内核，都有助于构建名实相符的优质融合教育。关于以制度关怀推进我国的融合教育发展，笔者认为有必要进一步推动社会主义核心价值观进校园，并对此以专文进行了论述。①

实现优质融合教育还有赖于教育工作者的关怀意识与能力，有赖于教师通过交往全方位地理解学生，合理引导其明示需要和可推断需要，给予智慧的关怀。朱小蔓先生曾强调，融合教育在我国能否顺利地推广和实施，教师的准备和行动是关键；而融合教育的发展对于教育事业乃至社会和谐发展都有重要意义。朱小蔓先生的教育实践鲜活地印证了她的融合教育理念，笔者对此做过专门的探讨②。为此，教师应从以下几个方面着手，为服务所有学生做好准备。第一，树立全纳式的融合教育观；第二，与学生建立良好的关系；第三，让学生有兴趣和能力掌握学习的工具；第四，通过参与和反思成为有道德敏感性的教师。③ 相反，如果无视学生的特点与需要，一厢情愿地给予"伪关怀"，往往会为学生的发展增加难度、使问题复杂化。教育工作者应警惕以关怀之初衷造成伤害之实效。在学校生活尤其是在师生交往中，无意的伤害比有意的伤害发生频率高得多，保证关怀效能、避免无意伤害，需要职业习惯式的反思与在实践中臻于成熟的教育机智。融合教育中的相遇经历对于师生双方都有益，它教化学生生成理想自我，同时也促进教师获得职场成长，通过自身的职场超越与学生发展呈现出的积极反馈，

---

①　侯晶晶：《融合教育视角下社会主义核心价值观进校园的路径研究》，《中国特殊教育》2019 年第 3 期。

②　侯晶晶：《公平而有质量的全纳研究生教育之个案研究——朱小蔓先生培养"中国首位轮椅上的女博士"之生命叙事》，《中国特殊教育》2018 年第 5 期。

③　朱小蔓：《全民教育全纳化：教师的准备与行动》，《教育学术月刊》2009 年第 7 期。

获得富含底蕴的成就感和幸福感。

《特殊需要教育行动纲领》指出："尽管全纳学校为实现平等机会和全面参与提供了有利的环境，但其成功需要的不仅是教师和学校其他人员的努力，还包括**同伴**、家长、家庭和志愿者的共同努力。社会制度的改革不仅仅是一种技术性任务，它首先依赖于组成社会的每个人的**信念、承诺和善意**。"（黑体为引者所加）①随班就读环境中的同伴支持可能是双向的、多向的，它可能发生在特殊需要同学内部、健全同学内部，也可能发生在残健同学之间。公民式的关心、有质量的同伴支持，并非是不学而会的。健全青少年给予特殊需要同学关心支持，不仅需要健全青少年做出学会关心的努力，还需要学校、社会、家庭消弭结构性的阻滞因素，拓展平等、尊重、信任的人际关系，鼓励身心条件各异的青少年进行交往，使青少年能更加自觉、有效地关心他人，乐于给予特殊需要同学力所能及的支持和帮助，使融合教育中的同伴支持充分地落到实处。同时，"弱有所扶"的制度伦理对此也能起到保障与促进的作用。②

总之，许多未贴教育标签的关怀依然是教育；富含关怀的融合教育对于残疾儿童而言则是意蕴更丰富、更体现教育性的融合教育。③ 融合教育对残疾儿童的生命力具有不可替代的提升功能。健残共建和谐校园的关怀氛围，有助于唤醒、孕育、强化残疾儿童的主体性力量。本书第二章分析的教育实验之所以能取得较好的成效，即是由于它凭借班级制度创新，破解了融合教育场域同伴支持面临的阻碍因素。有必要对于这些阻碍因素进行系统的分析呈现，以帮助更多的学校更加自觉、有效地以各自适合的方式去消解这些阻碍因素，促使更多的学校能够有效地实践融合教育。

对于残疾儿童既需要进行教育学的内部研究，也需要从更大的语境和背景去考察之、推进之。"观念、制度、媒介、利益和权力诸因素交织在一

---

① 赵中建主编：《教育的使命》，教育科学出版社 2000 年版，第 136 页。

② 侯晶晶：《落实"弱有所扶"政策　推进教育改革发展》，《教育研究》2017 年第 11 期。

③ 侯晶晶：《教育关怀：优质全纳教育的内核》，《华中师范大学学报（人文社会科学版）》2007 年第 4 期。

起,共同构成了影响教育转型的外因,并为教育系统积极主动转型提供了不可缺少的外部条件。"①此论断也适用于融合教育。此外,具体对融合教育而言,社会学和伦理学的有些资源亦可能带来一些启示。社会学中有"主要身份"(master status)这个概念,意指"通常优于其他的社会身份并且决定个体在社会总体身份中的一个或几个身份"②。每个人的主要身份可以有"一个或几个"。残疾儿童的另一层主要身份还没有引起足够的重视,那便是作为"陌生人"的身份。陌生人是在物理空间上很近而在社会空间上很远的人;"是在物理范围内的异类,在社会范围之外的邻居"③。在社会学、教育学、伦理学的综合视角下,"陌生人"这层身份有时更有力量。笔者认为,基于残疾儿童的这一上位身份概念,从"陌生人"伦理视角考察融合教育问题,可以观照更广域的影响因素。广义的融合教育观照的对象已超出了残疾儿童的范畴,还包括流动儿童、交流有障碍的国际学生以及严重学困生,等等。本书第三章所论的关于陌生人伦理视角的思考也符合广义上的融合教育研究旨趣,重视这一视角也有助于进一步提升我国融合教育的质量。

我国残疾儿童所受教育中的教育关怀质量较之 20 世纪已有很大的进步,不过仍有较大的发展空间,与理想的教育关怀状态之间仍存在一定的差距。前文分析了优化我国融合教育的一些可能路径,可望促进残疾儿童所受教育关怀,扩大其有效生活世界,增加残疾儿童在各类学校尤其是融合式的学校与他人互动的机会,并且增加其在社区乃至更大的公共领域中的可见度,从而提升残疾儿童的存在意义感、价值感,保障其应有的道德自我成长空间。这样,我国儿童关心他人的总体水平亦会得到优化。

---

① 王建华:《影响教育转型的外部因素》,《大学教育科学》2011 年第 2 期。

② [英]安东尼·吉登斯:《社会学》第 4 版,赵旭东等译,北京大学出版社 2007 年版,第 664 页。

③ [英]齐格蒙特·鲍曼:《后现代伦理学》,张成岗译,江苏人民出版社 2003 年版,第 181 页。

结　语

　　"学会关心"是21世纪全球教育的重要目标,也是我国教育政策强调的学校德育目标之一。在"关心"的诸多对象中,关心他人亟待实践者和研究者予以更多的重视。而在关心他人的研究中,较常见的是将青少年作为被关怀的对象加以研究,而青少年关心他人的研究有待加强。从关于儿童关心他人的少量已有研究看来,质性研究需要进一步强化,以期更好地明晰现状与问题,探讨对策,促进儿童的道德成长,更好地实现我国学校的德育目标。本成果对我国儿童关心他人的问题进行了质化研究、量化研究、思辨研究、案例研究和比较研究,综合运用教育学、伦理学、社会学的相关资源,以跨学科的多维视角设计的研究框架有利于保证研究成果的科学性和可信度。

　　本书基于生活德育的立场,努力将融合的视角体现于每个子研究,分析了道德学习与道德教育的融合、家庭教育对学校教育的补充、关怀病理学问题与相关教育实验的正面案例,论述了道德学习与其他方面学习相互融通的复合学习观、陌生人之间基于知情信任的交往融合,以及法律和道德力量融通共同促进儿童在公交车等高频共享的微观公共领域里关心陌生人的问题。本书最后一章从融合教育的视角研究残疾儿童通过更充分、更有质量地享有受教育权利从而扩大与外界交往、更好地学会关心他人的论题。

　　道德实践与德育研究都离不开生活世界。儿童生活的空间主要有以下场域——家庭、学校和社会。在这些场域中,其主要的关心对象是父母、同学和陌生人。据此,本书确定了如下框架与基本内容。第一章至第三章分别对儿童关心父母、同学和陌生人的道德实践进行质化研究,对应质化研究揭示的一些主要问题以及其他具有结构性的相关问题,进行儿童关心他人的影响因素研究以及对策研究,其中穿插进行相关的理论探讨。由于童年期在德性养成过程中的基础性地位,以及本研究主客观条件的限制,本研究以一所学校的中高年段小学生为例研究儿童关心他人的道德实践,用访谈法获知其关心他人"最难忘"的一件事等鲜活案例,尽力呈现儿童关心他人现状的全貌,并且对其他四所学校的中小学学生结合问卷调查法进行关心他人阻滞因素的研究。细究起来,前三章研究的"儿童"都是普通小学的学生,实际上指健全儿童,其研究成果并不能简单地迁移至残疾儿童,而后者的道德成长亦是我们所关注的。因此,第四章对于儿童的一个亚群体即残疾儿童关心他人进行前提性的研究,以使本研究的对象覆盖面更广,尽可能地观照和促进更多类型儿童的道德成长。以下概括子研究的主要结论。

父母是儿童生命的创造者、监护人,也是其生活中的重要他人。一般而言,儿童自出生开始就与父母产生双向的关系联结,从发生的时序上说早于学校和社会中的关系。对于儿童学会关心,父母从若干方面来说都是重要的他人:他们是儿童实践关心行为指向的对象;父母在反馈关心效果方面往往不需要有什么保留,可以比较充分,他们也有权威和法定的权利与责任来指引孩子的精神成长。总体而言,儿童对父母的关心早于对其他人的关心。本书首先考察青少年对父母的关心。本研究显示,儿童关心父母的案例主要包括以下类型——在父母身体不适需要照料时予以关心,协助父母做家务,回应父母的其他不时之需,在思想修养、"情感文明"等方面关心父母。值得注意的是,儿童试图在思想修养等方面关心父母,有时会遭到父母要求其"听话!"以及"还不快去做作业!"的斥责。父母的一些前现代的家庭教育理念对于儿童有效关心父母具有负面影响。针对此问题,本研究从建构提升家庭民主与父母的道德智慧等视角进行了对策研究,呼吁父母以重视情境性、反思性的道德智慧来践行家庭民主,尊重儿童的主体性、差异性、选择权、人格尊严,助力广大儿童更好地在较高层次上关心父母。

儿童达到学龄之后,大量时间是在学校尤其是班级中度过的。在学校和班级场域中,同学是儿童最常交往的对象,是其道德学习共同体的成员,也是青少年在学校中关心他人最常见的对象,很可能和其结成关心关系。因此,关心同学是儿童道德学习的一个重要方面。本研究简析了笔者对基于关怀式道德教育的道德学习的理解,从一个侧面说明为何要研究儿童关心同学的问题。然后,从内因、外因以及学业与非学业等视角对儿童关心同学的事由进行了分类描述,继而进行了动机分析以及显性、隐性的阻碍因素分析。笔者对中小学生的研究表明:我国儿童关心他人在动机生成、关心行为和效果反馈反思三个环节上均面临结构性的阻滞。潜在被关心者表达需要的渠道不畅、关心者身份遭遇贬抑、知识学习的时间过度膨胀,均阻碍儿童生成关心动机;组织的低有机化、圈层区隔强化儿童与他人的疏离、被关心者身份受到倭化、实施积极关心行为预示风险、智慧缺失导致策略失当,均对关心行为的广度与适切性构成挑战;对感恩的错误认识导致关心效果反馈失真,侵蚀关心关系并解构关心者的反思能力。厘清这些阻滞因素及其原因之后,本成果结合班组串换教育实验分析了如何破解这些问题,促进儿童有质量地关心同学等他人。

儿童不只是家庭中的孩子、学校里的学生,也是成长中的社会人。每个社会人都必然与社会上的陌生人有所接触,对陌生人的关心是关心他人的一个重要方面。本研究显示,儿童对陌生人的关心较之其对父母或同学的关心显得数量较少、类别较单一。儿童关心陌生人的对象多是老人以及比自己年幼的孩子,显示出"尊老爱幼"的特点。儿童关心陌生人在时间和空间上亦有特点。在时间上,由于在工作日闲暇较少,我国儿童关心陌生人的行为大多发生在节假日,尤其是当儿童在父母陪同下外出享受闲暇之时。在空间上,由于儿童生活的活动半径有限,有些帮助陌生人的事情就发生在邻里之间,关心帮助的就是不相识的远邻,即不住同一栋楼或相邻楼栋的邻居。儿童对陌生人未果的关心是指儿童对陌生人具有一些关心意向,但没有付诸行动或中途放弃。此类案例折射出儿童对陌生人普遍几乎不加区分地具有很重的戒备心和隔膜感,认为与陌生人交往甚至在公共场合和陌生人说话都是一件具有非常高风险的事情。另有一些案例折射出儿童自由支配时间不充裕、学习生活节奏快以及比较疲惫的生活状态。这也容易导致他们在关心陌生人的过程中有心无力。另一类少数案例是当关心他人的意愿与儿童保持个人清洁之类的意愿发生冲突时,儿童选择放弃关心帮助他人。访谈显示,教导儿童关心陌生人的家庭教育很少,教导儿童不要接触陌生人的家庭教育占绝大多数。这说明关于陌生人伦理教育方面的补白与纠偏有大量工作要做。在向陌生人社会转型的背景下,青少年学会道德地对待陌生人具有重要的教育意义与社会意义。笔者通过跨国案例研究发现:美国公立基础学校强调平等地尊重陌生人的异质性,即平等地尊重经济异质性、特殊学习需要及文化与价值观差异性;重视关心陌生人的多域实践,如作为同学的面对面非选择性关心及作为社区居民的近距离关心;创设多种条件促使青少年与学校内外的陌生人交往融合,以交往增进对陌生人的知情信任。平等、关心和信任这些互嵌价值观有助于缩小陌生人的心理距离与道德距离,以此为特征的陌生人伦理教育对于丰富学校德育、构建良序的陌生人社会具有基础性意义。

本书研究了儿童在家庭、在学校、在邻里以及在社会上关心他人之现状与问题。实际上,前三章所研究的"儿童"应该说是"我国健全儿童",儿童中有一个重要的亚群体——残疾儿童。由于有些残疾儿童身处隔离教育体系中以及其他一些原因,使得特殊教育研究领域之外的研究者们不易接触到;该领域之外或许不乏研究者存有一个不曾明言的预设——以健全儿童作为研究对象得出的研究结果亦适用于儿童的所有亚群体。正如科尔伯格基于男性被试得出的研究结论后来被吉利根等学者发现并不能公正地用于女性;同理,由于残疾儿童这一亚群体的特殊性较为突出,以上预设也未必是可靠的。本书第四章针对目前儿童关心他人研究的这个空白点,考察残疾儿童这一亚群体学习关心他人面临的一些结构性的挑战,并提出应对的可能路径。

关怀伦理学揭示的道德实习法、教师的榜样作用、重要他人的认可等促进儿童学会关心他人的方法无疑基本适用于智力健全的身体残疾儿童。对残疾儿童而言,比现状研究或道德学习方法研究更迫切的一个问题在于前提研究。第四章从我国残疾儿童的入学率、接受融合教育的程度等问题入手,揭示残疾儿童在关怀他人的能力养成、道德人格的完善、实现人之为人的充分可能性等方面一些带有普遍性的境遇。笔者首先研究残疾儿童的失学问题,由于失学,有些残疾儿童无从建立关心型的师生关系,无从与同学进行日常交往,而这些实践活动对关心他人的动机形成、实践、形成习惯、提升关心他人的意识与能力来说都是相当重要的。本研究赞同杜威所说的"教育即生活",亦赞同杜威所持的广义道德教育观点。对于曾经接受或正在接受学校教育的残疾儿童,本书第四章以信息素养的养成为例分析其学校教育质量的部分现状在一定程度上妨碍残疾儿童对他人进行远程关怀。此外,本书第四章还通过研究残疾儿童在社区的文化生活参与度,从一个侧面考察其在社区的融合程度,揭示其融入社区很不充分,这使残疾儿童难以在邻里结成与他人的广泛关系,较难有机会与他人形成单向或双向的关心关系。针对以上问题,本研究基于中国残联 2013 年残疾人状况监测数据,运用 SPSS 17.0 软件在准确描述现状的基础上,分析了其内部与外部影响因素,结合有代表性和推广价值的创新经验进行了具有可行性的对策研究,以期解决残疾儿童借助学校教育与社区参与实现道德成长的前提性问题。本研究还对依托优质的稳健型融合教育促进残疾儿童关心他人进行了思辨研究。

本书的创新努力主要体现在如下方面:

第一,本成果综合运用了多种研究方法,这在本类成果中并不多见。本书的前三章主要进行质化研究与思辨研究;最后一章主要进行量化研究与思辨研究;多个章节穿插了来自国内和国外的个案研究,陌生人伦理研究等还使用了比较研究方法。

第二,本研究自主开发了质化研究工具,其科学性与系统性可以通过关怀伦理的相关理论合乎逻辑地加以论证。通过这一访谈提纲得到的研究资料真实、丰富,较好地支撑了本研究的需要,使得本成果得以较为系统地呈现和分析了儿童关心父母、同学、陌生人的现状。

第三,本书研究了儿童对他人未果的关心,以期通过原因与对策分析,帮助儿童更有效地关心他人。该子研究在国内外似为新的探索。

　　第四,本成果对于改善残疾儿童关心他人的前提条件进行了较系统的研究,这一研究视角在国内外似尚未见到。

　　本成果的部分内容在近年曾先期发表于《教育研究》《中国特殊教育》《教育研究与实验》《中国教育学刊》《甘肃社会科学》《深圳大学学报》《华中师范大学学报》《中国社会科学报》《中国教育报》等报刊,并被《中国社会科学文摘》《人大复印资料·中小学教育》以及中国社科院网站等全文转载,创新努力得到了来自学术界的认可。例如,关于陌生人伦理教育的研究于 2014 年 12 月发表于《教育研究》,这一成果被认为填补了国内本领域研究的空白,被教育部重点研究基地南京师范大学道德教育研究所作为"十二五"期间本所的代表性成果上报教育部。此外,对于残疾儿童这一儿童亚群体的研究可望有助于补足相关研究的短板,使儿童关心他人方面的研究更加完整,使残健儿童的道德成长皆可能较直接地从中受到助益。此部分有些成果曾被《中国社会科学文摘》全文转载。本成果因主客观条件局限而存在的有待完善之处,恳请大家不吝赐教,笔者力争在未来的研究中加以弥补。

附录 儿童关心父母的访谈提纲主要内容①

同学：

　　你好！

　　感谢你接受我的访谈！关于儿童关心他人这个研究问题，我想向你了解一些真实的情况。你叙述的内容如果将来用于研究，研究者一定会隐去你的姓名以及所在学校名称。请你放心地讲述你经历过的真实情况。再次感谢你对这项研究的支持！

第一部分

　　家庭成员之间有时会相互关心帮助。关于近半年里你对父母的关心帮助，请说说你最难忘的一件事情。你可以谈谈这样一些话题。

　　一、你的爸爸或妈妈当时遇到了什么样的困难或者有什么苦恼，或者有其他需要你关心之处？你是怎么发现的？是父母告诉你的，还是你自己发现的？

_____

　　①　儿童关心父母、同学、陌生人、邻居四个子研究的访谈提纲所提问题比较近似。在此以儿童关心父母为例，呈现研究者设计、使用的研究工具的核心内容。

二、你是怎么关心帮助父母的,中间有没有什么波折或难度? 这个过程中,你们都说了什么,做了什么? 当时是一个节假日还是工作日?

三、你这次关心帮助父母的效果怎么样? 父母对你的关心有没有什么评价或反馈?

四、是哪些人或事或其他原因,促使你关心爸爸妈妈?

给访谈者的说明:

1. 如果被访者不和父母生活在一起,就请被访者谈谈代替父母照顾自己的人,谈谈自己近半年里关心那个人的一件难忘的事。

2. 第一组第一小段的所有具体问题,请您慢速地以启发提示的口吻一次性说给被访者听,帮助他/她组织思路。如有小问题没回答的,请您补问。

3. 如果被访者说近半年里好像没发生过关心父母的事,您可以用举例法帮助对方打开思路。如果对方依然想不起来,就取消"近半年内事情"的时间限制。

第二部分

一、请问你有没有经历过这种情况:你想要关心父母(如果被访者不和父母共同生活,就换为"关心代替父母照顾你的人"),却没有行动起来或中途放弃关心? 如果有,请谈谈当时是什么情形。

二、是什么原因使你没有像你愿意的那样去关心爸爸妈妈(如必要,就换为"关心代替父母照顾你的人")?

参 考 文 献

一、中文文献

UNSCO 国际教育发展委员会编:《学会生存——教育世界的今天和明天》,华东师范大学比较教育研究所译,教育科学出版社 1996 年版。

[德]黑格尔:《精神现象学》(下),贺麟、王玖兴译,商务印书馆 1979 年版。

[德]库尔特·勒温:《拓扑心理学原理》,竺培梁译,浙江教育出版社 1999 年版。

[德]马科思·舍勒:《情感现象学》,陈仁华译,台湾远流出版事业公司 1991 年版。

[法]埃米尔·涂尔干:《社会分工论》,渠东译,生活·读书·新知三联书店 2000 年版。

[法]卢梭:《爱弥尔》,李士章译,内蒙古人民出版社 2001 年版。

[古希腊]亚里士多德:《尼各马可伦理学》,廖申白译,商务印书馆 2003 年版,2015 年版。

[美]多尔迈·弗莱德:《主体性的黄昏》,万俊人等译,上海人民出版社 1992 年版。

[美]纳希·拉瑞:《道德领域中的教育》,刘春琼、解光夫译,黑龙江人民出版社 2003 年版。

[美]内尔·诺丁斯:《幸福与教育》,龙宝新译,教育科学出版社 2009 年版。

[美]内尔·诺丁斯:《始于家庭:关怀与社会政策》,侯晶晶译,教育科学出版社 2011 年版。

[美]内尔·诺丁斯:《学会关心》,于天龙译,教育科学出版社 2011 年版。

[美]约翰·罗尔斯:《正义论》,何怀宏等译,中国社会科学出版社 1988 年版。

[意]玛利亚·蒙台梭利:《有吸收力的心灵》,高潮、薛杰译,中国发展出版社 2007 年版。

[英]安东尼·吉登斯、克里斯多弗·皮尔森:《现代性——吉登斯访谈录》,尹宏毅

译,新华出版社 2001 年版。

[英]安东尼·吉登斯:《社会学》第 4 版,赵旭东等译,北京大学出版社 2007 年版。

[英]查尔斯·泰勒:《自我的根源:现代认同的形成》,韩健等译,译林出版社 2001 年版。

[英]齐格蒙特·鲍曼:《后现代伦理学》,张成岗译,江苏人民出版社 2003 年版。

[英]齐格蒙特·鲍曼:《流动的现代性》,欧阳景根译,上海三联书店 2002 年版。

《瞭望》新闻周刊:《一周网谈》,《瞭望》2008 年第 25 期。

《孟子》

班华:《"学会关心"——一种重在道德学习的德育模式》,《教育研究》2003 年第 12 期。

班建武、曾妮、蒋佳、丁魏:《教师关怀品质的现状调查——基于北京市石景山区四所中学的调查数据》,《教育学报》2012 年第 4 期。

《2013 年中国残疾人事业发展统计公报》)(残联发〔2014〕29 号),2014 年 7 月 20 日,见 http://www.gov.cn/xinwen/2014-03/31/content_2650048.htm。

曹跃进、孟晓:《残疾人基本康复服务均等化研究》,《残疾人研究》2011 年第 2 期。

陈功、吕庆喆、陈新民:《2013 年度中国残疾人状况及小康进程分析》,《残疾人研究》2014 年第 2 期。

陈伟:《道德构建 制度先行——论制度在道德建设中的作用》,《探索》2004 年第 6 期。

陈文祥:《德国还座与中国让座》,2014 年 3 月 8 日,见 http://www.china.com.cn/review/txt/2008-07/04/content_15952432.htm。

陈向明主编:《在行动中学作质的研究》,教育科学出版社 2009 年版。

程红艳:《道德教育应培养道德主体的关心能力》,《教育科学研究》2014 年第 8 期。

程建军、叶方兴:《德性伦理视域中的伪善》,《南京社会科学》2008 年第 12 期。

池丽萍、王耘:《婚姻冲突与儿童问题行为关系研究的理论进展》,《心理科学进展》2002 年第 4 期。

褚宏启、杨海燕:《教育公平的原则及其政策含义》,《教育研究》2008 年第 1 期。

邓晖:《2013 年我国义务教育学校较上年减少 1.55 万所》,《光明日报》2014 年 7 月 7 日。

邓莉:《诺丁斯关怀道德教育理论的考察与批判》,《全球教育展望》2015 年第 1 期。

邓猛、潘剑芳:《关于全纳教育思想的几点理论回顾及其对我们的启示》,《中国特殊教育》2003 年第 4 期。

邓猛、朱志勇：《随班就读与融合教育——中西方特殊教育模式的比较》，《华中师范大学学报（人文社会科学版）》2007 年第 4 期。

邓猛：《普通小学随班就读教师对全纳教育态度的城乡比较研究》，《教育研究与实验》2004 年第 1 期。

邓猛：《融合教育与随班就读：理想与现实之间》，华中师范大学出版社 2009 年版。

董玉琦：《信息技术课程设计：构成要因与价值取向》，《教育研究》2005 年第 4 期。

杜时忠：《当前学校德育面临的十大矛盾》，《当代教育论坛》2004 年第 12 期上。

杜时忠：《人文教育与制度德育》，安徽教育出版社 2012 年版。

杜鑫：《中国农村青少年失学的影响因素分析》，《中国农村经济》2008 年第 3 期。

冯建军：《走向道德的生命教育》，《教育研究》2014 年第 6 期。

冯静：《论积极心理学视角下的教育改革》，《教育探索》2014 年第 12 期。

高宝立：《进一步深入普及计算机教育》，《教育研究》1994 年第 8 期。

高聪聪、李臣之：《关怀伦理视野下教师身份的重建》，《教育理论与实践》2015 年第 19 期。

高德胜：《生活德育论》，人民出版社 2005 年版。

高德胜：《论爱与教育爱》，《教育研究与实验》2009 年第 3 期。

高健、步怀恩、于春泉、王泓武：《天津市某社区交往频度对退休老人主观幸福感影响的调查》，《中国老年学杂志》2009 年第 20 期。

高云、肖海丽：《乘公交不让座会被赶下车？——〈郑州市城市公共交通条例（草案）〉的一条新规引来争议》，《河南商报》2008 年 7 月 3 日。

高兆明：《道德生活论》，河海大学出版社 1993 年版。

葛忠明、李锦绣：《不同视角下的残疾预防及其组织体系建设》，《残疾人研究》2011 年第 3 期。

顾明远主编：《教育大辞典》第 5 卷，上海教育出版社 1992 年版。

郝凤春：《青少年犯罪与教育缺失》，《内蒙古师范大学学报（教育科学版）》2011 年第 8 期。

何侃：《残疾儿童教育现状与展望》，《残疾人研究》2012 年第 2 期。

河北省教育厅主编：《高职高专教育评估手册》，机械工业出版社 2007 年版。

侯春在：《中学生亲社会行为动机研究中的互惠动机》，《教育研究与实验》2005 年第 4 期。

侯晶晶：《论人性观的嬗变对特殊教育的影响》，《现代特殊教育》2004 年第 1 期。

侯晶晶、朱小蔓：《诺丁斯关怀道德教育理论及其对我国教育的启示》，《教育研究》

2004 年第 3 期。

侯晶晶:《关怀德育论》,人民教育出版社 2005 年版。

侯晶晶:《班级串换制实验提升道德教—学实效性的十项机制分析》,《教育研究与实验》2005 年第 3 期。

侯晶晶:《教育关怀:优质全纳教育的内核》,《华中师范大学学报(人文社会科学版)》2007 年第 4 期。

侯晶晶:《教育使残疾人成为社会的资源》,《中国教育报》2007 年 10 月 17 日。

侯晶晶:《论职业教育优质和谐发展的对策》,《教育与职业》2008 年第 3 期。

侯晶晶:《地震灾区儿童的教育关怀》,《教育学术月刊》2008 年第 11 期。

侯晶晶:《家庭的现代性挑战及其道德应对》,《深圳大学学报(人文社会科学版)》2011 年第 1 期。

侯晶晶:《被阻滞的关心——青少年道德学习面临的挑战》,《教育研究与实验》2011 年第 3 期。

侯晶晶:《推动残疾人文化事业发展》,《光明日报》2012 年 11 月 10 日。

侯晶晶:《美国小学:德育"润物细无声"》,《中国教育报》2013 年 12 月 27 日。

侯晶晶:《国外立法保障残疾人乘用公交车权益的考察与思考——发挥法律的底线伦理功能破解道德痼疾》,《残疾人研究》2014 年第 2 期。

侯晶晶:《美国教育关怀共同体初论》,《中小学德育》2014 年第 9 期。

侯晶晶:《美国公立基础学校生活化的陌生人伦理教育》,《教育研究》2014 年第 12 期。

侯晶晶:《我国残疾儿童失学的现状与影响因素研究》,《中国特殊教育》2015 年第 1 期。

侯晶晶:《我国残疾儿童文化权利的社区实现之现状与影响因素》,《甘肃社会科学》2015 年第 1 期。

侯晶晶:《我国残疾青少年职业培训的调查研究》,《现代特殊教育》2016 年第 4 期。

侯晶晶:《落实"弱有所扶"政策 推进教育改革发展》,《教育研究》2017 年第 11 期。

侯晶晶:《公平而有质量的全纳研究生教育之个案研究——朱小蔓先生培养"中国首位轮椅上的女博士"之生命叙事》,《中国特殊教育》2018 年第 5 期。

侯晶晶:《融合教育视角下社会主义核心价值观进校园的路径研究》,《中国特殊教育》2019 年第 3 期。

胡国良、刘次林:《"班组串换"德育模式的理论建构》,《教育探索》2002 年第 2 期。

胡金木：《合乎正义的道德教育：利他、利己抑或互惠?》，《教育学报》2015 年第 5 期。

胡仲明等：《"消除障碍·促进融合"国际论坛观点综述》，《残疾人研究》2012 年第 3 期。

华国栋：《从混读到就读》，《现代特殊教育》1995 年第 1 期。

黄涧秋：《"法律万能论"推动"盲目立规"》，《人民论坛》2008 年第 19 期。

黄向阳：《德育原理》，华东师范大学出版社 2000 年版。

黄志成：《全纳教育之研究——访英国全纳教育专家托尼·布思教授》，《全球教育展望》2001 年第 2 期。

纪珂：《南京虐童案被告人李征琴出狱　母子抱头痛哭》，2016 年 3 月 14 日，见 http://news.163.com/photoview/00AP0001/113022.html#fr=email&p=BI1EH2EO00AP0001。

贾莉莉主编：《"学会关心"研究》，上海教育出版社 2001 年版。

江峰：《儿童的羞感与耻感教育》，《教育学报》2015 年第 4 期。

江马益：《列维纳斯的"道德他者"思想试析》，《中国人民大学学报》2010 年第 2 期。

江苏省残疾人联合会主编：《江苏残疾人状况分析和事业发展研究》，河海大学出版社 2009 年版。

江苏省江阴市峭岐实验小学主编：《"班组串换制"纪实》（内部资料），2004 年。

蒋明宏、胡佳新：《从情感关怀到生命自觉的教师自我升华——基于关怀理论的探析》，《教育理论与实践》2016 年第 1 期。

教育部：《教育部关于印发〈中小学信息技术课程指导纲要（试行）〉的通知》，2005 年 3 月 30 日，见 http://www.moe.edu.cn/publicfiles/business/htmlfiles/moe/moe_445/200503/6319.html。

教育部：《国家中长期教育改革和发展规划纲要（2010—2020 年）》，2010 年 8 月 30 日，见 http://www.moe.edu.cn/publicfiles/business/htmlfiles/moe/moe_838/201008/93704.html。

教育部：《2013 年度全国特殊教育数据》，2014 年 12 月 1 日，见 http://www.moe.gov.cn/publicfiles/business/htmlfiles/moe/s8493/201412/181979.html。

教育部：《我国 2015 年度特殊教育基本情况》，2016 年 10 月 12 日，见 http://www.moe.edu.cn/s78/A03/moe_560/jytjsj_2015/2015_qg/201610/t20161012_284494.html。

景时、刘慧丽：《芬兰融合教育的发展、特征及启示》，《外国教育研究》2013 年第 8 期。

鞠玉翠：《试论公民正义感的培育》，《教育研究》2013 年第 11 期。

康奈尔大学法学院："49 CFR § 37.167—Other service requirements"，2014 年 3 月 7 日，见 http://www.law.cornell.edu/cfr/text/49/37.167。

雷江华：《我国特殊教育质量标准的历史回顾与剖析》，《中国特殊教育》2002 年第 4 期。

雷江华：《全纳教育之论争》，《教育研究与实验》2004 年第 4 期。

李臣之、刘怡：《"关怀伦理"视阈中的社区服务与社会实践》，《课程·教材·教法》2011 年第 9 期。

李放、沈苏燕、谢勇：《农村老人养老状况及其满意度的实证研究——基于南京市五县区的调查数据》，《开发研究》2010 年第 1 期。

李青、王涛：《基于平板电脑的特殊教育软件研究与应用现状述评》，《现代教育技术》2012 年第 8 期。

李天顺：《加快信息技术教育工作步伐　实现特殊教育跨越式发展》，《现代特殊教育》2004 年第 2 期。

李伟言：《生命整全及其教育路径探寻》，《山西大学学报（哲学社会科学版）》2017 年第 4 期。

李兴洲：《我国高等职业教育投入探析》，《教育研究》2012 年第 2 期。

梁斌言：《智力残疾儿童随班就读的理论与实践》，天津教育出版社 2010 年版。

林占发、陈长沙、胡耀斌：《规则意识的养成》，《人民检察》2008 年第 7 期。

刘次林：《幸福教育论》，人民教育出版社 2003 年版。

刘次林：《公德及其教育》，《教育研究》2008 年第 11 期。

刘次林：《现代德育的三大转变》，《湖南科技大学学报（社会科学版）》2015 年第 4 期。

刘晗、石义彬：《全球化的文化后果与世界主义的可能——汤姆林森文化传播思想研究之四》，《东疆学刊》2013 年第 4 期。

刘慧：《关注小学儿童的需要：教育学的视角》，《湖南师范大学教育科学学报》2013 年第 5 期。

刘荣：《武陵山民族地区特殊教育事业发展的问题及对策研究》，《教育研究与实验》2014 年第 3 期。

刘守旗：《社区德育资源的价值及其开发》，《辽宁师范大学学报》1994 年第 3 期。

刘守旗：《网络文化对儿童思想品德影响的调查与思考——以经济文化较为发达的江苏地区为例》，《江苏教育学院学报（社会科学版）》2007 年第 4 期。

龙宝新:《教育如何成就学生的幸福》,《陕西师范大学学报(哲学社会科学版)》2008 年第 1 期。

龙应台:《孩子,你慢慢来》,生活·读书·新知三联书店 2010 年版。

卢乃桂:《融合教育在香港的持续发展——兼论特殊学校的角色转变》,《中国特殊教育》2004 年第 11 期。

鲁洁:《生活·道德·道德教育》,《教育研究》2006 年第 10 期。

鲁洁:《道德教育的根本作为:引导生活的建构》,《教育研究》2010 年第 6 期。

鲁洁:《一种不同范式的研究——对情境教育的再思考》,《人民教育》2011 年第 18 期。

罗志坤、吕军、虞慧炯:《上海市残疾人康复事业创新实践》,复旦大学出版社 2008 年版。

吕海洁:《对几种不良社会现象的原因分析及思考》,《东南大学学报(哲学社会科学版)》2011 年第 S1 期。

吕慧、缪建东:《改革开放以来我国家庭教育的法制化进程》,《南京师大学报(社会科学版)》2015 年第 2 期。

马多秀、朱小蔓:《留守儿童心灵关怀研究:学校教育视角》,《中国教育学刊》2012 年第 7 期。

马志国:《由"集体不让座"谈谈"从众心理"》,《中国青年研究》2011 年第 2 期。

迈克尔·斯洛特:《关怀伦理对自由主义的挑战》,《社会科学》2014 年第 5 期。

孟万金、刘在花、刘玉娟:《推进残疾儿童教育公平任重道远——四论残疾儿童教育公平》,《中国特殊教育》2007 年第 2 期。

孟万金:《积极心理健康教育:奠基幸福有成人生》,《中国特殊教育》2010 年第 11 期。

潘燕、赵阳:《二审〈郑州市城市公共交通条例(草案)〉》,《郑州日报》2008 年 8 月 21 日。

潘轶、李晓茂:《南宁"强制让座"的是与非》,《上海法治报》2013 年 10 月 14 日。

裴巧灵:《芬兰全纳教育研究——历史、现状及启示》,曲阜师范大学硕士学位论文,2011 年。

彭霞光:《积极应对挑战,提高信息技术综合应用能力》,《现代特殊教育》2007 年 Z1 期。

彭兴蓬:《融合教育的价值追求及社会支持系统的建立》,《教育研究与实验》2014 年第 3 期。

彭兴蓬、邓猛:《论融合教育的关怀意蕴》,《中国特殊教育》2014年第7期。

彭兴蓬、雷江华:《教育关怀:融合教育教师的核心品质》,《教师教育研究》2015年第1期。

朴永馨:《融合与随班就读》,《教育研究与实验》2004年第4期。

朴永馨主编:《特殊教育辞典》第3版,华夏出版社2015年版。

钱一舟主编:《面向21世纪"STS·四个关心"素质教育实践》,科学出版社1999年版。

全国妇联儿童工作部编:《全国家庭教育调查报告》,社会科学文献出版社2011年版。

人民论坛编辑部:《十大争议"规定"凸显行政盲点》,《人民论坛》2008年第19期。

单中惠主编:《外国教育思想史》,高等教育出版社2006年版。

邵琪:《中小学生社会关怀品质调查研究》,《当代教育科学》2011年第16期。

邵瑞珍:《教育心理学》,上海教育出版社1999年版。

申琳、杨文生:《"十一五"中央财政将向职业教育投入100亿》,《人民日报》2007年10月25日。

石晓辉:《融合教育中的同伴作用策略》,《中国特殊教育》2007年第8期。

石中英、余清臣:《关怀教育:超越与界限——诺丁斯关怀教育理论述评》,《教育研究与实验》2005年第4期。

宋卓平、张兴杰主编:《广州市农村残疾人及残疾人事业调查研究》,华南理工大学出版社2009年版。

苏静、檀传宝:《学会关怀与被关怀——论信息时代未成年人关怀品质的培养》,《中国教育学刊》2006年第3期。

孙彩平:《在道德关系建构中生成德性》,《比较教育研究》2003年第9期。

孙瑛辉:《人文关怀:思想政治教育发展的重要维度》,《东北师大学报(哲学社会科学版)》2015年第2期。

檀传宝:《诺丁斯与她的关怀教育理论》,《人民教育》2014年第2期。

田屹:《地方性立法与道德法律关系论——从"不让座罚款"和"精神赡养"规定谈起》,《道德与文明》2008年第6期。

汪凤炎:《德化的生活:生活德育模式的理论探索与应用研究》,人民出版社2005年版。

汪凤炎、郑红:《中国文化心理学》第3版,暨南大学出版社2009年版。

王芳:《如何通过高中阶段赢得教育优势》,《全球教育展望》2014年第3期。

王嘉毅、颜晓程、闫红霞：《校园欺凌现象的校园伦理分析及建构》，《中国教育学刊》2017年第3期。

王建华：《影响教育转型的外部因素》，《大学教育科学》2011年第2期。

王俊、余毅震：《攻击行为学生的人格特征及影响因素配对研究》，《中国学校卫生》2006年第3期。

王平、朱小蔓：《建设情感文明：当代学校教育的必然担当》，《教育研究》2015年第12期。

王强：《被让座：公共生活规范的道德困境》，《安徽师范大学学报（人文社会科学版）》2011年第4期。

王啸：《论道德教育的幸福功能》，《当代教育科学》2010年第14期。

魏贤超：《中西方道德教育差异之我见》，《中国德育》2009年第8期。

魏长领：《道德权利的特点探析》，《中州学刊》2013年第1期。

吴文莉、张澍军：《论道德关怀是思想政治教育的原点要素》，《东北师大学报（哲学社会科学版）》2014年第3期。

习近平：《用社会主义核心价值观凝心聚力》，载《习近平总书记系列重要讲话读本》，学习出版社、人民出版社2016年版。

夏家春：《新加坡公民道德教育特色及对我们的启示》，《学术交流》2009年第3期。

项蕴华：《身份建构研究综述》，《社会科学研究》2009年第5期。

肖文娥、王运敏：《论高校辅导员心理素质培养》，《教育研究》2000年第10期。

解韬：《近年来我国教育公平研究综述》，《现代大学教育》2009年第2期。

徐斌：《"道德审判"的力量》，《新闻实践》2006年第12期。

宣华华：《公交让座：道德升格法律须可操作》，2008年7月4日，见 http://news.xinhuanet.com/comments/2008-07/04/content_8483181.htm。

杨广学：《服务导向的广义特殊教育模式》，《中国特殊教育》2008年第1期。

杨广学、陈莲俊：《推进家庭专业服务支持系统的建设》，《社会福利》2009年第6期。

杨继平、高玲：《小学生学习心理与师生关系的现状调查研究》，《教育研究》2005年第1期。

杨振威：《为民是第一出发点》，《人民论坛》2008年第19期。

叶飞：《"他者"道德视角与道德教育的"他性"建构》，《江苏高教》2012年第2期。

叶奇：《中国残疾儿童现状分析及对策研究》，华夏出版社2008年版。

易晓明：《我眼中的北美学校道德教育》，《中小学德育》2015年第5期。

尤建国:《探讨高职学生充分就业与和谐社会的构建》,《教育与职业》2007 年第 9 期。

于树贵:《道德生活界说》,《道德与文明》2006 年第 4 期。

余维武:《对关怀伦理模式的一些质疑》,《上海教育科研》2008 年第 7 期。

袁贵仁:《我国高等教育毛入学率为 40%》,2016 年 3 月 10 日,见 http://news.cnr. cn/native/gd/20160310/t20160310_521580563.shtml。

袁莉:《采众家所长 酿独家醇香》,《新闻窗》2011 年第 6 期。

袁振国主编:《中国教育政策评论 2001》,教育科学出版社 2001 年版。

苑广阔:《公交车强制让座:道德有疾慎开法律药方》,《东南商报》2013 年 9 月 27 日。

张斌:《女子抱孩子上公交无人让座 司机停车 7 分钟等让座》,2013 年 12 月 24 日,见 http://view.inews.qq.com/w/WXN20131224013711011？refer＝nwx。

张朝、于宗富、方俊明:《中美特殊儿童融合教育实施状况的比较研究》,《比较教育研究》2013 年第 11 期。

张立彬、杨会良:《高校开展信息素养培育的思考》,《教育研究》2005 年第 5 期。

张汝伦:《重思智慧》,《杭州师范大学学报(社会科学版)》2010 年第 3 期。

张新红、国家信息中心《中国数字鸿沟研究》课题组:《中国数字鸿沟报告 2013》,2014 年 3 月 5 日,见 http://www.sic.gov.cn/News/287/2782.htm。

张义兵、李艺:《"信息素养"新界说》,《教育研究》2003 年第 3 期。

张毅:《中国 7—12 岁儿童失学状况分析》,《社会学研究》1995 年第 4 期。

张颖:《对高校贫困生实施精神资助的思考》,《教育与职业》2014 年第 6 期。

赵汗青:《家庭教养方式研究的发展进程》,《商丘师范学院学报》2006 年第 6 期。

赵石屏:《试论家庭的教育关系——基于现代文化变迁的视角》,《教育研究》2012 年第 11 期。

赵志毅:《中小学当代主流价值观教育研究》,《南京师大学报(社会科学版)》2011 年第 4 期。

赵志毅、尹黎:《城市中小学生公民责任意识的缺失及其对策》,《全球教育展望》2012 年第 5 期。

赵中建主编:《教育的使命》,教育科学出版社 2000 年版。

郑功成、杨立雄主编:《中国残疾人事业发展报告》,人民出版社 2011 年版。

郑功成:《社会保障学》,商务印书馆 2000 年版。

郑晓瑛、崔斌、陈功、李宁、宋新明、陈新民、程凯:《对我国残疾预防策略的再思考》,

《残疾人研究》2013 年第 1 期。

中国残疾人联合会主编：《中国残疾儿童现状与需求调查研究》，华夏出版社 2011 年版。

中国残联办公厅、教育部办公厅：《关于 2013 年全国未入学适龄残疾儿童少年情况通报》，（残联厅〔2014〕39 号）。

中国教育部：《特殊教育基本情况》，2015 年 1 月 6 日，见 http://www.moe.gov.cn/publicfiles/business/htmlfiles/moe/s8493/201412/181979.html。

周建忠、申涤尘、徐玲：《吉林省高校教师信息素养的现状及提高对策》，《教育研究》2009 年第 5 期。

周满生：《关于"融合教育"的几点思考》，《教育研究》2014 年第 2 期。

周念丽、方俊明：《医教结合背景下早期融合教育的实证研究》，《上海教育科研》2012 年第 7 期。

周沛：《积极福利视角下残疾人社会福利政策研究》，《东岳论丛》2014 年第 5 期。

周小华：《3 万公交爱心让座卡等你拿　让一次座可以免费乘两次车》，《长沙晚报》2007 年 9 月 13 日。

朱楠、王雁：《融合教育背景下特殊教育学校职能的转变》，《中国特殊教育》2011 年第 12 期。

朱小蔓、其东：《面对挑战：学校道德教育的调整与革新》，《教育研究》2005 年第 3 期。

朱小蔓：《全民教育全纳化：教师的准备与行动》，《教育学术月刊》2009 年第 7 期。

朱之文：《全面落实立德树人 大力推进基础教育公平优质发展》，《中国教育学刊》2018 年第 11 期。

邹进：《现代德国文化教育学》，山西教育出版社 1992 年版。

二、英文文献

Allen, E. K. &Cowdery, G. E. , *The Exceptional Child: Inclusion in Early Childhood Education* (8 ed.) , Boston, MA: Cengage Learning, 2014.

Appiah, K. A. , "Chapter 6: Education for Global Citizenship" , *Yearbook of the National Society for the Study of Education* , Vol.107, No.1 (Jan.2008) , pp.83-99.

Appiah, K. A ., *Cosmopolitanism: Ethics in a World of Strangers* , New York: W.W.Norton & Company, 2010.

Apps,J.N.,"Making Strangers Familiar", *Ethics and Behavior*, Vol.20, No.1(Jan/Feb. 2010),pp.80-81.

Brace,N.& Kemp, R.& Snelgar, R., *SPSS for Psychologists (Third Edition)*, London: Lawrence Erlbaum Associates,Publishers,2006.

Card,D.,& Payne,A.A.,"School Finance Reform,the Distribution of School Spending, and the Distribution of Student Test Scores", *Journal of Public Economics*, Vol.83, No.1(Jan. 2002),pp.49-82.

Clune, W. H., "The Shift from Equity to Adequacy in School Finance", *Educational Policy*, Vol.8, No.4(Aug.1994),pp.376-394.

Goleman,D.,"Overview of Social and Emotional Learning",2014-3-10,http://www. casel.org/guide/programs/caring-school-community.

H.Kliebard., *The Struggle for the American Curriculum*.New York:Routledge.1995.

Held, V., *The Ethics of Care: Personal, Political, and Global*, New York, NY: Oxford University Press,2007.

J.G.Linda& J.Markku, "Wherefore Art Thou,Inclusion? Analyzing the Development of Inclusive Education in New South Wales,Alberta and Finland", *Journal of Education Policy*, Vol.26,No.2(Apr.2011),pp.263-288.

Kaase, K. J., *Annual Progress Report on Students Who Drop Out 2000 - 2001*, p1, 2014-9-20,http://www.wcpss.net/evaluation-res.

Kliebard,H., *The Struggle for the American Curriculum*,New York:Routledge,1995.

Kraska,J.& Boyle,C.,"Attitudes of Preschool and Primary School Pre-service Teachers Towards Inclusive Education", *Asia - Pacific Journal of Teacher Education*, Vol.42, No.3 (March 2014),pp.228-246.

Mackey,M.,"Inclusive Education in the United States:Middle School General Education Teachers´Approaches to Inclusion", *International Journal of Instruction*, Vol.7, No.2 (Apr. 2014),pp.5-20.

Martin, J. R., *The Schoolhome: Rethinking Schools for Changing Families*, Cambridge, MA:Harvard University Press,1992.

Noddings,N., *Philosophy of Education*,Boulder:Westview Press,1998.

Noddings,N., *The Challenge to Care in Schools*.New York:Teachers College Press,1992.

Noddings,N.(ed.), *Stories Lives Tell: Narrative and Dialogue in Education*, New York: Teachers College Press,1991.

Noddings, N., *Women and Evil*, Berkeley: University of California Press, 1989.

Noddings, N., *Caring: A Feminine Approach to Ethics and Moral Education*, Berkeley: University of California Press, 1986.

Noddings, N., *Starting at Home: Caring and Social Policy*, Berkeley, CA: University of California Press, 2002.

Nussbaum, M., *The Fragility of Goodness*, New York: Cambridge University Press, 1986.

R.Coles, *The Moral Intelligence of Children*, New York: Penguin Group, 1998.

R.T.Sandin, *The Rehabilitation of Virtues*, New York: Praeger: 1992.

Rawls, J., *A Theory of Justice*, Cambridge MA: Harvard University Press, 1971.

Seale, J. & Nind, M. & Parsons, S., "Inclusive Research in Education: Contributions to Method and Debate", *International Journal of Research and Method in Education*, Vol.37, No.4 (Apr.2014), pp.347-356.

Slote, M., "Caring in the Balance", in Joram G.Haber and M.S.Halfon(eds), *Norms and Values*, Lanham, Maryland: Rowman & Littlefield, 1998.

Slote, M., *The Ethics of Care and Empathy*, New York, NY: Routledge, 2007.

Varelius, J., "Autonomy and Duties to Distant Strangers", *Trames: A Journal of the Humanities & Social Sciences*, Vol.11, No.4(Apr.2007), pp.419-431.

Wagner, M., "Youth with Disabilities Leaving Secondary School", *Journal for Vocational Special Needs Education*, Vol.27, No.2(Dec.2005), pp.24-29.

Zablocki M. & Krezmien M. P., "Drop - Out Predictors Among Students with High - Incidence Disabilities", *Journal of Disability Policy Studies*, Vol. 24, No. 1 (Jan. 2013), pp. 53-64.

后　记

　　写完书稿的最后一个字,脑海中又闪过多年前的一个情景。2004年5月的一天,病体初愈的导师朱小蔓先生额上沁出汗珠,风尘仆仆地从北京赶到南京,出现在我的博士论文答辩会上,让我既惊喜又感动! 我答辩完毕,始终端坐于旁听席的朱老师起身接受我献花,师生二人此时不禁热泪盈眶。

　　我与关怀伦理学及关怀取向的德育研究结缘,要感谢朱小蔓先生智慧地将我的英语方向硕士学习背景转化为教育学研究素养的内在组成部分,建议我研究这一当时新兴的论域,并在我完成近30万字的学位论文初稿后精心指导我修改。朱老师在我博士学位论文答辩表"导师评语"一栏评价道:"这是国内第一部最全面系统地研究述评诺丁斯的作品,其所阐释的诺丁斯的思想理论观点、思维方式,对补充、影响我们建立更为健康合理的教育理念、道德教育思想,并指导、调整教育和道德教育的实践,均有十分积极宝贵的意义。"这篇博士学位论文已于2005年由人民教育出版社出版。

　　关怀伦理学及相关教育思想具有独特的理论研究和现实应用价值。因此,留校任教后,我在教学、研究之余翻译了诺丁斯的力作《始于家庭:关怀与社会政策》,该著作被她自评为在其"众多著作中理论最为精深复杂的一部"。2013年在诺丁斯教授家中,我告诉她该译著在我国的读者反馈及获奖情况,她也深感欣慰,欣然写下对我的感谢与勉励。翻译该书的过程,更坚定了我继续在此论域耕耘的愿望,并申报了"我国青少年关心他人的研究"这一课题。省部级以上课题的申报立项率据官方统计大约为1/6,因此我想如能两者中一就很令人欣喜,两者皆中我是未敢奢望的。课题申报结果从一个角度印证了研究该课题的必要性。

本书作为课题结项成果,研究了健全儿童与残疾儿童的关心品质现状及其优化培养方略。衷心感谢王校长与当时在国外访学的我联系上,由于各自忙于工作,我们至今尚未谋面,但对于不断完善学校教育、造福儿童,我们有着共同的志趣。在王校长的热心支持下,我们当时跨着大洋,在她执教的 A 省 D 市一所普通小学里完成了本课题的主要访谈。所获访谈资料比我目前在时间、精力允许的条件下得以呈现得更加丰富。访学之前,我在另一座城市的四所中小学里直接面对学生进行了相关调研。在此,诚挚地感谢所有访谈员和接受访谈的学生对本课题的支持。

一般而言,特殊教育之外的专著很少拿出篇幅来单独探讨残疾儿童的发展问题。我之所以这么做,动力主要源于自身的受教育经历和生命体验。十岁半读初一下学期时,我因医院误诊致双下肢瘫痪,1986 年辍学后离群索居、在家自学,直至 1998 年获准考取百年名校南京师范大学的硕士研究生,才得以重返校园和社会。衷心感谢中国残联允许我使用全国残疾儿童状况调查数据库。数据的计算与分析使我确认了单独从残疾儿童这一亚群体的角度研究此课题的现实性、迫切性与学术价值。我希望能和教育战线的同仁们、残疾人事业领域的朋友们一起,为促进我国健残儿童的健康幸福成长尽自己的绵薄之力。小书的不足之处恳请各位专家和读者不吝指正!

小书即将出版之际,衷心感谢母院南京师范大学教育科学学院历任领导和同事们多年来对我学术研究的大力支持;非常感谢校内外各级领导、老师、南京师范大学道德教育研究所同仁、师门兄弟姐妹以及亲朋好友对我的关心厚爱;诚挚地感谢加州大学伯克利分校、哈佛大学以及亚拉巴马州伯明翰市的师友对本研究的关注鼓励,帮我安排在美国基础学校观察访谈。衷心感谢人民出版社陈晓燕编辑为本书出版付出的心血。纸短话长,大家的每一份关心与支持都铭记在我心中。

家人日复一日的关爱与默默支持也让我难以言谢。父母每天费心劳神帮我操持家务,节省我的时间用于教学和研究;先生每天在教学工作之余帮我完成数小时的体能锻炼,确保我维持基本的身体健康;女儿主动讲述她曾借读一年的美国小学的鲜活案例,为我的研究工作添砖加瓦。多位亲戚在远方一直挂念着我。

　　大家的关心如同潺潺清泉,汇入我的生命之河。如今的我作为高校教师、研究人员,也投身于关怀型的事业。挑战总是难免的。关怀与奋斗的路上,感谢我们始终同在。

侯　晶　晶

2019 年 6 月 16 日于南京

责任编辑:陈晓燕

封面设计:九五书装

图书在版编目(CIP)数据

融合视角下儿童关心他人的研究:现状、问题与对策/侯晶晶 著. 一北京:
   人民出版社,2021.8

ISBN 978－7－01－022861－7

Ⅰ.①融… Ⅱ.①侯… Ⅲ.①儿童教育-品德教育-研究 Ⅳ.①G611

中国版本图书馆 CIP 数据核字(2020)第 252306 号

融合视角下儿童关心他人的研究:现状、问题与对策

RONGHE SHIJIAO XIA ERTONG GUANXIN TAREN DE YANJIU:XIANZHUANG、WENTI YU DUICE

侯晶晶 著

人民出版社 出版发行

(100706 北京市东城区隆福寺街 99 号)

天津文林印务有限公司印刷 新华书店经销

2021 年 8 月第 1 版 2021 年 8 月北京第 1 次印刷
开本:710 毫米×1000 毫米 1/16 印张:15.25
字数:227 千字

ISBN 978－7－01－022861－7 定价:46.00 元

邮购地址 100706 北京市东城区隆福寺街 99 号
人民东方图书销售中心 电话 (010)65250042 65289539